U0085011

序　言

　　大學入學考試的各項考題中，無論是詞彙、克漏字、文意選填、篇章結構、閱讀測驗、翻譯或作文，單字都是解題的基礎。字彙能力若是不夠，在考試時便會因看不懂題目，而無從作答，遑論求取高分！得高分的祕訣除了背單字之外，還是背單字。將歷屆聯考、學測、指考的單字挖出來背，是最有效的方法。

頻率表絕佳妙用

　　有鑑於此，我們特以電腦統計的方式，收集五十年來大學入學考試中，出現頻率最高的一千二百五十個單字，加以分析整理，編寫成「聯考高頻率單字」。以95年學科能力測驗和指定考科為例，可看出這本書的每一頁都命中考題，電腦統計真是厲害。熟讀本書，每分耕耘都有收穫，背好之後，不管參加什麼考試，分數都會立刻增加。大學入學考試的單字範圍是7000字，有誰能夠全部背下來？你背了不常考的單字，考試成績沒有進步，就會失去信心。本書精心設計的頻率表，不僅使單字頻率高低一目了然，更具有檢核作用，能使你了解自己的學習成效，在讀完每個章節後，就能發現自己的字彙能力進步神速，從而增進應考實力。

單字記憶速成

　　本書精選之用字範例、同反義字、聯考試題演練，不僅能加深你對單字的印象，得到背單字的最佳績效，更能增加做題經驗，讓你在實際應考時胸有成竹、百戰百勝。只要依據本書使用要點，循序漸進，必可在最短的期間內，獲得最大的成效。

編者　謹識

本書使用方法

1. 本書共分 25 個單元，各單元第一頁的頻率表上，設有檢索欄。在未進入訓練課程前，請先檢索您原本認識的單字，在 A 欄中作記號。B 欄則為訓練後檢索學得之單字用的。如此一來，您便可對學習前後的結果，作一對照。

2. A 欄檢索完後，請翻至下一頁的用字範例，以了解單字在句子中的用法。每個例句皆有中文翻譯，以便您對照閱讀。例句後尚附有同反義字，使您觸類旁通，加深印象。

3. 各單字之後附有聯考試題演練，針對此單元所列之單字作一總測驗，請迅速做完後，再對後面的答案。

4. 做錯的題目，請將題號圈起來，再翻回正確答案的用字範例，仔細閱讀。

5. 檢討完畢後，請翻回第一頁的頻率表，在 B 欄中檢索此時認得的生字。您將發現，在本訓練課程之後，您的字彙能力突飛猛進。這是因為本書的編排方式，是採取最科學的單字記憶速成法，可以使您在最短的時間內，熟記最多的單字。

頻率表 $1～50$

請您將認識的單字，
在A欄中作記號。

A B

☐☐ accept

☐☐ believe

☐☐ complete

☐☐ concern

☐☐ provide

☐☐ quality

☐☐ business

☐☐ extreme

☐☐ general

☐☐ perfect

☐☐ rage

☐☐ accident

☐☐ amount

☐☐ appear

☐☐ attack

☐☐ attention

☐☐ beyond

☐☐ destroy

☐☐ develop

☐☐ example

☐☐ expect

☐☐ freedom

☐☐ human

☐☐ increase

☐☐ inevitable

A B

☐☐ judge

☐☐ modern

☐☐ produce

☐☐ proper

☐☐ public

☐☐ receive

☐☐ recent

☐☐ refuse

☐☐ regard

☐☐ require

☐☐ sense

☐☐ sign

☐☐ system

☐☐ total

☐☐ achieve

☐☐ avoid

☐☐ certain

☐☐ collect

☐☐ condition

☐☐ continue

☐☐ convince

☐☐ course

☐☐ discover

☐☐ disease

☐☐ distinguish

《 頻率順序 1 ～ 50 》

accept 〔ək'sɛpt〕
vt. 接受
He **accepted** a present from his friend. 反 *reject*
他接受了朋友的禮物。

believe 〔bɪ'liv〕
v. 相信
I can't quite **believe** him.
反 *disbelieve*
我不能十分相信他。

complete 〔kəm'plit〕
adj. 完整的
Is this a **complete** story?
反 *incomplete*
這是一個完整的故事嗎？

concern 〔kən's₃n〕
vt. 與～有關係
Attend to what **concerns** you.
同 *involve*
注意與你自己有關的事。

provide 〔prə'vaɪd〕
vt. 供給 *vi*. 贍養
The trees **provide** us with fruit.
He must **provide** for a large family.
那些樹供給我們水果。
他必須贍養一大家庭。

quality 〔'kwɑlətɪ〕
n. 品質；特性
Quality matters more than quantity.
Is laughter a **quality** of man?
質比量重要。
笑是人的一種特性嗎？

business 〔'bɪznɪs〕
n. 業務；本分
Mind your own **business**.
同 *affair*
管你自己的事；少管閒事。

extreme 〔ɪk'strim〕
adj. 極端的 *n*. 極端
He held **extreme** views.
It's annoying in the **extreme**. 同 *excessive*
他抱偏激的見解。
這真是令人討厭之極。

general 〔'dʒɛnərəl〕
n. 將軍 *adj*. 普遍的
Napoleon was a great **general**.
There is a **general** interest in sports.
拿破崙是一位偉大的將領。
對於運動有普遍的興趣。

perfect 〔'pɝfɪkt〕
adj. 完美的
〔pɚ'fɛkt〕*vt*. 使完美
His behavior was **perfect**.
Inventions are **perfected** with time.
他的行為無疵。
發明品隨著時間而漸趨完美。

rage〔redʒ〕 He flew into a **rage**. 他勃然大怒。
   n. 憤怒 *vi*. 發怒 A storm is **raging**. 風雨狂作。

accident〔'æksədənt〕He was killed in a car 他在一次車禍中死亡。
   n. 意外之事 **accident**. 反 *intention*

amount〔ə'maʊnt〕 The **amount** of today's 今天銷售的總量很可觀。
   n. 總數 sales is considerable.
   vi. 總計 Our debt **amounts** to two 我們的債共達二百元。
   hundred dollars. 同 *sum*

appear〔ə'pɪr〕 The sun **appeared** on the 太陽出現在地平線上。
   vi. 出現 horizon.

attack〔ə'tæk〕 They **attacked** the enemy. 他們攻擊敵人。
   v. 攻擊 *n*. 攻擊 **Attack** is the best defense.攻擊乃最好之防禦。

attention〔ə'tɛnʃən〕You must pay **attention** to 你當專心讀書。
   n. 注意；專心 your study. 反 *carelessness*

beyond〔bɪ'jɑnd〕 He lives **beyond** the sea. 他居住海外。
   prep.越過 *adv*. 在遠處 **Beyond** were the hills. 山在遠處。

destroy〔dɪ'strɔɪ〕 All his hopes were 他所有的希望都破滅了。
   v. 毀壞 **destroyed**.

develop〔dɪ'vɛləp〕 Swimming will **develop** 游泳會發達不同的肌肉。
   v. 發展 many different muscles.

example〔ɪg'zæmpl〕Give me an **example** of 舉個實例說明你的意思。
   n. 實例 what you mean.

expect〔ɪk'spɛkt〕 When do you **expect** him? 你預期他何時可到？
   v. 預期 同 *anticipate*

freedom〔'fridəm〕 He was given his **freedom**.他得到了他的自由。
   n. 自由 反 *repression; constraint*

human〔'hjumən〕 He is more **human** than 他比他兄弟更富人情味。
   adj.人的；有人性的 his brother. 反 *inhuman*

increase〔ɪn'kris〕 The difficulty is **increasing**.困難越來越大。

v. 增加	反 *decrease*; *diminish*	
inevitable〔ɪn'ɛvətəbl〕	Death is ***inevitable***.	死是不可避免的。
adj. 不可避免的	同 *unavoidable* 反 *avoidable*	
judge〔dʒʌdʒ〕	God will ***judge*** all men.	上帝會審判一切人。
v. 審判	The prisoner was taken	囚犯被提受審。
n. 法官	before the ***judge***.	
modern〔'mɑdən〕	Television is a ***modern***	電視爲近代發明。
adj. 現代的	invention. 反 *ancient*	
produce〔prə'djus〕	The factory ***produces*** cars.	這工廠製造汽車。
vt. 製造	Vegetables are a garden's	蔬菜是菜園中的產品。
〔'prɑdjus〕*n.* 產品	***produce***. 反 *consume*	
proper〔'prɑpə〕	Night is the ***proper*** time	夜晚是睡眠的適當時機。
adj. 適當的	to sleep. 反 *improper*	
public〔'pʌblɪk〕	The fact became ***public***.	這事實公開了。
adj. 公眾的；公開的	This book will appeal to	這書將吸引一大群讀者。
n. 民眾	a large ***public***. 反 *private*	
receive〔rɪ'siv〕	When did you ***receive*** the	你何時接到那信？
v. 收到；領收	letter? 反 *give*; *repel*	
recent〔'risnt〕	The school system has	近年來學校制度改變了
adj. 最近的	changed a great deal in	很多。
	recent years.	
refuse〔rɪ'fjuz〕	He ***refused*** my offer of	他拒絕我的幫助。
v. 拒絕；謝絕	help. 同 *decline*; *reject*	
regard〔rɪ'gɑrd〕	I ***regard*** him as a dangerous	我認爲他是個危險人物。
v. 視爲	person.	
n. 考慮	He has no ***regard*** for the	他不顧慮別人的感情。
	feelings of others.	
require〔rɪ'kwaɪr〕	We shall ***require*** more	我們將需要更多的援助。
v. 需要；要求	help. 同 *need* 反 *refuse*	
sense〔sɛns〕	He has a keen ***sense*** of	他有敏銳的嗅覺。

n. 感官；官能	smell.
vt. 感知；覺得	She *sensed* the danger of　她感到處境的危險。 her position. 同 *feel*
sign〔saɪn〕 *n*. 符號	Words are the *signs* of　語言是思想的符號。 ideas.
v. 簽字	He forgot to *sign* his name. 他忘了簽名。
system〔'sɪstəm〕 *n*. 系統	This book has no *system*　這本書寫得沒條理。 in it. 同 *scheme*
total〔'totl̩〕 *adj*. 全體的 *v*. 加起來	We were in *total* darkness. 我們完全被蒙在鼓裏。 *Total* that column of　把那一行數字加起來。 figures. 同 *whole*; *entire*
achieve〔ə'tʃiv〕 *v*. 完成；實現	You will *achieve* your am-若肯苦幹必會如願。 bition if you work hard.
avoid〔ə'vɔɪd〕 *vt*. 避免	We should *avoid* bad com-我們應避免與惡人為伍。 pany. 同 *shun*; *evade*
certain〔'sɝtn̩〕 *adj*. 確定的	He was *certain* he would　他確信他會成功。 succeed. 反 *uncertain*
collect〔kə'lɛkt〕 *v*. 集合；聚集	Dust *collects* if you don't 你如不打掃房間，灰塵 sweep your room.　　　會聚集。
condition 〔kən'dɪʃən〕 *n*. 情形 *vt*. 訓練	Weather *conditions* were　天氣情況很好。 good. He *conditioned* his horse　他在賽前操練他的馬。 before the race.
continue〔kən'tɪnjʊ〕 *v*. 繼續；連續	The story will be *contin-*　這故事下星期續登。 *ued* next week. 同 *last* 反 *discontinue*
convince〔kən'vɪns〕 *vt*. 使相信；說服	He is *convinced* of its　他深信這事是真的。 truth. 同 *persuade*; *assure*
course〔kɔrs〕	The ship is on her *course*. 船依著航線航行。

    n. 過程

    v. 運行

The blood ***coursed*** through

his veins. 圖 *track*

血在他血管中流著。

discover 〔dɪ'skʌvɚ〕

    v. 發現

Columbus ***discovered***

America. 圖 *find* 圆 *miss*

哥倫布發現美洲。

disease 〔dɪ'ziz〕

    n. 病；疾病

Disease is usually caused

by germs. 圖 *sickness*

疾病常由病菌引起。

distinguish

〔dɪ'stɪŋgwɪʃ〕

    v. 分辨；區別

We should ***distinguish***

right from wrong.

圖 *detect*

我們應辨別是非。

心得筆記欄

聯考試題演練

1. Nobody can _____ such a proposal. (90、92~94、96、100~102、105學測, 95、97、
   (A) except　　(B) accept　　(C) access　　(D) excess　　　　101指考)

2. Do you _____ in ghosts? (90、92~96、100~102、104、105學測, 91、92、94、97、101~
   (A) believe　　(B) trust　　(C) belief　　(D) behave　　104指考, 93指考補)

3. He has the _____ works of Shakespeare. (87、88日大, 77、79夜大, 82台大夜,
   (A) complementary　　　　(B) complicated　　94、95、97、98、102、103、105學測,
   (C) complete　　　　　　(D) complimentary　92、93、100~105指考)

4. This story is _____ with war and peace. (98、99、102學測, 98、100、101、
   (A) conceived　(B) concerned　(C) conceited　(D) concerted　103、105指考)

5. The hotel _____ good meals for guests. (97、99、102~105學測, 95、97~100、
   (A) divides　　(B) decides　　(C) propels　　(D) provides　102~105指考)

6. Poor _____ goods won't sell easily. (70、74、84日大, 70、77夜大, 93、95~98、
   (A) sensibility　　　　　(B) responsibility　100、102、103、105學測, 91、92、
   (C) quality　　　　　　(D) equality　　　　95、98、99、104、105指考, 93指考補)

7. He left Tokyo for New York on _____. (96、98、99、101、105學測, 91、93、94、
   (A) neediness　(B) burglar　(C) business　(D) bury　98、100~105指考)

8. The innocent man was sentenced to the _____ penalty. (72、73、77、85、
   (A) extreme　　　　　　(B) extravagant　86日大, 73、75、79、84夜大, 92、
   (C) extensive　　　　　(D) extract　　　95、103學測, 91~93、96、97、105指考)

9. The _____ opinion is against the war. (85、86日大, 90、92~94、100~102學測,
   (A) generate　(B) general　(C) gentle　(D) final　101、103、104指考)

10. You might as well know that I'm not _____. (80、82、83、86日大,
    (A) affect　　　　　　(B) defect　　95、98、103、105學測,
    (C) effect　　　　　　(D) perfect　91、94、95指考, 93指考補)

11. He regretted that he said such a thing in a _____. (66日大, 92學測,
　　(A) rage　　　　(B) garage　　　(C) page　　　(D) average　　95指考)

12. There was an automobile _____ yesterday. (90、92~95、99、101、103、
　　(A) accident　　(B) accidental　(C) accidence　　105學測, 91、93、94、98指考,
　　(D) accidentalism　　　　　　　　　　　　　　　　　　　　93指考補)

13. I received one thousand dollars in _____. (68、72、77、79~81、83、85、
　　(A) count　　　　(B) account　　　(C) amount　　87、88日大, 69、70、73夜大, 92、
　　(D) discount　　　　　　　97、99、100、102、104、105學測, 93、101、102、105指考)

14. They _____ to have misunderstood me. (69、75、77、82、85日大, 71、72、79、
　　(A) tear　　　　(B) appear　　　(C) clear　　84夜大, 90、94、95、98、100、101、
　　(D) hear　　　　　　　103學測, 91、93、99、100~102、104、105指考, 93指考補)

15. _____ is the best defense. (85日大, 93~95、100、103學測, 92、95、101、102、
　　(A) Attack　　　(B) Attain　　　(C) Attend　　　(D) Attract　　104指考)

16. You must pay _____ to your studies. (71、77、84、85、90日大, 74、76夜大,
　　(A) attendance　(B) attention　　(C) attainment　95、96、100、101、105學測, 91、
　　(D) attempt　　　　　　　　92、94、97、98、100~103、105指考, 93指考補)

17. The beautiful scenery of Taiwan is _____ description. (67~70、
　　(A) before　　　(B) beside　　　(C) behind　　85日大, 68、75夜大, 90、93、100、
　　(D) beyond　　　　　　　　　　　　　102學測, 93、97、103、104指考)

18. Don't _____ that box; it may be useful. (71、83、87~89日大, 69、70、73、
　　(A) annoy　　　(B) destroy　　　(C) employ　　84夜大, 90、96、97、100、104、
　　(D) convoy　　　　　　　　　　　　　105學測, 96~99、101~103指考)

19. The exercise _____ feet muscles. (80、85、87~89日大, 82台大夜, 92、94~
　　(A) envelops　　(B) detains　　　(C) develops　96、98、101~104學測, 92~95、
　　(D) detects　　　　　　　　　　　　97~101、103、104指考, 93指考補)

20. Give me an _____ of what you mean. (75、77、79、81、86、89、90日大,
　　(A) temple　　　(B) sample　　　(C) purple　　92~94、96~105學測,
　　(D) example　　　　　　　　　　　　　91~94、98~105指考)

21. We could not _____ him to come.

(A) suspect   (B) defect   (C) expect   (90日大, 94、96~99、101學測,
(D) prospect   91、92、94、95、100、102、104、105指考, 93指考補)

22. In those days many people fought for _____ of speech.
(A) freedom   (B) liberative   (C) free   (67~67、73、81、88日大,
(D) liberation   70、75、76夜大, 94學測, 98指考)

23. The mystery of space is beyond _____ knowledge.
(A) humanity   (B) humanly   (C) humankind   (94、96、97、100、101、103~
(D) human   105學測, 93~95、99、100、101、103~105指考, 93指考補)

24. The Liberal Democratic Party has _____ its votes. (84、85、90日大,
(A) ceased   (B) teased   (C) increased   90、92~94、96~99、101、103、
(D) pleased   104學測, 91、92、94、95、97、98、100、102~105指考, 93指考補)

25. The situation is _____ for all of us.   (67、68日大, 66、69、70、75夜大,
(A) inevitable   (B) irritable   (C) vegetable   93、94指考)
(D) countable

26. We should not _____ people by the color of their skin.
(A) change   (B) judge   (C) indulge   (71、72、86、88日大, 73夜大, 92、
(D) arrange   94、95、100學測, 91、93、95、98、102、105指考, 93指考補)

27. The house has all the _____ conveniences.   (81、84、87、88日大, 90、98~
(A) modest   (B) modern   (C) moderate   100、103、104學測, 92~94、
(D) modified   97、100、102~105指考, 93指考補)

28. This mine _____ plenty of coal.   (79、81、86~90日大, 81、84夜大, 82台大夜,
(A) proclaims   (B) produces   (C) profits   90、93~100、103、105學測,
(D) professes   91~93、97、99、102、104、105指考)

29. You should deal with the problem in a _____ way.   (78、87、88日大,
(A) proper   (B) temper   (C) prosper   82台大夜, 90、93、99、101學測,
(D) whisper   91、92、99、100、103、104指考, 93指考補)

30. It is a matter of _____ importance that laws should be
obeyed.   (68、72、74、77、80、85日大, 68、70、71、78夜大, 93~96、100、101、105學測, 91、
(A) academic   (B) comic   (C) public   93~95、100~104指考)

(D) organic

31. He _____ a good education. (77、80、84、86~88、90日大, 82台大夜, 90、93、96、
    (A) deceived   (B) perceived   (C) conceived   99、100、103~105學測, 91~93、
    (D) received   98~104指考, 93指考補

32. In _____ years jogging has become popular in Taiwan. (84、85、
    (A) descent   (B) recent   (C) magnificent   87日大, 90、93、95、96、99、
    (D) innocent   101、102、104、105學測, 92、94、97、100~105指考, 93指考補

33. He stubbornly _____ to admit the fact. (66、69、72、73、80日大, 69、
    (A) diffused   (B) excused   (C) confused   74夜大, 92、100、101、103~
    (D) refused   105學測, 100~102指考

34. They _____ their Father as God. (75、80、81、84、87、88日大, 75、77、78夜大,
    (A) regard   (B) reform   (C) refer   93、95、99、101、102、104學測, 93~95、
    (D) relax   97、100、101、104、105指考, 93指考補

35. We did all that was _____ of us. (87、90日大, 72夜大, 82台大夜, 90、93、99、
    (A) requiring   (B) requirable   (C) required   100~103、105學測, 91~94、98、
    (D) requirement   100、104指考, 93指考補

36. I thought you had more _____ than to do such a foolish thing.
    (A) sense   (B) sensitive   (C) sensibility   (71、75、81、87、90日大, 79、
    (D) sensible   81夜大, 90、93、100、105學測, 91~93、100、101、103、105指考)

37. He has forgotten to _____ his name. (71~73、84、89、90日大, 72夜大,
    (A) sign   (B) sing   (C) signal   82台大夜, 93、96、98、100、101、103、
    (D) single   104學測, 91、95、99、105指考, 93指考補

38. Under this _____ , fewer telephone operators are required.
    (A) item   (B) system   (C) problem   (79~82、87~90日大, 75、81夜大,
    (D) rhythm   94~96、98、100、101、103、104學測, 92~95、97、98、100~103指考, 93指考補)

39. The energy project was a _____ failure. (67~69、71~73、80、84日大,
    (A) dental   (B) capital   (C) mental   93、95、100學測)
    (D) total

40. Nobody but he could _____ this great work.

(A) relieve   (B) achieve   (C) believe   (74、85、87、88、90日大，74夜大，
(D) delieve   93、98學測，92、93、97、102~104指考)

41. On the continent there is one topic which should be _____
    the weather.   (74、78、86~88日大，71夜大，93~95、97、98、102~104學測，91、92、95、
    (A) avoided   (B) avoidance   (C) avoidable   98、101、105指考)
    (D) avoidless

42. I want your advice on a _____ delicate problem.(90、93~96、100、101、
    (A) sustain   (B) certain   (C) entertain   103、105學測，94、95、98、101、
    (D) obtain   102、104、105指考，93指考補)

43. My hobby is _____ foreign stamps.   (67、70、72、75日大，73、79、84夜大，
    (A) electing   (B) intellect   (C) collecting   92、94、95、102、104、105學測，
    (D) neglecting   91、94、98、100、103、104指考)

44. The astronauts soon got used to the _____ of weightlessness.
    (A) condition   (B) contradiction   (80~83、88日大，93、95、98、99、104、
    (C) prediction   (D) interdiction   105學測，94、97、100指考，93指考補)

45. You should _____ studying through life.   (75、79、80、85、87、89、90日大，
    (A) continue   (B) contradict   (C) contract   92~100、103學測，91、94、95、
    (D) contest   98~100、102~104指考)

46. We were _____ of our team's win.   (92、94、96、97、105學測，91、98、101、
    (A) victorious   (B) convinced   (C) convicted   (D) persuaded   105指考)

47. The _____ of the ship was directly south.   (79、81、90日大，93、94、96、
    (A) cover   (B) crash   (C) direction   97、103學測，93~95指考，
    (D) course   93指考補)

48. Who _____ America in 1492 ?   (90日大，90、93、99、102學測，91、100、102、103、
    (A) disclosed   (B) floundered   (C) discovered   (D) founded   105指考)

49. _____ is usually caused by germs.   (93、95、98、100、102、104學測，93~95、
    (A) Purchase   (B) Increase   (C) Disease   (D) Decrease   103、104指考)

50. Nobody could _____ him from his brother.   (95、104學測，94、95、101、
    (A) disrupt   (B) distinguish   (C) dissolve   (D) diminish   105指考)

【解答】

1.(B)	2.(A)	3.(C)	4.(B)	5.(D)	6.(C)	7.(C)	8.(A)	9.(B)	10.(D)
11.(A)	12.(A)	13.(C)	14.(B)	15.(A)	16.(B)	17.(D)	18.(B)	19.(C)	20.(D)
21.(C)	22.(A)	23.(D)	24.(C)	25.(A)	26.(B)	27.(B)	28.(B)	29.(A)	30.(C)
31.(D)	32.(B)	33.(D)	34.(A)	35.(C)	36.(A)	37.(A)	38.(B)	39.(D)	40.(B)
41.(A)	42.(B)	43.(C)	44.(A)	45.(A)	46.(B)	47.(D)	48.(C)	49.(C)	50.(B)

• 心得筆記欄 •

請您將認識的單字，
在A欄中作記號。

A B

☐☐ education
☐☐ effective
☐☐ emphasize
☐☐ entire
☐☐ essential
☐☐ evidence
☐☐ failure
☐☐ final
☐☐ growth
☐☐ improve
☐☐ independent
☐☐ indicate
☐☐ labor
☐☐ major
☐☐ natural
☐☐ offer
☐☐ pass
☐☐ past
☐☐ plenty
☐☐ previous
☐☐ promise
☐☐ proposal
☐☐ record
☐☐ remain
☐☐ reply

A B

☐☐ rush
☐☐ standard
☐☐ state
☐☐ suppose
☐☐ telephone
☐☐ accurate
☐☐ add
☐☐ advice
☐☐ affect
☐☐ aggressive
☐☐ agree
☐☐ apparent
☐☐ blame
☐☐ career
☐☐ careful
☐☐ carry
☐☐ challenge
☐☐ circumstance
☐☐ common
☐☐ confidence
☐☐ confine
☐☐ contribute
☐☐ conversation
☐☐ create
☐☐ decide

≪ 頻率順序 51 ～ 100 ≫

education〔͵ɛdʒə'keʃən〕 *Education* is an important 教育是重要的事。
n. 教育；訓練　　　 thing. 同 *teach* ; *instruct*

effective〔ə'fɛktɪv〕 The law becomes *effective* 該法於午夜生效。
adj. 有效的　　　 at midnight. 反 *ineffective*

emphasize〔'ɛmfə͵saɪz〕He *emphasized* the impor- 他強調小心駕駛的重要。
vt. 強調；著重；重讀 tance of careful driving.

entire〔ɪn'taɪr〕 The original property is 原有產業仍完整無缺。
adj. 整個的；全部的 still *entire*.

essential〔ə'sɛnʃəl〕 Exercise is *essential* to 運動對保健是必要的。
adj. 基本的；必要的 the preservation of health.
n. 本質；精髓　 These are the *essentials* 這些是英文法的要義。
　　　　　　　 of English grammar.

evidence〔'ɛvədəns〕 The *evidence* is not enough. 證據不充分。
n. 證據　　　 Her smiles *evidenced* her 她的微笑顯示她的快樂。
vt. 顯示　　　 pleasure.

failure〔'feljɚ〕 What was the cause of his 他失敗的原因為何？
n. 失敗　　　 *failure* ? 反 *success*

final〔'faɪnl〕 My judgment is *final*. 我的判斷是確定的。
adj. 決定的；最終的 She was busily preparing 她忙於準備期末考。
n. 期末考；決賽　 for the *finals*. 同 *last*

growth〔groθ〕 Childhood is a period of 幼年是生長迅速的時期。
n. 生長；發展　 rapid *growth*.

improve〔ɪm'pruv〕 I wish to *improve* myself 我希望在英文方面使自
v. 改良；改善　 in English. 同 *better* 己進步。

independent The Republic of China is 中華民國是獨立國。
〔͵ɪndɪ'pɛndənt〕 an *independent* country.
adj. 獨立的；自立的 同 *self-reliant*

indicate〔'ɪndə,ket〕 A thermometer **indicates** 溫度計顯示溫度。
vt. 指出；指示　　temperature.

labor〔'lebə〕 Most people earn their 大多數人靠勞力過活。
n. 勞動；勞作　　living by manual **labor**.
v. 勞動；努力　　He **labors** for the 他爲人類幸福勞動。
happiness of mankind.

major〔'medʒə〕 The **major** part of the 此城的大部分已成廢墟。
adj. 主要的;較多的 town was ruined.
n. 主修課程　　What is your **major**? 你主修什麼？

natural〔'nætʃərəl〕 The scenery has **natural** 這風景有自然的美。
adj. 天然的;自然的 beauty. 圙 *genuine*

offer〔'ɑfə,'ɔfə〕 I shall come if opportu- 如果有機會的話我就來。
v. 提供；給與　　nity **offers**.
n. 提供　　Thank you for your kind 感謝你的援助。
offer of help.

pass〔pæs；pɑs〕 You will **pass** the post 你會經過郵局。
v. 經過；走過　　office.
n. 通行；走過　　No one can get in the 沒通行證不能過要塞。
fort without a **pass**.

past〔pæst；pɑst〕 Our troubles are **past**. 我們的困難過去了。
adj. 過去的　　We can not change the 我們無法改變過去。
n. 過去；往時　　**past**.
prep. 走過；越過 He walked **past** the 他走過大門。
gate. 圙 *ended*；*former*

plenty〔'plɛntɪ〕 We have **plenty** of food. 我們有充分的食糧。
n. 充分；豐富　　Six potatoes will be 六個馬鈴薯夠了。
adj. 足夠的　　**plenty**.

previous〔'privɪəs〕 The **previous** lesson was 前面一課很難。
adj. 在前的;先前的 hard. 圙 *following*

promise〔'pramɪs〕
  n. 諾言；約定
  v. 答應；允諾

He never keeps his *promises*.

他從不守諾言。

I can not *promise*.

我不能答應。

proposal〔prə'pozl〕
  n. 建議；提議

The *proposal* was rejected.

這提議被否決了。

record〔rɪ'kɔrd〕
  v. 記錄
〔'rɛkəd〕
  n. 記錄；報告

We *record* history in books.

我們將歷史記載在書上。

She had a fine *record* at school. 回 *write*

她在學校有良好的記錄。

remain〔rɪ'men〕
  vi. 停留；居住

I shall *remain* here all the summer.

整個夏天我將居此。

reply〔rɪ'plaɪ〕
  v. 回答；答覆
  n. 回答；答覆

I wrote, but he did not *reply*.

我寫信給他,但他沒回。

He made no *reply*.

他無答覆。

回 *answer* ; *respond*

rush〔rʌʃ〕
  v. 猛衝；使急進
  n. 激流；突進

They *rushed* out of the room.

他們衝出屋子。

He was swept away by the *rush* of the river.

他被急流沖走。

standard
〔'stændəd〕
  n. 標準；模範

Your work is not up to *standard*.

回 *model* ; *symbol*

你的工作不夠標準。

state〔stet〕
  n. 情形；狀態
  adj. 國家的；正式

Everything was in a *state* of disorder.

一切都處於紊亂狀態。

suppose〔sə'poz〕
  v. 想像；假定

What do you *suppose* he will do ?

回 *consider* ; *assume*

你想他要做什麼?

telephone〔'tɛlə,fon〕We don't have a *telephone* 我們還沒裝電話。
  n. 電話　　　　yet.
  v. 打電話　　　*Telephone* me tomorrow. 明天打電話給我。

accurate〔'ækjərɪt〕 She is a very *accurate* 她是個標準的打字員。
  adj. 正確的;準確的 typist.　囘 *perfect*

add〔æd〕　　　Three *added* to four 三加四等於七。
  v. 增加　　　　makes seven.

advice〔əd'vaɪs〕 Let me give you a piece 容我勸你。
  n. 勸告;忠告　　of *advice*.

affect〔ə'fɛkt〕 Some plants are 有些植物受寒冷的影響。
  vt. 影響;感動　*affected* by cold.
  vt. 假裝;愛好　He *affected* great zeal 他假裝熱心做這事。
  　　　　　　　to do this.　囘 *influence*

aggressive　　An *aggressive* country 一個侵略性的國家永遠
  〔ə'grɛsɪv〕　 is always ready to 準備發動戰爭。
  adj. 侵略的;進取的 start a war.

agree〔ə'gri〕　They *agreed* among 他們彼此意見一致。
  v. 同意;承認　 themselves.　囘 *consent*

apparent〔ə'pærənt; His guilt is *apparent*. 他的罪惡昭彰。
  ə'pɛrənt〕　　　囘 *obvious* ; *evident*
  adj. 明顯的;可見的

blame〔blem〕　I *blame* the accident 我將這意外歸咎於他。
  v. 譴責;歸咎　 on him.
  n. 過失　　　　He is free from *blame*. 他沒有過失。

career〔kə'rɪr〕 She abandoned her stage 她放棄了舞台生涯。
  n. 生涯;職業　 *career*.
  v. 急馳;飛奔　 The horse *careered* 馬在街上奔馳
  　　　　　　　through the streets.
  　　　　　　　囘 *vocation* ; *occupation*

careful〔'kɛrfəl〕 He is *careful* at his work. 他用心從事工作。
adj. 謹慎的；小心的 回 *watchful* ; *cautious*

carry〔'kærɪ〕 He *carries* his change in 他將零錢放在口袋中。
v. 運送；携帶 his pocket.
n. 射程；途程 回 *take* ; *transport*

challenge They *challenge* us to a 他們邀我們做游泳比賽。
〔'tʃælɪndʒ〕 swimming contest.
v. 挑戰；盤問 to give (accept) a 挑戰（接受挑戰）
n. 挑戰；盤問 *challenge*

circumstance His financial *circum-* 他的經濟情況每況愈下。
〔'sɝkəm,stæns〕 *stance* is from bad to
n. 情形；狀況 worse. 回 *condition*

common〔'kɑmən〕 Parks in a town are 城中的公園是公有財產。
adj. 公有的；共有的 *common* property.
n. 公共；公地 We have much in 我們有很多相同的嗜好。
common in taste.

confidence She has great *confidence* 她極自信能成功。
〔'kɑnfədəns〕 in her success.
n. 信賴；信任 反 *distrust* ; *diffidence*

confine〔kən'faɪn〕 He *confines* his activi- 他的活動僅於教育界。
vt. 限制；監禁 ties in educational
〔'kɑnfaɪn〕 circles.
n. 疆界；境界 He is on the *confines* of 他在破產邊緣。
bankruptcy. 回 *enclose*

contribute Good health *contributed* 良好的健康促成他的成
〔kən'trɪbjʊt〕 to his success. 功。
v. 捐助；貢獻

conversation They carried on *conver-* 他們用英語交談。
〔,kɑnvɚ'seʃən〕 *sation* in English.
n. 會話；談話

create〔krɪ'et〕
v. 創造；建立

She *created* the garden in the desert.

她在沙漠中建造了這個花園。

decide〔dɪ'saɪd〕
v. 決定；決心

Nothing is *decided* yet.

一切均未決定。

心得筆記欄

聯考試題演練

1. She got a good _____ in her school days.　(73、80、82、87日大, 71、73夜大,
   (A) invitation　　(B) quotation　　(C) education　　92、95、96、100、102~
   (D) exaggeration　　　　　　105學測, 92、94、98、102、105指考)

2. We have to take _____ measures to solve the problem.　(83、84、88、
   (A) exclusive　　(B) talkative　　(C) effective　　90日大, 72、74、75夜大,
   (D) defective　　93、96、99、101、104學測, 91、92、95、98、103~105指考)

3. The salesman _____ the merits of the machine.　(73、88日大, 75、
   (A) emphasized　　(B) civilized　　(C) specialized　　82夜大, 97~99、
   (D) organized　　　　　102學測, 93指考)

4. We felt like hearing the _____ story of the accident.　(68、70、80、
   (A) energetic　　(B) entire　　(C) endurant　　86、87日大, 70、72、78夜大,
   (D) envious　　97、101、102、105學測, 96、99、104指考, 93指考補)

5. Imagination is _____ to human action.　(72、87日大, 68、72、75夜大, 95、
   (A) artificial　　(B) racial　　(C) genial　　96、99、100、102、104學測,
   (D) essential　　　　　93、104指考)

6. There was no _____ that she was guilty.　(68、71、72、76、78、87、89日大,
   (A) evidence　　(B) absence　　75夜大, 94、95、105學測, 91、95、100、105指考)
   (C) confidence　　(D) innocence

7. His plan ended in _____ .　(71、87日大, 74、80夜大, 90、95、98、105學測, 93指考補)
   (A) creature　　(B) mixture　　(C) failure　　(D) pressure

8. My judgement is _____ .　(86日大, 92、94、97、98學測, 91、92、94、98、101、102指考)
   (A) financial　　(B) final　　(C) spinal　　(D) finished

9. The degree of economic _____ is an index of the level of living.
   (A) death　　(B) stealth　　(C) strength　　(72、87日大, 71、74、75、77、
   (D) growth　　78夜大, 93、95~97、105學測, 93、95、98、102指考)

10. She promised her mother to _____ her bad manners.　(87、90日大, 98、
    (A) improve　　(B) reprove　　(C) disprove　　104學測, 92、94、97、99、
    (D) approve　　100~102、104、105指考, 93指考補)

11. The young girl wants to be _____ of her parents. (69、72、86日大,
    (A) ardent　　　(B) insolent　　(C) independent　66、70、72夜大,
    (D) obedient　　　　　　　　　　　　　　　　　93、97、101指考)

12. A signpost _____ the right road for us to follow. (102學測, 103、105指考)
    (A) congratulated　(B) isolated　(C) fascinated　(D) indicated

13. He _____ to complete the task within a week. (105學測,102、105指考)
    (A) labored　　　(B) lapsed　　(C) laved　　(D) lavished

14. His _____ objective in Poland is to study philosphy. (80日大, 84夜大,
    (A) junior　　　(B) major　　　(C) senior　92、93、95、96、98、102、103、
    (D) inferior　　　　　　　　　　　105學測, 92~94、99、100、101、104指考, 93指考補)

15. The scenery has _____ beauty. (89日大, 92、74、97~100學測, 92、94、97、99、100、
    (A) bagel　　　(B) doctoral　　(C) aerial　　(D) natural　103指考)

16. He kindly _____ to lend me the money. (69、70、79、81、86、90日大, 70、72、
    (A) offered　　　(B) glittered　　77~79夜大, 96、99、103~105學測,
    (C) pattered　　　(D) wavered　　92、93、95、98~105指考, 93指考補)

17. Because of the large crowd in the street the car was unable to
    _____. (70、80、84、86、89日大, 71、73、79夜大, 93、102、104學測, 94、98、101~103、105指考)
    (A) pare　　　(B) prepare　　(C) pass　　(D) parade

18. Our troubles are _____. (90、95、96、101、103學測, 92、97、100、102、103、105指考,
    (A) partial　　　(B) past　　(C) passive　　(D) patient　93指考補)

19. We have _____ of food. (71、73、74、79、86日大, 70、79夜大, 97學測, 91、94、99指考)
    (A) poverty　　　(B) plenty　　(C) propriety　　(D) anxiety

20. She said that she had met him on the _____ day. (72日大, 67~69、72、
    (A) glorious　　　(B) previous　　(C) laborious　83夜大, 93學測, 95、
    (D) tremulous　　　　　　　　　　　　　　　104、105指考)

21. She _____ me never to tell a lie. (75、79日大, 71夜大, 94、96、97學測, 91指考)
    (A) civilized　　(B) organized　　(C) promised　　(D) utilized

22. The _____ was rejected. (71、87日大, 74夜大, 95、102學測, 101、103指考, 93指考補)
    (A) projection　　(B) promote　　(C) profit　　(D) proposal

23. He broke a_____in this competition. (95~97、99、100、101、105學測, 101~
(A) cord   (B) discord   (C) concord   (D) record   105指考)

24. Only a few houses_____in that village after the big fire.
(A) remained   (B) recalled   (C) rebelled   (D) received
(84、85、87、88、90日大, 90、93、95、97、99、100、104學測, 95、97、98、101~103、105指考)

25. She didn't_____to my letter. (74、77、80、88日大, 90、92、95、103學測, 92、94指考)
(A) record   (B) reduce   (C) reply   (D) reform

26. The police_____towards the demonstrators.
(A) blushed   (B) rushed   (C) published   (D) punish
(67、68、75、84、85、87、89日大, 68、75夜大, 83、85、86、89學測, 95指考)

27. The_____of living has improved. (94、99、102、104學測, 91、92、94、99、103指考)
(A) coward   (B) standard   (C) steward   (D) sluggard

28. I_____my parents will like this pretty dog. (75、88日大, 80、84夜大,
(A) support   (B) suffer   (C) suppose   92、95、99、101、102學測)
(D) suggest

29. Someone_____when you were out. (75、86日大, 93、94、102學測, 97指考)
(A) telegraphed   (B) telephoned   (C) telexed   (D) televised

30. The New York Times is known for_____reporting. (70、71、85日大,
(A) accurate   (B) temperate   (C) considerate   71夜大, 82台大夜, 93、
(D) fortunate   99學測, 95、105指考)

31. Ocean research will_____to our knowledge of climate conditions.
(A) addict   (B) admire   (C) add   (D) adapt
(81、85、89日大, 82台大夜, 93、98~100、104學測, 91、95、98、99、105指考, 93指考補)

32. He asked for my_____on his studies. (86、90日大, 97、98、101學測, 92、103、
(A) devise   (B) device   (C) advice   (D) revise   105指考)

33. A rise in prices severely_____the lives of people. (74日大, 78夜大,
(A) affects   (B) afflicts   (C) affirms   93、95、97、98、101、102、
(D) affords   105學測, 94、95、97、100指考)

34. An ＿＿＿＿ country is always ready to start a war.
    (A) imaginative　　(B) initiative　　(72、73、79日大, 70、75夜大, 100學測,
    (C) talkative　　(D) aggressive　　93、95、96、101、104指考)

35. All ＿＿＿＿ to that conclusion.　(84、86日大, 89、96、97學測, 91、92、94、95、
    (A) aggress　　(B) aggrieve　　(C) agree　　(D) aggravate　105指考)

36. It was＿＿＿＿ to all of us that he would pass the examina-
    tion.　(67、71、86日大, 69、71、81、84夜大, 101、103指考, 93指考補)
    (A) apparent　(B) prudent　　(C) insolent　　(D) obedient

37. They＿＿＿＿ George for neglect of his duty.　(69、89、90日大, 73、
    (A) blanched　　(B) blamed　　75夜大, 105學測, 97指考)
    (C) blessed　　(D) blared

38. He has a brilliant＿＿＿＿ as a statesman. (101、104學測, 95、97～99、101、
    (A) volunteer　(B) career　　(C) pioneer　　(D) engineer　104指考)

39. He is very＿＿＿＿ with his work. (89日大, 98、103學測, 92、94、101、102指考,
    (A) peaceful　　(B) careful　　(C) painful　　(D) wakeful　93指考補)

40. I ＿＿＿＿ my change in my pocket．　(93～96、98、100、102學測, 92、94、95、
    (A) carry　　(B) marry　　(C) hurry　　(D) parry　103、104指考)

41. My little sister＿＿＿＿ me to another race.　(66、69、77、90日大, 70、
    (A) changed　　(B) revenged　　75夜大, 92、95、96、98、102、104學測,
    (C) avenged　　(D) challenged　91、95、100、101、103～105指考)

42. Whether I can go abroad or not depends on＿＿＿＿．　(69、83日大,
    (A) circumstances　　(B) appearances　　68、69、72夜大, 90學測,
    (C) countenances　　(D) temperances　97、101、103指考)

43. Respiration is＿＿＿＿ to all kinds of animals.　(74、77、81、88、90日大,
    (A) commercial　　(B) communal　　70、72、83夜大, 93～95、97、99～102、
    (C) common　　(D) commutable　104、105學測, 93、95～102、104指考)

44. I don't have much＿＿＿＿ in what he says. (68、69、73、87日大, 67夜大,
    (A) presence　　(B) violence　　83、104學測, 91、94、97、98指考)
    (C) confidence　　(D) audience

45. He is＿＿＿＿＿＿＿to his room.　(72、88日大, 67夜大, 101、105學測)

  (A) refined　　(B) confined　　(C) defined　　(D) imagined

46. His knowledge and experience＿＿＿＿＿＿＿to the progress of the work.　(80、87日大, 82夜大, 90、93、99、102、104學測, 93、95、96、98、101、102、104指考)

  (A) absoluted　(B) computed　(C) resoluted　(D) contributed

47. In England train passengers usually prefer reading to＿＿＿＿＿＿.

             (68、71、88、89日大, 70、73、82夜大, 92、97學測, 96、102~104指考)

  (A) conversation　　　　(B) expectation

  (C) motivation　　　　　(D) consideration

48. Advertising＿＿＿＿＿＿＿a desire in your mind by appealing to your emotions.　(86~90日大, 90、92、94、95、99、101~105學測, 91、93~95、97~105指考,

  (A) vibrates　　(B) isolates　　(C) originates　　(D) creates　　93指考補)

49. He＿＿＿＿＿＿＿to postpone his departure.　(97、98、101~105學測, 98~102、

  (A) declaimed　(B) describe　　(C) decided　　(D) decreased　104指考)

【解答】

1.(C)	2.(C)	3.(A)	4.(B)	5.(D)	6.(A)	7.(C)	8.(B)	9.(D)	10.(A)
11.(C)	12.(D)	13.(A)	14.(B)	15.(D)	16.(A)	17.(C)	18.(B)	19.(B)	20.(B)
21.(C)	22.(D)	23.(D)	24.(A)	25.(C)	26.(B)	27.(B)	28.(C)	29.(B)	30.(A)
31.(C)	32.(C)	33.(A)	34.(D)	35.(C)	36.(A)	37.(B)	38.(B)	39.(B)	40.(A)
41.(D)	42.(A)	43.(C)	44.(C)	45.(B)	46.(D)	47.(A)	48.(D)	49.(C)	

☆ ☆ ☆ 全國最完整的文法書 ☆ ☆ ☆

文法寶典全集

劉 毅 編著/售價990元

　　這是一本想學好英文的人必備的工具書,作者積多年豐富的教學經驗,針對大家所不了解和最容易犯錯的地方,編寫成一本完整的文法書。

　　本書編排方式與眾不同,第一篇就給讀者整體的概念,再詳述文法中的細節部分,內容十分完整。文法說明以圖表為中心,一目了然,並且務求深入淺出。無論您在考試中或其他書中所遇到的任何不了解的問題,或是您感到最煩惱的文法問題,查閱「文法寶典全集」均可迎刃而解。

　　哪些副詞可修飾名詞或代名詞?(P.228);什麼是介副詞?(P.543);哪些名詞可以當副詞用?(P.100);倒裝句(P.629)、省略句(P.644)等特殊構句,為什麼倒裝?為什麼省略?原來的句子是什麼樣子?在「文法寶典全集」裏都有詳盡的說明。

　　可見如果學文法不求徹底了解,反而成為學習英文的絆腳石,只要讀完本書,您必定信心十足,大幅提高對英文的興趣與實力。

頻率表 *101 ～ 150*

請您將認識的單字，
在A欄中作記號。

A B

☐☐ degree
☐☐ depend
☐☐ devote
☐☐ directly
☐☐ effect
☐☐ effort
☐☐ endure
☐☐ establish
☐☐ explore
☐☐ express
☐☐ force
☐☐ frank
☐☐ ground
☐☐ guarantee
☐☐ immediate
☐☐ insist
☐☐ lack
☐☐ maintain
☐☐ manage
☐☐ mind
☐☐ minute
☐☐ moment
☐☐ nation
☐☐ office
☐☐ opportunity

A B

☐☐ organize
☐☐ pack
☐☐ particular
☐☐ popular
☐☐ population
☐☐ precious
☐☐ preserve
☐☐ presume
☐☐ probable
☐☐ progress
☐☐ quality
☐☐ recognition
☐☐ reduce
☐☐ refer
☐☐ respond
☐☐ restriction
☐☐ result
☐☐ scarce
☐☐ simple
☐☐ society
☐☐ special
☐☐ surprise
☐☐ task
☐☐ term
☐☐ traditional

═══════════ ≪頻率順序 101 ～ 150 ≫ ═══════════

degree〔dɪ'gri〕 She is a lady of high 她是位地位甚高的婦女。
  n. 階段；程度；學位 *degree*. 圓 *grade*；*rank*

depend〔dɪ'pɛnd〕 Can I *depend* on you？ 我能信賴你嗎？
  v. 信賴；信任 圓 *rely*；*trust*

devote〔dɪ'vot〕 Don't *devote* too much 別浪費太多時間於遊戲。
  vt. 專心從事；獻身於 time to games.

directly〔də'rɛktlɪ〕He was looking *directly* 他直望著我。
  adv. 直接地；立即 at me. 圓 *indirectly*

effect〔ə'fɛkt〕 The medicine had an 那藥立即見效。
  n. 結果；效果；效力 immediate *effect*.
  vt. 實現；產生 The change was *effected* 該項改革和平地實現了。
  peacefully. 圓 *influence*

effort〔'ɛfət〕 Their *efforts* were re- 他們的努力獲得成功。
  n. 努力；奮力 warded with success.

endure〔ɪn'djʊr〕 His fame will *endure* for- 他的聲名將永垂不朽。
  v. 忍耐；忍受 ever. 圓 *stand*；*bear*

establish
  〔ə'stæblɪʃ〕 His honesty is well 他的忠實已為人所信任。
  vt. 建立；設立 *established*. 圓 *settle*；
  organize 反 *destroy*；*ruin*

explore〔ɪk'splor〕 The surgeon *explored* the 外科醫生仔細察看傷口。
  v. 探險；探測 wound. 圓 *research*；*hunt*

express〔ɪk'sprɛs〕 I can't *express* it proper-我無法適當地表達出來。
  vt. 表示；表達 ly. 圓 *indicate*；*imply*

force〔fors；fɔrs〕 He didn't use much *force*. 他沒用多大力量。
  n. 力量；暴力 I *forced* him to do it. 我強迫他做此事。
  vt. 強迫；迫使 圓 *compel*；*oblige*

frank〔fræŋk〕 He makes a ***frank*** con- 他坦白供述自己的罪行。
adj. 坦白的；老實的 fession of his guilt.
vt. 免費寄送 to ***frank*** a letter 免費寄信

ground〔graʊnd〕 It fell to the ***ground***. 它落到地上了。
n. 土地；地 The theory is well 這學說的根基穩固。
v. 放地上；有根據的 ***grounded***. 同 *establish*

guarantee〔͵gærən'ti〕He offered his house as 他以房子做擔保。
n. 保證；擔保人 a ***guarantee***.
v. 保證；擔保 The clock is ***guaranteed*** 此鐘保用一年。
for one year. 同 *promise*

immediate〔ɪ'midɪɪt〕 We must take ***immediate*** 我們必須採取緊急行動。
adj. 立即的；即刻的 action. 反 *mediate*

insist〔ɪn'sɪst〕 I ***insist*** on being there. 我堅持要在那裏。
v. 堅持；力言；強調 同 *maintain*; *stress*

lack〔læk〕 A coward ***lacks*** courage. 怯懦者缺乏勇氣。
v. 缺乏；沒有 ***Lack*** of rest made her 缺乏休息使她疲倦。
n. 缺乏；無 tired. 同 *want*; *need*

maintain〔mən'ten〕 Be careful to ***maintain*** 小心保持名譽。
vt. 保持；維持 your reputation.

manage〔'mænɪdʒ〕 How did you ***manage*** to 你如何還了債？
v. 處理；支配；駕馭 pay your debt? 同 *control*

mind〔maɪnd〕 Education develops the 教育啓發智力。
n. 意志；精神 ***mind***.
v. 注意；留心 ***Mind*** your own business. 少管閒事！

minute〔'mɪnɪt〕 The train was ten 火車遲到十分鐘。
n. 分 ***minutes*** late.
〔maɪ'njut〕 There are ***minute*** differ- 這雙胞胎間的差異甚小。
adj. 微小的 ences between the twins.

moment〔'momənt〕 I waited for a few 我等了一會兒。
  n. 瞬間；片刻 *moments.* 回 *instant*

nation〔'neʃən〕 The United States of 美利堅合眾國是一個國
  n. 國家 America is a *nation.* 家。

office〔'ɔfɪs;'ɑfɪs〕 He works in a lawyer's 他在一律師事務所工作。
  n. 辦公處；公司 *office.* 回 *workplace*

opportunity Such *opportunities* should 這種機會不應失去。
  〔,ɑpɚ'tjunətɪ〕 not be missed.
  n. 機會；時機 回 *chance; occasion*

organize〔'ɔrgən,aɪz〕 They *organized* a climbing 他們組織一個登山隊。
  v. 組織 expedition team.

pack〔pæk〕 Give me a *pack* of ciga- 給我一包香煙。
  n. 包裹；一群 rettes.
  v. 包裝；綑紮 These books *pack* easily. 這些書容易包裝。

particular Everyone has his *particu-* 各人有特殊之興趣。
  〔pɚ'tɪkjəlɚ〕 *lar* interests. 回 *special;*
  adj. 單獨的；特別的 *unusual* 反 *common*

popular〔'pɑpjəlɚ〕 It is a *popular* song. 這是一支流行歌曲。
  adj. 受人歡迎的 回 *common; ordinary*

population New York City contains 紐約有一千萬人口。
  〔,pɑpjə'leʃən〕 a *population* of ten million.
  n. 人口 回 *inhabitants; people*

precious〔'prɛʃəs〕 Diamond is a kind of 鑽石是一種珍貴的石頭。
  adj. 珍貴的 *precious* stone.

preserve〔prɪ'zɝv〕 God *preserve* us ! 願上帝保佑我們！
  v. 保護；保管 回 *protect; keep*

presume〔prɪ'zum〕 I *presume* you are tired. 我想你是倦了。
  v. 假定；推測 回 *assume; suppose*
  反 *prove*

probable〔ˈprɑbəbḷ〕It is *probable* that it 大概要下雨了。
　adj. 大概的　　　will rain.　圓 *likely*; *liable*

progress〔ˈprɑgrɛs〕He makes no *progress* in 他的英文毫無進步。
　n. 進步；進展　　English.
　〔prəˈgrɛs〕　　The work is *progressing* 工作進展得很順利。
　v. 進步　　　　steadily.　圓 *advance*

quality〔ˈkwɑlətɪ〕Poor *quality* goods won't 品質差的貨品不易出售。
　n. 品質；特質　　sell well.　圓 *feature*

recognition　　　The actor soon won *recog-* 這演員不久便獲眾人讚
　〔ˌrɛkəgˈnɪʃən〕*nition* from the public.　譽。
　n. 認識；讚譽

reduce〔rɪˈdjus〕He is *reduced* almost to 他已瘦成一把骨頭了。
　v. 減少；減低　　nothing.　圓 *lessen*

refer〔rɪˈfɝ〕　　He often *referred* to me 他在談話中常提到我。
　v. 指示；言及　　in his speech.　圓 *point*

respond〔rɪˈspɑnd〕He *responded* with a kick. 他回踢一腳。
　vi. 回答　　　　圓 *answer*; *reply*

restriction　　　We place *restrictions* on 我們管制對外貿易。
　〔rɪˈstrɪkʃən〕　foreign trade.
　n. 限制

result〔rɪˈzʌlt〕We worked without *result*. 我們的工作無效果。
　n. 結果；效果　　The damage *resulted* from 這損失由火災所致。
　vi. 產生；起於　the fire.　圓 *consequence*

scarce〔skɛrs〕Some commodities are 戰時有些貨品很缺乏。
　adj. 缺乏的　　　*scarce* in wartime.

simple〔ˈsɪmpḷ〕The explanation was quite 這解釋十分簡單易懂。
　adj. 簡單的　　　*simple*.
　n. 身分卑微者　　gentle and *simple* 貧富貴賤
　　　　　　　　　圓 *easy*; *common*

society〔sə'saɪətɪ〕 I enjoy your **society**.　　我以 和你 交往爲樂 。
　n. 社會；交際　　回 *community*; *public*

special〔'spɛʃəl〕　Is anything **special** today? 今天有什麼特別的事嗎?
　adj. 特別的　　回 *particular*; *unusual*

surprise〔sə'praɪz〕 The visit of the President 總統的來訪引起大驚奇。
　n. 驚駭；驚奇　　caused great **surprise**.
　vt. 使驚奇　　The news greatly **surprised**這消息使我 們大爲驚愕。
　　　　　　　　us.　回 *astonish*; *amaze*

task〔tæsk; tɑsk〕 He assigned me a **task**.　他分派我一項工作 。
　n. 工作；任務　　Mathematics **tasks** the　　數學使那孩子傷腦筋 。
　vt. 使辛勞；煩累　child's brain. 回 *duty*; *job*

term〔tɝm〕　　On no **terms** will I do　　我不做那種事 。
　n. 名詞;關係;條件 such a thing.
　vi. 稱呼　　His life may be **termed**　他的生活可稱幸福 。
　　　　　　　　happy. 回 *period*; *condition*

traditional　　It is a **traditional**　　　這是一項傳統習俗 。
　〔trə'dɪʃənḷ〕　custom.
　adj. 傳統的

聯考試題演練

1. To some _____ , the company authority gave in to the union.
   (A) three (B) disagree (67、69、70、72、84、85日大, 78夜大, 94、
   (C) decree (D) degree 100、105學測, 91、93、100、102、105指考)

2. You should pay your school expenses without_____on your
   parents. (68、71、80、82日大, 69、74、79、83夜大, 90、96、101、102、105學測, 98、99、104、
   (A) deducing (B) depending (C) declaring (D) deferring 105指考)

3. The examinees had to_____ most of their youth to their
   studies. (67日大, 68、71、74、82、84夜大, 95、96、103、104學測, 91、94、96、97、99指考)
   (A) devote (B) derive (C) deform (D) detail

4. The path leads_____to the lake. (70、87日大, 94、100、101學測, 91、97、
   (A) directly (B) readily (C) heartily (D) shortly 98、99指考)

5. The law is still in _____ . (92、93、95、97、98、103、104學測, 93~95、99、100、
   (A) insect (B) architect (C) aspect (D) effect 102~104指考)

6. I will make every_____ to help you. (90、92~94、98、99、101~103學測,
   (A) comfort (B) port (C) effort (D) import 99、104指考)

7. I can't_____that noise a moment longer. (68、73日大, 105學測, 98、
   (A) endow (B) endure (C) endue (D) engage 102指考)

8. This department store was_____about a hundred years ago.
   (A) established (B) esteemed (73日大, 75、81夜大, 83、96、101、103、
   (C) published (D) estimated 104學測, 91、93~97、103~105指考)

9. The adventurers are going to_____the cave tomorrow.
   (A) explode (B) explore (81、87日大, 75、76、81夜大, 95、96、101、
   (C) explain (D) expose 104學測, 92、93、98~100、103、105指考)

10. Everybody can_____his opinion.(88日大, 94、96、100學測, 93、97~100、102、
    (A) excite (B) expend (C) expand (D) express 104指考)

11. I used all my_____in lifting the stone.(99、100、104、105學測, 98~102、
    (A) foundation (B) force (C) found (D) forge 104、105指考)

12. In my_____ opinion, I don't think the plan will succeed.
    (A) fresh　　　　　　(B) frog　　　　　(66、68、75日大, 67夜大, 95指考)
    (C) fright　　　　　　(D) frank

13. He was dismissed on the_____ that he was lazy.　(67、68、70日大,
    (A) growth　　　　　(B) grounds　　　73夜大, 93、94、98~103、105學測,
    (C) gross　　　　　　(D) grade　　　　94、100、105指考, 93指考補)

14. The watch is_____ for six months.　(73日大, 71、75夜大, 103~105學測,
    (A) guaranteed (B) guarded　(C) guessed　(D) guided　95指考)

15. There was an_____ reponse to his request.　(72、88日大, 68、69夜大,
    (A) idle　　　　　　(B) ignorant　92、94、104學測, 91、96、100、104指考)
    (C) immediate　　　　(D) illegal

16. He_____ that he was wrong.　(86日大, 76、79、82夜大, 90、99、104學測, 95、
    (A) included　　(B) increased　(C) insisted　(D) inclined　102指考)

17. Many wild animals died for_____ of water.(103、105學測, 95、105指考)
    (A) labor　　　　(B) lack　　　(C) law　　　(D) lead

18. How long can you_____ this silence？(96、99、100、103學測, 94、97、103、
    (A) maintain　　(B) fountain　(C) detain　(D) refrain　104指考)

19. He_____ to pass the entrance exam.(95、98、99、104學測, 96、97、99、100~
    (A) managed　　(B) matched　(C) mangled　(D) murdered　103指考)

20. A sound_____ lies in a sound body.　(95、97、98、100~104學測, 97、101、
    (A) mistake　　(B) miracle　(C) mind　　(D) miner　103指考)

21. The diamonds in the broach were_____ .　(71、86、89、90日大, 73夜大,
    (A) minimum　　　　(B) minute　92、93、97、100、102、104學測,
    (C) miniskirt　　　　(D) microscope　92、94、97、101、102指考)

22. The man disappeared in a_____ .　(74、81、86、89日大, 94、95、104學測,
    (A) mood　　　(B) move　　(C) moment　(D) motion　91、94指考)

23. The president spoke on the radio to the_____ . (101、102、105學測,
    (A) nature　　(B) natation　(C) nation　(D) nerve　101、104指考)

24. Which party will be in _____ after the next general election ?

(67、68、70日大, 68夜大, 92、94、100、102、104、105學測, 92、95指考)

    (A) office   (B) official   (C) officer   (D) offer

25. A party gives us a good _____ to meet new friends. (75日大, 79、

    (A) opportunity   (B) opponent   80夜大, 82台大夜, 102、105學測, 91、

    (C) opposition   (D) operator   93、94、98、100、105指考, 93指考補)

26. Some young politicians _____ a new political party. (86、88~90日大,

    (A) orthodox   (B) organized   68、72夜大, 92、98、99學測,

    (C) organ   (D) occurred   91、93、95、98、102指考)

27. Wolves hunt in _____.   (88日大, 66、68、71、73夜大, 90、102學測, 93、104指考,

    (A) packages   (B) packets   (C) packs   (D) pacts   93指考補)

28. There was nothing in the letter of _____ importance. (87、90日大,

    (A) particular   (B) partial   90、92、93、95、99、101、102、105學測,

    (C) parlous   (D) particle   91、93、94、96、99、102指考, 93指考補)

29. He was _____ with the girls.   (95、97~102、104學測, 98、99、101、102、104、

    (A) pollutant   (B) positive   (C) popular   (D) powerful   105指考)

30. Tokyo has a _____ of about ten million. (97~100、102、105學測, 96~98、

    (A) pollution   (B) popularity   (C) possession   (D) population   103指考)

31. Your friendship is most _____ to me.   (76、87日大, 93~95、97、105學測,

    (A) precious   (B) pride   (C) precise   (D) primary   104指考)

32. It's a fine old house; it should be _____. (68、70、84日大, 68、71夜大,

    (A) pressed   (B) predicted   96、98~100、104學測, 94、96、100指考)

    (C) preserved   (D) prepared

33. In Britain, an accused man is _____ to be innocent until he

    is proven guilty.   (71日大, 66、69、72夜大)

    (A) pretended   (B) prevailed   (C) prevented   (D) presumed

34. Rain is possible but not _____ before evening.   (75、79、86日大, 73、

    (A) private   (B) primitive   75、79夜大, 90、94、102學測,

    (C) probable   (D) prior   91、96、100指考, 93指考補)

35. Since the nineteenth century, we have made great_____in society. (67、70、71、81日大, 70夜大, 95、100、103學測, 91、94、104指考, 93指考補)

   (A) prison   (B) principle   (C) progress   (D) priority

36. Poor_____ goods won't sell easily. (68~70、74、84日大, 68、70夜大,

   (A) quantity   (B) quality   95~98、100、102、103、105 學測,

   (C) qualification   (D) quarter   91~93、95、98、99、104、105指考)

37. He was given a check for $ 25 in_____ of his service.

   (A) recluse   (B) recollection   (67、68、72、73夜大, 95、

   (C) recognition   (D) record   97、102學測, 94、96指考)

38. He was_____ almost to a skeleton. (98、103~105學測, 92、99~105指考,

   (A) recurred   (B) redoubled   (C) reduced   (D) redeemed   93指考補)

39. The writer frequently_____to the Bible in his books. (89日大,

   (A) refers   (B) relates   92、95、98~100、102~104學測,

   (C) reflects   (D) refuses   92、93、95、97~100、102~105指考)

40. The man_____to the insult with a blow. (93學測, 92、93、95、96、

   (A) reported   (B) respected   (C) required   (D) responded   98指考)

41. As a_____of the war, many people have lost their houses.

   (A) reaction   (B) reflection   (93、95、96、98~100、102、104、105學測,

   (C) result   (D) religion   93~95、96、102、104指考, 93指考補)

42. Eggs are _____ and expensive this month. (86、88日大, 91、94、95、97、

   (A) scale   (B) scarce   (C) stole   (D) scar   99指考)

43. Written in_____ English, this book is suitable for beginners.

   (A) single   (B) special   (87、89、90日大, 92、98、99、101、102、

   (C) similar   (D) simple   104學測, 91、93、94、98、102~104指考)

44. Everybody is a member of_____ . (99、100、103、104學測, 97、98、100、

   (A) source   (B) souvenir   (C) society   (D) solace   102~104指考)

45. He did it for her as a_____ favor.

   (A) special   (B) spectacular   (C) sound   (D) specious

   (87、89日大, 92、94、95、97、99、101、102、105學測, 95、98、99、104指考)

46. His failure did not cause much_____. (93、95、97、100、101學測, 91、94、

(A) surplus (B) surgeon (C) surprise (D) surgery 　102、104指考)

47. She finds housekeeping an irksome_____. (87日大, 95、98、102學測, 91、

(A) taste (B) test (C) tartar (D) task 　100、101、105指考)

48. I didn't know you and she were on such good_____.

(A) terraces (B) terms (81、85、89日大, 70、72夜大, 98~100、

(C) terminations (D) terrains 105學測, 96、98、99、102、104、105指考)

49. The villagers keep the_____way of life. (72、75、88、90日大, 71夜大,

(A) traditional (B) trace 94、95、102~104學測, 91~93、

(C) travelling (D) trade 95、99、102~104指考, 93指考補)

┌─【解答】────────────────────────────┐

1.(D)	2.(B)	3.(A)	4.(A)	5.(D)	6.(C)	7.(B)	8.(A)	9.(B)	10.(D)
11.(B)	12.(D)	13.(B)	14.(A)	15.(C)	16.(C)	17.(B)	18.(A)	19.(A)	20.(C)
21.(B)	22.(C)	23.(C)	24.(A)	25.(A)	26.(B)	27.(C)	28.(A)	29.(C)	30.(D)
31.(A)	32.(C)	33.(D)	34.(C)	35.(C)	36.(B)	37.(C)	38.(C)	39.(A)	40.(D)
41.(C)	42.(B)	43.(D)	44.(C)	45.(A)	46.(C)	47.(D)	48.(B)	49.(A)	

頻率表 *151 ~ 200*

請您將認識的單字，
在A欄中作記號。

A B

☐☐ use

☐☐ value

☐☐ victim

☐☐ view

☐☐ absorb

☐☐ acquaint

☐☐ act

☐☐ addition

☐☐ adequate

☐☐ admit

☐☐ advise

☐☐ afford

☐☐ alarm

☐☐ ancient

☐☐ anticipate

☐☐ apart

☐☐ appreciate

☐☐ area

☐☐ arrival

☐☐ associate

☐☐ attempt

☐☐ attract

☐☐ author

☐☐ available

☐☐ average

A B

☐☐ barbarian

☐☐ beggar

☐☐ behavior

☐☐ beside

☐☐ blood

☐☐ breed

☐☐ burden

☐☐ century

☐☐ claim

☐☐ combine

☐☐ company

☐☐ concentration

☐☐ conduct

☐☐ conflict

☐☐ confuse

☐☐ constant

☐☐ content

☐☐ continuous

☐☐ contrast

☐☐ cow

☐☐ crowd

☐☐ curiosity

☐☐ curious

☐☐ debt

☐☐ decline

≪頻率順序 151～200≫

use〔juz〕
　v. 使用；利用
　〔jus〕*n.* 用法；使用 囡 *disuse*

May I *use* your telephone? 我能用你的電話嗎？
It is of no *use*. 那東西沒用了。

value〔'væljʊ〕
　n. 價值；重要性
　vt. 估價；尊重

It is of great *value*. 這東西很貴重。
I have always *valued* his 我向來尊重他的指教。
advice. 囘 *worth*; *quality*

victim〔'vɪktɪm〕
　n. 犧牲

He was the *victim* of 他是罹病者。
disease. 囘 *prey*; *sufferer*

view〔vju〕
　n. 觀察；考察
　vt. 觀察；看

It was our first *view* of 這是我們第一次看海。
the ocean.
The doctor was *viewing* 醫生在驗屍。
the body. 囘 *opinion*

absorb〔əb'sɔrb〕
　vt. 吸收；專注

He is *absorbed* in study. 他專心讀書。
囘 *sponge*; *assimilate*

acquaint〔ə'kwent〕
　vt. 熟識；告知

Let me *acquaint* you with 讓我告訴你實情。
the fact. 囘 *inform*

act〔ækt〕
　n. 行為；舉動
　v. 扮演；行動

The thief was caught in 小偷在行竊時被捕。
the *act* of stealing.
He *acted* his part well. 他表演稱職；他盡了職
囘 *behave*; *perform* 責。

addition〔ə'dɪʃən〕
　n. 加；附加物

There is no room for 沒有增加的餘地。
additions. 囡 *subtraction*

adequate〔'ædəkwɪt〕
　adj. 足夠的

Fifty dollars will be *ade-* 五十元就夠了。
quate. 囘 *sufficient*

admit〔əd'mɪt〕
　v. 承認；容納

The theater *admits* only 這戲院只容納三百人。
three hundred persons.
囘 *consent*; *confess*

advise [əd'vaɪz]
v. 勸告；忠告

The doctor **advised** him not to drink excessively.

醫生勸他別酗酒。

afford
[ə'ford; ə'fɔrd]
vt. 能堪；力足以

I can't **afford** to pay such a high price.
同 *furnish; supply*

我出不起這樣高的價錢。

alarm [ə'lɑrm]
n. 驚慌；警報
vt. 使驚慌

There is no cause for **alarm**.

沒有理由驚慌。

The spread of cholera **alarmed** us. 同 *startle*

霍亂流行使我們恐慌。

ancient ['enʃənt]
adj. 古代的；舊的

It is an **ancient** city.
同 *old; antique* 反 *modern*

這是一座古城。

anticipate
[æn'tɪsə,pet]
vt. 希望；預期

I **anticipate** great pleasure from my visit.
同 *expect; await*

我期望旅行愉快。

apart [ə'pɑrt]
adv. 拆開
adj. 與眾不同的

He stood far **apart** from us.

他站在離我們遠處。

He is a man **apart**.

他與眾不同。

appreciate
[ə'priʃɪ,et]
v. 重視；賞識

I **appreciate** our friendship. 同 *value; admire*
反 *depreciate; despise*

我重視我們的友誼。

area ['ɛrɪə; 'erɪə]
n. 區域；地方

Very few people live in the desert **area**.

很少人住在沙漠區。

arrival [ə'raɪvl̩]
n. 到達

Let me know the time of your **arrival**. 反 *departure*

讓我知道你到達的時間。

associate
[ə'soʃɪ,et]
v. 結交；聯想
[ə'soʃɪɪt]
n. 同伴

Don't **associate** with dishonest boys.

別和不誠實的男孩來往。

He is my most intimate **associate**. 同 *combine; companion* 反 *disassociate*

他是我最親密的夥伴。

attempt 〔əˈtɛmpt〕 The prisoner **attempted** 犯人企圖逃走。
  vt. 嘗試；企圖　to escape.
  n. 努力嘗試　He made a brave **attempt** 他奮力救這孩子。
　　　　　to save the child.

attract 〔əˈtrækt〕 He shouted to **attract** 他大聲呼叫以引人注意。
  v. 吸引　attention. 同 *tempt*

author 〔ˈɔθɚ〕 He is the **author** of the 他是這本書的著作人。
  n. 作家；著作人　book.
  vt. 著作　He **authored** a history of 他寫了一本內戰史。
　　　　　the Civil War. 反 *reader*

available 〔əˈveləbḷ〕 The ticket is **available** 這票有效期爲三個月。
  adj. 可用的；有效的　for three months.

average 〔ˈævərɪdʒ〕 The **average** height of man 人的平均身高爲五英尺。
  adj. 平均的；平常的　is five feet.
  vt. 平均　We **average** eight hours' 我們每天平均工作八小
　　　　　work a day. 同 *usual* 時。

barbarian　The **barbarians** made an 蠻族攻擊白種移民。
　〔bɑrˈbɛrɪən〕 attack on the white set-
  n. 野蠻人　tlers. 同 *cruel*; *savage*

beggar 〔ˈbɛgɚ〕 I never give anything to 我從不施捨與乞丐。
  n. 乞丐　a **beggar**.
  vt. 使貧窮　Your reckless spending 你的揮霍無度會使你父
　　　　　will **beggar** your father. 親貧窮。

behavior 〔bɪˈhevjɚ〕 His good **behavior** deserves 他的好品行值得稱讚。
  n. 行爲；態度　praise. 同 *conduct*; *action*

beside 〔bɪˈsaɪd〕 Grass grows **beside** the 草長在溪邊。
  prep. 在旁　brook.
  adv. 傍；此外　He rode a bicycle, and I 他騎單車，我則在旁邊
　　　　　ran along **beside**. 跑。

blood〔blʌd〕
　　n. 血液

His face is covered with **blood**.

他滿臉都是血。

breed〔brid〕
　　v. 生育；飼養
　　n. 種；族

The bear **bred** two cubs.

His horse is of the best **breed**. 回 *raise*; *cultivate*

這熊生了兩隻小熊。

他的馬是最好的種。

burden〔'bɝdn̩〕
　　n. 負擔
　　vt. 使負擔

A camel can carry a heavy **burden**.

He is **burdened** with a heavy debt. 回 *load*; *task*

駱駝能負重載。

他負債很重。

century〔'sɛntʃərɪ〕
　　n. 一世紀

It is the latter part of twentieth **century**.

現在是二十世紀末葉。

claim〔klem〕
　　v. 要求；請求；聲言
　　n. 要求

He **claimed** that he was right.

He makes a **claim** for damages. 回 *demand*

他聲言他是對的。

他要求賠償損害。

combine〔kəm'baɪn〕
　　v. 聯合；結合

Oil and water do not easily **combine**. 回 *unite*

油和水不易混合。

company〔'kʌmpənɪ〕
　　n. 一群人；公司
　　vt. 伴隨

Among the **company** was an old man.

May fair winds **company** your safe return.

這群人中有一老者。

願和風伴你平安歸來。

concentration
　　〔ˌkɑnsn̩'treʃən〕
　　n. 集中

He reads with deep **concentration**.
反 *distraction*

他專心讀書。

conduct〔'kɑndʌkt〕
　　n. 行為；處理
　　〔kən'dʌkt〕
　　v. 行為；指導

He got a prize for good **conduct**.

She always **conducts** herself like a lady.

回 *behavior*; *action*

他得到品行優良獎。

她舉止經常似淑女。

conflict〔kən'flɪkt〕His point of view *conflicts* 他的觀點與我的衝突。
  vi. 爭鬥；衝突   with mine.
  〔'kɑnflɪkt〕   come into *conflict* (with) 與…爭鬥；衝突
  n. 爭鬥；衝突   圓 *struggle*; *fight*

confuse〔kən'fjuz〕 Don't *confuse* liberty with 別把自由與放縱混為一
  vt. 使混亂   license. 圓 *complicate* 談。

constant〔'kɑnstənt〕I keep the speed of my 我保持車速不變。
  adj. 時常的；一定的 car *constant*.

content〔kən'tɛnt〕 Nothing can *content* her. 沒什麼能使她滿足。
  vt. 使滿足   He is *content* with very 他易於滿足。
  adj. 滿足的   little. 反 *discontent*

continuous   The *continuous* flow of 溪水不斷之處形成峽谷。
  〔kən'tɪnjʊəs〕 the brook formed a
  adj. 連續的   ravine.

contrast〔'kɑntræst〕The *contrast* between the 這兩兄弟的差異很明顯。
  n. 差別；對照物   two brothers is remark-
  〔kən'træst〕   able.
  v. 對比   *Contrast* birds with fishes. 將鳥和魚對比。

cow〔kaʊ〕   Bring home the *cows*. 將牛帶回家。
  n. 母牛   He *cowed* them with his 他用嚴厲的眼光嚇他們。
  vt. 恐嚇   hard eyes. 反 *bull*

crowd〔kraʊd〕 The *crowd* cheered him. 群眾向他歡呼。
  n. 群眾   They *crowded* into a small 他們擠進一小房間裏。
  v. 聚集；擠滿   room. 圓 *group*; *mass*

curiosity   I bought it out of *curi*- 我因好奇而買了它。
  〔,kjʊrɪ'ɑsətɪ〕 *osity*.
  n. 好奇心   反 *unconcern*; *incuriosity*

curious〔'kjʊrɪəs〕 He is a *curious* student. 他是個好學的學生。
  adj. 求知的；奇怪的 圓 *strange*; *odd*

debt〔dɛt〕　　　　　He is deeply in ***debt***.　他債臺高築。

　n. 債務　　　　　　囘 *obligation*

decline〔dɪˊklaɪn〕　He ***declined*** the invitation他辭謝邀請。

　vt. 拒絕　　　　　with thanks.　囘*refuse*

心得筆記欄

聯考試題演練

1. How much coal did we_____ last winter ？ (94、97、101~105學測、94、
   (A) urn　　　　(B) use　　　　(C) fuse　　　　(D) unuse　　97、101~105指考)

2. This book will be of great_____ to students of history.
   (A) valuable　　　　　(B) valuation　　(77、79日大, 75、77夜大, 93、100、102、
   (C) value　　　　　　(D) valued　　　104學測, 95、97、99、101、103、105指考)

3. The one-legged man was a_____ of the war.　(69、90日大, 71、72夜大,
   (A) victim　　　　　　(B) vice　　　90、93、94、105學測, 91、93~95、98、100指考)
   (C) victor　　　　　　(D) view

4. It was our first_____ of the ocean. (92~94、102、105學測, 91、95、97、98、
   (A) review　　(B) viewable　　(C) seeing　　(D) view　　101、103指考)

5. Cotton_____ water.　　　(66、69、73日大, 80、81、82夜大, 99、100學測, 95、99指考)
   (A) abstains　　(B) absorbs　　(C) abuses　　(D) accepts

6. I am not_____ with lady.　　　　　(67、84日大, 68、72夜大)
   (A) accused　　(B) acquitted　　(C) acquainted　(D) acquired

7. The time for talking is past; we must_____ at once.
   (A) actuate　　　　　　(B) act　　　(85、86、89日大, 82台大夜, 90、92、98、
   (C) accost　　　　　　(D) acclaim　　100、101學測, 92、94、102、103指考)

8. They've just had an_____ to the family. (95、99、100、103學測, 99~101、
   (A) addition　　(B) address　　(C) admission　　(D) admiration　105指考)

9. 10 dollars a week is not_____ to support a family.　　(68、87日大,
   (A) admiral　　　　　　(B) adamant　　　　　　68、71夜大)
   (C) adhesive　　　　　　(D) adequate

10. Only one hundred boys are_____ to the school each year.
    (A) adorned　　　　　　(B) admirable　　　(70、81日大, 82夜大, 90、101、
    (C) admitted　　　　　　(D) adjective　　104學測, 93、94指考, 93指考補)

11. Please_____ me whether I should accept the offer.(67日大, 84夜大,
    (A) admonish　　　　　　(B) advise　　92、96、103、104學測, 93、104指考)

(C) address   (D) adapt

12. It will _____ me great pleasure to have dinner with you.
(A) affirm   (B) afford   (76、87、90日大, 70、72夜大, 95、
(C) affect   (D) affiance   96、103學測, 93~95、103指考)

13. The noise of the shot_____ hundreds of birds. (90日大, 90、97學測,
(A) alarmed   (B) alighted   (C) rearmed   (D) alas   99、105指考)

14. What he wished to have was an_____ coin. (100~102、104學測, 98、102、
(A) ancestor   (B) anchor   (C) antartic   (D) ancient   104、105指考)

15. A good general tries to_____ the enemy's movements.
(A) animate   (B) adore   (66日大, 70、72夜大, 95指考)
(C) anticipate   (D) antagonize

16. His far-sightedness sets him_____from most of his contemporaries.   (67、69、70夜大, 93、101、102學測, 92、97、98、105指考)
(A) apart   (B) afloat   (C) aloft   (D) aloof

17. You can't_____ English poetry unless you understand its
rhythm.   (72、79、83~88日大, 93、95學測, 91、92、95、100、103指考, 93指考補)
(A) apply   (B)appreciate   (C) appoint   (D) ascribe

18. If a room measures 3 × 5 metres, its _____ is 15 square
meters. (90、92~98、100、102~105學測, 93~95、97、99、100、101、103~105指考, 93指考補)
(A) areca   (B) arena   (C) area   (D) ardour

19. There are several new_____ at the hotel.(70、75夜大, 95學測, 93指考補)
(A) arrangement (B) arrivals   (C) artery   (D) arrears

20. I don't wish to _____ myself with what has been said.
(A) assume   (B) associate   (74、89日大, 95、97、104、105學測, 91、
(C) accuse   (D) assign   94、95、101、102、104指考, 93指考補)

21. The prisoner_____to escape but failed. (95、98學測, 95、97、101、103、
(A) attempted (B)attended   (C) attained   (D) attached   104指考)

22. This picture_____a large audience. (95、96、100、102、103學測, 97~103、
(A) attrite   (B) contract   (C) protracts   (D) attracts   105指考)

23. He _____ a history of the Civil War.   (96~98、104學測, 95、97、101、102、
   (A) authored   (B) labored   (C) harbor   (D) ahbor   104、105指考）

24. The season ticket is _____ for three months.   (71、72、89日大, 79夜大,
   (A) movable   (B) enfeeble   93、94、96、97、99、102學測,
   (C) available   (D) credible   92、94、96~98、103、105指考）

25. The _____ age of the boys in this class is twelve.
   (A) damage   (B) village   (85日大, 95、98、100、102、104學測,
   (C) image   (D) average   92、93、95、97~99、102、103指考）

26. The Roman Empire was conquered by a _____ people.
   (A) banquet   (B) baptism   (68、71日大, 69夜大）
   (C) barbarian   (D) barbecue

27. _____ must not be choosers.   (68、70、71日大）
   (A) Beginners   (B) Beggars   (C) Employers   (D) Buyers

28. His _____ towards me is shameful.   (94、95、99、100、104學測, 95、98~100、
   (A) behavior   (B) confessor   (C) behave   (D) warrior   103~105指考）

29. _____ lending books, libraries offer various other services.
   (A) Besiege   (B) Beside   (67、82、85~87日大, 68、69、78夜大,
   (C) Beseech   (D) Beset   93、99、101學測, 91、92、103指考）

30. When he heard the news, his _____ boiled.   (95、102、104、105學測, 94、
   (A) breed   (B) bloom   (C) blood   (D) blossom   102、103指考）

31. It is a natural habit for all animals to _____.   (66、71、73、82日大,
   (A) breech   (B) breed   (C) brew   (D) breeze   96、103學測）

32. We _____ him with many packages.   (68、75日大, 70夜大, 96指考, 93指考補）
   (A) waxed   (B) stiffened   (C) deafened   (D) burdened

33. The church is several _____ old.   (72、85、87、89、90日大, 90、93~95、
   (A) centuries   (B) ceremonies   99、101、102、104、105學測, 92~95、
   (C) certain   (D) censures   97、100、103~105指考）

34. He has no _____ to the property.
   (79、85日大, 82台大夜, 92、97、99、102學測, 92、95、98、100、101、104指考）

(A) claim   (B) civilization   (C) cite   (D) circulation

35. _____ blue paint and yellow paint. (70、75日大, 92、95學測, 92、93、96、98、
   (A) Confine   (B) Decline   (C) Combine   (D) Recline   101、102指考)

36. A man is known by the _____ he keeps. (100、101、103～105學測, 100、102～
   (A) destiny   (B) tyranny   (C) thorny   (D) company   105指考)

37. On _____ of sea water we obtain salt. (69、76日大, 74夜大, 95學測,
   (A) interaction   (B) distraction   91指考)
   (C) attraction   (D) concentration

38. The curator _____ the visitors round the museum. (80、88日大,
   (A) conduced   (B) conducted   66、67、74夜大, 95、100、102、105學測,
   (B) condoled   (D) condemned   92、99、100～104指考, 93指考補)

39. His point of view _____ with mine. (92、94～96、101、105學測, 95～97、99、
   (A) confiscates   (B) contains   (C) conflicts   (D) confides   101指考)

40. So many people talking to me at once _____ me. (92、93、99、100學測,
   (A) confused   (B) cleansed   (C) condensed   (D) cruise   95指考)

41. Three days of _____ rain soaked everything. (67、68、79、82、89日大,
   (A) constituent   (B) constant   66夜大, 82台大夜, 90、95、102、
   (C) constructive   (D) consume   104學測, 94、102、105指考)

42. A _____ person is happy with what he has. (71、74、88日大, 67夜大, 90、
   (A) contingent   (B) continent   99、100、103學測, 103、104指考)
   (C) contemptible   (D) contented

43. The _____ flow of the brook formed a ravine. (67日大, 66、67夜大,
   (A) nervous   (B) continuous   93、94指考)
   (C) virtuous   (D) strenuous

44. Black hair is a sharp _____ to white skin. (95、99、104學測, 95、99、103、
   (A) contrast   (B) feast   (C) forecast   (D) telecast   104指考)

45. The grass milked the _____. (66、73、90日大, 71夜大, 96、98學測)
   (A) coward   (B) cradle   (C) craft   (D) cow

46. Many past memories _____ in upon his mind. (99學測, 92、100、102、
    (A) shrewd   (B) crowd   (C) proud   (D) fraud   105指考)

47. I bought it out of _____. (66、73日大, 72、76、82夜大, 103指考)
    (A) enmity   (B) infirmity   (C) sanity   (D) curiosity

48. The old woman is too _____ about other people's business.
    (A) narmonious   (B) various   (69、77日大, 69、70、82夜大, 101、105學測)
    (C) cautious   (D) curious

49. He is deeply in _____. (69、73、75夜大)
    (A) pat   (B) squat   (C) debt   (D) throat

50. The well-known man of letters strongly _____ to receive a
    Ph. D. (69、73、75、85、86日大, 76夜大, 95、99、105學測, 99、100指考, 93指考補)
    (A) declared   (B) decrepited   (C) declined   (D) deducted

【解答】

1.(B)	2.(C)	3.(A)	4.(D)	5.(B)	6.(C)	7.(B)	8.(A)	9.(D)	10.(C)
11.(B)	12.(B)	13.(A)	14.(D)	15.(C)	16.(A)	17.(B)	18.(C)	19.(B)	20.(B)
21.(A)	22.(D)	23.(A)	24.(C)	25.(D)	26.(C)	27.(B)	28.(A)	29.(B)	30.(C)
31.(B)	32.(D)	33.(A)	34.(A)	35.(C)	36.(D)	37.(D)	38.(B)	39.(C)	40.(A)
41.(B)	42.(D)	43.(B)	44.(A)	45.(D)	46.(B)	47.(D)	48.(D)	49.(C)	50.(C)

頻率表 **201 ～ 250**

請您將認識的單字，
在A欄中作記號。

A B

□□ deem

□□ criminal

□□ delay

□□ departure

□□ desert

□□ despair

□□ diplomat

□□ disappoint

□□ discipline

□□ dismiss

□□ disturb

□□ doubt

□□ duty

□□ earn

□□ efficiency

□□ encourage

□□ enthusiastic

□□ error

□□ event

□□ excellent

□□ except

□□ excited

□□ exist

□□ expensive

□□ factory

A B

□□ faith

□□ false

□□ fashion

□□ figure

□□ financial

□□ finish

□□ firm

□□ function

□□ genuine

□□ gradual

□□ grow

□□ hardly

□□ heavy

□□ impose

□□ individual

□□ instruction

□□ intend

□□ irrigation

□□ knowledge

□□ litter

□□ mean

□□ measure

□□ metal

□□ method

□□ move

≪頻率順序 201 ～ 250 ≫

deem〔dim〕
vt. 認爲

He *deemed* it his duty to help. 同 *think* ; *consider*

他認爲助人是他責任。

criminal〔'krɪmənl〕
n. 罪犯
adj. 犯法的

The *criminal* was sentenced to life imprisonment. 反 *civil*

這罪犯被判終身監禁。

delay〔dɪ'le〕
vt. 延期；阻滯
n. 延遲

We will *delay* the party for a week. 同 *detain* ; *postpone*

我們要把會期延後一週。

departure〔dɪ'pɑrtʃɚ〕
n. 離去；改變

His *departure* was unexpected.

他的離去出人意外。

desert〔'dɛzɚt〕
n. 沙漠 *adj.* 沙漠的 *desert*.
〔dɪ'zɝt〕*vt.* 放棄

The town was a cultural *desert*.
He *deserted* his wife.

那城鎮是文化沙漠。

他遺棄他的妻子。

despair〔dɪ'spɛr〕
n. 失望

He gave up the attempt in *despair*.

他失望地放棄嘗試。

diplomat〔'dɪplə,mæt〕
n. 外交官

The modern *diplomat* should look upon himself as a liaison officer who promotes cooperation and understanding on all sides.

現代外交家應視自己爲在各方面促進合作和瞭解的連絡官員。

disappoint
〔,dɪsə'pɔɪnt〕
vt. 使失望

His conduct *disappoints* us.
同 *dissatisfy* ; *displease*

他的行爲使我們失望。

discipline〔'dɪsəplɪn〕
n. 教訓；訓練
vt. 懲罰；訓練

The soldiers showed perfect *discipline* under the fire of the enemy.

在敵人的砲火下，那些士兵表現了良好的紀律。

dismiss〔dɪs'mɪs〕
vt. 解散；開除

The teacher *dismissed* his class when the bell rang.

鈴聲響，老師即下課。

disturb 〔dɪ'stɝb〕   I am sorry to ***disturb*** you. 我很抱歉妨礙你的工作。
   vt.擾亂;妨礙

doubt 〔daʊt〕   Do you ***doubt*** his words? 你懷疑他所說的話嗎?
   vt.懷疑   囘 *suspect* ; *mistrust*
   n.疑慮   囻 *trust* ; *believe*

duty 〔'djutɪ〕   His sense of ***duty*** is very 他的責任感非常強。
   n.義務;稅   strong.

earn 〔ɝn〕   How much does he ***earn***? 他賺多少錢?
   vt.賺;獲得   囘 *get* ; *gain*

efficiency *n*.效率   Friction lowers the ***effi-*** 磨擦減低機器的效率。
   〔ə'fɪʃənsɪ〕   ***ciency*** of a machine.

encourage 〔ɪn'kɝɪdʒ〕He ***encourages*** me to 他鼓勵我更加努力工作。
   vt.鼓勵   work harder.

enthusiastic   He is an ***enthusiastic*** base- 他是狂熱的棒球迷。
   〔ɪn,θjuzɪ'æstɪk〕 ball fan.
   adj.熱心的;狂熱的 囘 *eager*

error 〔'ɛrɚ〕   This letter is full of 這封信充滿了拼字錯
   n.錯誤   spelling ***errors***. 誤。

event 〔ɪ'vɛnt〕   It was quite an ***event***. 那確是件大事。
   n.事件;結果   囘 *happening* ; *incident*

excellent 〔'ɛkslənt〕His English is ***excellent***. 他的英文好極了。
   adj.最優的

except 〔ɪk'sɛpt〕   We all went ***except*** Tom. 除了湯姆之外,我們都
   prep. 除…之外   囘 *besides* ; *save* 去了。

excited 〔ɪk'saɪtɪd〕 An ***excited*** crowd awaited 興奮的群眾等著政治家
   adj.興奮的   the arrival of the states- 的蒞臨。
   man. 囻 *unexcited*

exist 〔ɪg'zɪst〕   Do you believe that God 你相信上帝存在嗎?
   vi.存在;發生   ***exists***? 囘 *live*

expensive
〔ɪk'spɛnsɪv〕
*adj.*昂貴的

The car is too *expensive* for me to buy. 囘 *costly* ; *dear*

這車子太貴了，我買不起。

factory〔'fæktrɪ〕
*n.*工廠

He works in a glass *factory*. 囘 *plant* ; *works*

他在玻璃工廠做事。

faith〔feθ〕
*n.*信仰；忠誠

I haven't much *faith* in this medicine. 囡 *doubt*

我對此藥沒多大信心。

false〔fɔls〕
*adj.*錯的

It's a *false* idea. 囘 *incorrect* ; *wrong*

這是錯誤的觀念。

fashion〔'fæʃən〕
*n.*方式；風尚

Short skirts were the *fashion* in 1919.

短裙是1919年流行的式樣。

figure〔'fɪgɚ〕
*n.*數字；形式

Are you good at *figures*? 囘 *symbol* ; *number*

你是否擅長計算？

financial
〔fə'nænʃəl〕
*adj.*財政的

New York is a *financial* center.

紐約是金融中心。

finish〔'fɪnɪʃ〕
*vt.*完成

He didn't *finish* it in time. 囡 *begin* ; *start*

他沒有及時把它完成。

firm〔fɝm〕
*adj.*堅定的
*vt.*使堅固

He gave me a *firm* glance. 囘 *solid* ; *fixed* 囡 *loose* ; *weak*

他堅定地望了我一眼。

function〔'fʌŋkʃən〕
*n.*作用

The *function* of the eye is to see. 囘 *work* ; *act*

眼的功能是看。

genuine〔'dʒɛnjʊɪn〕
*adj.*眞正的

It's a *genuine* picture by Rubens. 囘 *real* ; *pure*

這是魯賓斯畫的眞蹟。

gradual〔'grædʒʊəl〕
*adj.*逐漸的

His English made *gradual* progress.

他的英文逐漸進步了。

grow〔gro〕
*vi.*生長；變成

How quickly she is *growing*! 囘 *become* ; *develop*

她長得多麼快啊！

hardly〔'hɑrdlɪ〕 I could **hardly** understand 我很難了解他。
adv. 幾乎不　　him. 回 *barely*

heavy〔'hɛvɪ〕 It's too **heavy** for me to 它太重了，我舉不起來。
adj. 重的；沉悶的　lift.回 *bulky ; fat*

impose〔ɪm'poz〕 New taxes were **imposed** 酒類加徵新稅。
vt. 課(稅)；強使　on wines and spirits.

individual We use **individual** towels.我們各用各的毛巾。
〔,ɪndə'vɪdʒʊəl〕回 *single ; separate*
n. 個體 adj. 個別的反 *whole ; entire*

instruction His **instruction** is given 他以英文教學。
〔ɪn'strʌkʃən〕 in English.
n. 教授；教育

intend〔ɪn'tɛnd〕 Is that what you **intended**?那就是你的原意嗎？
vt. 意欲；計畫　回 *plan ; propose*

irrigation This farm needs an **irri-** 這場農田需要一條灌溉
〔,ɪrə'geʃən〕 **gation** canal. 溝渠。
n. 灌溉

knowledge〔'nɑlɪdʒ〕**Knowledge** is power. 知識就是力量。
n. 知識　　反 *ignorance*

litter〔'lɪtɚ〕 Pick up your **litter**. 把垃圾撿起來。
n. 垃圾；雜亂　回 *rubbish ; trash*

mean〔min〕 What does this word **mean**?這一字做何解釋？
vt. 意謂；計劃　回 *signify ; intend*
adj. 低劣的　反 *proud ; noble*
n. (pl.)方法；財富

measure〔'mɛʒɚ〕 Can he **measure** accurate- 他能量得準確嗎？
v. 測量　　ly?回 *estimate*
n. 尺寸；限度

metal〔'mɛtḷ〕 Iron, silver and copper 金、銀、銅都是金屬。
    n.金屬 are *metals*. 反 *wood*

method〔'mɛθəd〕 He adopted the same 他採用同一方法。
    n.方法;計劃 *method*. 同 *way*;*plan*

move〔muv〕 Time *moves* on. 時間不斷地消逝。
    v.移動;感動 同 *change*;*affect*
    n.一著棋;步驟 反 *stop*

聯考試題演練

1. I _____ it an honor to serve you. (68、72、83日大, 69、78夜大, 95指考)
   (A) deem   (B) deed   (C) deep   (D) deduct

2. He has no _____ record. (67、68、81、82日大, 67、84夜大, 91、105學測)
   (A) credible   (B) criminal   (C) critic   (D) crooked

3. The bus was _____ for an hour. (80、88日大, 71、72夜大, 92、97、104學測, 92指考)
   (A) delayed   (B) decayed   (C) delight   (D) decreased

4. There are notices showing arrivals and _____s of trains near the booking-office. (71、86、88日大, 67夜大, 82台大夜, 104學測)
   (A) dependence   (B) deponent   (C) departure   (D) department

5. The village had been hurriedly _____, because bandits were in the district. (68、80、86~88日大, 71、72夜大, 93、94、105學測, 91、95、102、105指考)
   (A) desired   (B) despaired   (C) despatched   (D) deserted

6. She killed herself in _____. (72日大, 69、71、76夜大, 95指考)
   (A) despair   (B) discount   (C) discipline   (D) discovery

7. He was unable to be a _____. (66、67、73日大)
   (A) digestion   (B) direction   (C) diplomat   (D) discourse

8. The movie _____ me. (75、80、81、86、87日大, 94、96、100學測, 92、95、100指考)
   (A) discerned   (B) disposed   (C) deserted   (D) disappointed

9. It is not easy for boys to enforce _____. (68、73日大, 71、77夜大, 99、104指考)
   (A) division   (B) diversion
   (C) distribution   (D) discipline

10. The school was _____ at noon. (75、82日大, 102、103學測, 91、95、97指考, 93指考補)
    (A) divided   (B) divorced   (C) dismissed   (D) dozed

11. He put his oars in the water and _____ the smooth surface of the lake. (69、78、87、90日大, 67、75夜大, 90、94、95、104學測, 94指考)
    (A) disturbed   (B) distrusted   (C) distracted   (D) distressed

12. The policeman _____ the truth of her confession.
　　(A) double　　　　　　　　(B) doubted　　　　(67、79、86、87、89日大, 70、71、84夜大,
　　(C) dodged　　　　　　　　(D) divagated　　　90學測, 92、95指考, 93指考補)

13. You should do your _____ to your parents.　(84日大, 70夜大, 92、99學測,
　　(A) dull　　　(B) duty　　　(C) discussion　　(D) destruction　　91指考)

14. His achievements _____ him respect and admiration.
　　(A) educate　　　　　　　　(B) efface　　　　　(70、80日大, 69、73夜大,
　　(C) edify　　　　　　　　　(D) earned　　　　　90、93、95、97、101學測)

15. Friction lowers the _____ of a machine.　(71、89日大, 66、72夜大, 94學測)
　　(A) effacement　(B) effeminacy　(C) efficiency　(D) effrontery

16. Tom's success _____ Paul in his studies.　(80、82、83、87、88日大, 72、75、
　　(A) encourages　　　　　　(B) encroaches　　　80、81夜大, 94、105學測, 91、92、95、
　　(C) endorsed　　　　　　　(D) enfranchised　　96、98、100、105指考, 93指考補)

17. Mr. Wang is an _____ baseball fan.　(87、90日大, 95學測, 91、93、94指考)
　　(A) essential　　(B) erect　　　(C) epidemic　　(D) enthusiastic

18. The student repeatedly made an _____ .　(66日大, 66、72夜大, 95、100學測,
　　(A) employment　　　　　　(B) entertainment　95指考, 93指考補)
　　(C) error　　　　　　　　　(D) environment

19. Such an _____ will never happen again！　(101學測, 101、102、104、105指考)
　　(A) enemy　　(B) event　　　(C) energy　　　(D) extraordinary

20. He is an _____ swimmer.　(83、90日大, 95、96、103學測, 91、95、97、102、104指考)
　　(A) excursion　(B) excellent　(C) executive　(D) experiment

21. The society has long _____ the handicapped in various fields.
　　(A) excepted　　　　　　　(B) exchanged　　(85、87、89日大, 80、82、83夜大, 94、95、
　　(C) explored　　　　　　　(D) extremed　　101學測, 91、94、95、99、102指考)

22. The audience was _____ about the interesting game.　(75、77夜大,
　　(A) excavated　　　　　　　(B) exaggerated　　92、100學測, 100指考)
　　(C) excogitated　　　　　　(D) excited

23. No living thing can _____without water. (69日大, 84夜大, 90學測, 92~95、
(A) extradite   (B) exist   (C) extrude   (D) exult   100、102指考)

24. He has a very_____watch. (75、77~79、83、86、88日大, 72、80夜大, 94、96、99、
(A) expensive   (B) experimental   101、102、104學測, 93、100指考,
(C) expansive   (D) expedient   93指考補)

25. In the_____, a lot of laborers are working. (81、85日大, 94、104學測,
(A) faculty   (B) fabric   (C) factory   (D) facility   95指考)

26. Husband and wife must have a confident_____in each other.
(A) falsies   (B) falsetto   (71、87日大, 92、103學測, 104指考)
(C) faith   (D) fallible

27. The witness made a _____statement. (80、87日大, 68、69夜大, 90、93學測)
(A) facsimile   (B) fascinate   (C) fashionable   (D) false

28. That lady is always dressed in the latest_____.   (80、87日大, 90、
(A) favorite   (B) federal   92、95、96、99、101~103學測,
(C) fashion   (D) feasible   94、95、97、98指考)

29. Please write in Arabic_____. (92、95、101、104學測, 93~97、100~102、104、
(A) figment   (B) figures   (C) financial   (D) finality   105指考)

30. His_____affairs are in bad condition. (102、104、105學測, 91、100、102、
(A) fimbriate   (B) fingent   (C) flagellate   (D) financial   105指考)

31. Have you_____your homework？   (97~99、102、105學測, 94、102、105指考,
(A) fingered   (B) fluent   (C) finished   (D) flourished   93指考補)

32. I have a_____belief in his honesty.   (98、103、105學測, 93、94、100、
(A) firm   (B) festival   (C) fertile   (D) feminine   102指考)

33. Iron has an important_____in modern life.   (77、81、85、87、89日大,
(A) fungus   (B) funeral   75夜大, 95、97、100、102、104、
(C) fundamental   (D) function   105學測, 91、96、97、100、104指考)

34. This is a_____picture by Renoir.   (69、71日大, 70夜大, 104、105指考)
(A) genius   (B) genetic   (C) generous   (D) genuine

35. His English made_____progress.　(70、87日大, 70夜大, 82台大夜, 90學測)
    (A) groggy　　(B) gradual　　(C) grotesgue　(D) grubby　93指考、指考補)

36. She has_____in stature but not in wisdom.　(100、104、105學測, 100、
    (A) guttawed　　(B) guarded　　(C) grown　　(D) guttered　102、103指考)

37. She was so frightened that she could_____say a word.
    (A) hardly　　　　　(B) hard　(68、84～86、89、90日大, 69、70、81夜大, 92、95、
    (C) haughty　　　　(D) heinous　96、100～102學測, 91、92指考, 93指考補)

38. He carried a_____suitcase in his hand.(94、100、102學測, 91、92、94、97、
    (A) heaven　　(B) heavy　　　(C) hectic　　　(D) hedge　98、100、105指考)

39. They_____a fine on him.　　(68、71、83、87日大, 75夜大, 95、104學測, 105指考)
    (A) imposed　　(B) improved　　(C) impulsed　　(D) indulged

40. Every_____has a right to vote.　(67、68、80日大, 71、80夜大, 82台大夜,
    (A) individual　　　　　(B) inferiority　　100、101、105學測, 93～95、97、
    (C) infamous　　　　　(D) indignant　　100、102、105指考, 93指考補)

41. Mr. White gives us_____in English every Sunday.
    (A) innocence　　　　　(B) instrument　　(71、72、75、86、87日大, 82夜大,
    (C) institution　　　　(D) instruction　95、97、104學測, 93、96、105指考)

42. I_____to buy the new car.　(67、71、72、86、90日大, 80夜大, 93、98、101學測,
    (A) interfered　　　　　(B) interpreted　　96指考)
    (C) intended　　　　　(D) interrupted

43. He has a good_____of science.　(92、100、103、104學測, 94、95、97、100、
    (A) knickers　　(B) knowledge　　(C) knight　　　(D) nourish　103指考)

44. The children_____the garden with cans and bottles.　(68、72日大,
    (A) lettered　　　　　(B) located　　　69夜大, 97、98、102學測)
    (C) loosed　　　　　(D) littered

45. Your cooperation_____a great deal to me. (93～98、100～105學測, 91～
    (A) maze　　(B) mattress　　(C) menaced　　(D)means　94、97～105指考)

46. The government took strong_____to keep prices down.

(A) memorials   (B) measures   (84、88日大, 93、96、97、100、102學測,
(C) melodies   (D) melons   91、93、95、98、100、101指考, 93指考補)

47. Iron, silver and copper are _____.   (81日大, 82台大夜, 83夜大, 105學測, 96、
    (A) metals   (B) mimics   (C) miniatures   (D) ministers   104指考)

48. You should work with _____.   (87、90日大, 95、102、103、105學測, 92、101、
    (A) monument   (B) method   (C) monster   (D) monarch   104指考)

49. The sad story _____ her to tears.   (98~101、104、105學測, 97、99、101~
    (A) moved   (B) achieved   (C) stave   (D) believed   103指考)

【解答】

1.(A)	2.(B)	3.(A)	4.(C)	5.(D)	6.(A)	7.(C)	8.(D)	9.(D)	10.(C)
11.(A)	12.(B)	13.(B)	14.(D)	15.(C)	16.(A)	17.(D)	18.(C)	19.(B)	20.(B)
21.(A)	22.(D)	23.(B)	24.(A)	25.(C)	26.(C)	27.(D)	28.(C)	29.(B)	30.(D)
31.(C)	32.(A)	33.(D)	34.(D)	35.(B)	36.(C)	37.(A)	38.(B)	39.(A)	40.(A)
41.(D)	42.(C)	43.(B)	44.(D)	45.(D)	46.(B)	47.(A)	48.(B)	49.(A)	

頻率表 *251 ～ 300*

請您將認識的單字，
在 A 欄中作記號。

A B

- ☐☐ mysterious
- ☐☐ nature
- ☐☐ nod
- ☐☐ nonsense
- ☐☐ normal
- ☐☐ nuclear
- ☐☐ obey
- ☐☐ object
- ☐☐ opinion
- ☐☐ organ
- ☐☐ passage
- ☐☐ pattern
- ☐☐ persuade
- ☐☐ poetry
- ☐☐ prefer
- ☐☐ prepare
- ☐☐ pressure
- ☐☐ price
- ☐☐ process
- ☐☐ prompt
- ☐☐ prove
- ☐☐ reason
- ☐☐ regular
- ☐☐ reject
- ☐☐ religion

A B

- ☐☐ remember
- ☐☐ remind
- ☐☐ remove
- ☐☐ report
- ☐☐ respect
- ☐☐ restrict
- ☐☐ retain
- ☐☐ rough
- ☐☐ routine
- ☐☐ sacrifice
- ☐☐ scene
- ☐☐ schedule
- ☐☐ separate
- ☐☐ serve
- ☐☐ significant
- ☐☐ solve
- ☐☐ space
- ☐☐ spend
- ☐☐ spirit
- ☐☐ strict
- ☐☐ strive
- ☐☐ stubborn
- ☐☐ subject
- ☐☐ successful
- ☐☐ supply

≪ 頻率順序 251 ～ 300 ≫

mysterious
〔mɪs'tɪrɪəs〕
adj. 神秘的

I saw a **mysterious** object in the sky.
回 *secret* ; *mystical*

我看見一個神秘的物體在天空。

nature〔'netʃɚ〕
n. 自然；天性

Is **nature** at its best in spring?

自然界在春天最美好嗎？

nod〔nɑd〕
vi. 點頭；打盹
n. 點頭

He **nodded** to me as he passed.
回 *bow*

他走過時向我點頭。

nonsense〔'nɑnsɛns〕
n. 無意義

It's all **nonsense**.
回 *foolishness* ; *folly*

這全是胡說。

normal〔'nɔrml〕
adj. 正常的

The **normal** temperature of the human body is 98.6 degrees. 回 *usual* ; *average*

人類正常體溫是 98.6 度。

nuclear〔'njuklɪɚ〕
adj. 核的；核子的

The **nuclear** war will be very terrible.

核子戰爭非常可怕。

obey〔ə'be; o'be〕
v. 服從

Soldiers have to **obey** orders. 回 *submit* ; *comply*

軍人須服從命令。

object〔'ɑbdʒɪkt〕
n. 物體；對象
〔əb'dʒɛkt〕
v. 反對

Tell me the names of **objects** in this room.
I **object** to the proposal.
回 *article*

告訴我這房裡各件東西的名稱。
我反對這提議。

opinion〔ə'pɪnjən〕
n. 意見

They are divided in **opinion**. 回 *attitude* ; *conception*

他們的意見分歧。

organ〔'ɔrgən〕
n. 器官;風琴;機關

He played a beautiful tune on the **organ**.

他用風琴彈了一首美妙的曲子。

passage〔'pæsɪdʒ〕
n. 走廊；經過

The guard refused us **passage**. 回 *hallway* ; *lane*

守衛不許我們通過。

pattern〔'pætən〕He is a ***pattern*** of all 他是所有美德的模範。
   n.圖案；模範　the virtues. 同 *design*

persuade〔pə'swed〕He ***persuaded*** me to go. 他勸我去。
   vt.說服　同 *convince*；*convict*

poetry〔'po‧ɪtrɪ〕There is ***poetry*** in his 他的畫中有詩。
   n.詩　painting. 反 *prose*

prefer〔prɪ'fɜ〕I ***prefer*** coffee to tea. 我喜歡咖啡而不喜歡茶。
   vt.較喜歡　同 *favor*；*desire*

prepare〔prɪ'pɛr〕He is ***preparing*** his 他正在預習功課。
   v.預備　lessons. 同 *equip*；*provide*

pressure〔'prɛʃə〕She married because of 她受父母壓迫而結婚。
   n.壓力；困窮　the ***pressure*** of her par-
   vt.施以壓力　ents. 同 *force*；*burden*

price〔praɪs〕What's the ***price*** of this 這帽子值多少錢？
   n.價格　hat? 同 *cost*；*value*

process〔'prɑsɛs〕The tank is in ***process*** of 水池在建造中。
   n.進行；手續　construction. 同 *operation*

prompt〔prɑmpt〕Conscience ***prompts*** us to 良心使我們爲善。
   adj.迅速的　do right.
   vt.激勵　同 *punctual*；*quick*
   n.提示　反 *slow*；*tardy*

prove〔pruv〕He ***proved*** himself a cow- 他表現出懦夫的樣子。
   vt.證明；表現　ard. 同 *justify*；*document*

reason〔'rizn〕For what ***reason***? 爲何緣故？
   n.理由；理性　同 *cause*；*motive* 反 *passion*

regular〔'rɛgjələ〕Sunday is a ***regular*** holi- 星期日是例假。
   adj.通常的；定期的 day. 同 *usual*；*common*

reject〔rɪ'dʒɛkt〕***Reject*** all spotted apples. 丟棄所有的爛蘋果。
   vt.拒絕；丟棄　同 *expel*；*decline* 反 *accept*

religion〔rɪ'lɪdʒən〕 What is your *religion*? 你信奉何敎？
  n. 宗敎

remember   I can't *remember* that 我記不起那人的名字。
  〔rɪ'mɛmbɚ〕   man's name.
  vt. 記得；致意   回 *remind* ; *recall*

remind〔rɪ'maɪnd〕 This *reminds* me of a 這使我想起一個故事。
  vt. 使憶起   story. 回 *prompt*

remove〔rɪ'muv〕 *Remove* your hat.   脫去你的帽子。
  vt. 移動；排除   回 *withdraw* ; *subtract*
  n. 遷移；程度   反 *replace*

report〔rɪ'port〕 He *reported* what he had 他敍述他所見的一切。
  n. 記錄；報告   seen.
  v. 報告   回 *describe* ; *relate*

respect〔rɪ'spɛkt〕 He is *respected* by every- 他得到每人的尊敬。
  n. 尊敬   one. 回 *adore* ; *admire*
  vt. 尊敬   反 *insult* ; *contempt*

restrict〔rɪ'strɪkt〕The trees *restrict* our 樹遮住我們的視線。
  vt. 限制   vision. 回 *confine* ; *limit*

retain〔rɪ'ten〕 This cloth *retains* its 這布不褪色。
  vt. 保留；保持   color. 回 *keep* ; *maintain*

rough〔rʌf〕 He has a *rough* tongue. 他講話粗野。
  adj. 不平滑的；粗 回 *harsh* ; *tough*
  魯的 *n.* 莽漢；粗糙 反 *smooth*
  之事物

routine〔ru'tin〕 Reading became her daily 讀書變成她的日常事務。
  n. 例行公事   *routine.* 回 *habit* ; *system*

sacrifice   He gave his life as a *sa-* 他爲國犧牲了。
  〔'sækrə,faɪs〕 *crifice* for his country.
  n. 祭品 *v.* 犧牲 回 *surrender* ; *forfeit*

scene〔sin〕　　　The sunrise was a beau-　日出是一個美麗的景色。
　　n.出事地點；風景　　tiful *scene*.回*view*

schedule〔'skɛdʒʊl〕He always has a full *sche-*他的時間表一向排得很
　　n.目錄；時間表　　*dule*.　　　　　　緊。
　　vt.作目錄

separate〔'sɛpə,ret〕We didn't *separate* until 我們直到早晨兩點鐘才
　　v.分開　　　　　　2 a.m.回*divide*；*part*　分手。

serve〔sɝv〕　　　It *serves* you right.　你罪有應得。
　　vt.服務；應得　　回*supply*；*furnish*

significant　　　Smiles are *significant* of 笑表示快樂。
　　〔sɪg'nɪfəkənt〕　pleasure.
　　adj.有意義的　　　反*insignificant*

solve〔salv〕　　　This mystery was never 這秘密始終未解。
　　vt.解決　　　　　*solved*.回*answer*

space〔spes〕　　　Is there any *space* left？還有空間嗎？
　　n.空間；場所　　　回*area*；*expanse*反*time*

spend〔spɛnd〕　　How do you *spend* your 你如何消磨時間？
　　vt.花費　　　　　time？回*use*；*consume*

spirit〔'spɪrɪt〕　He is in good *spirits*.　他很愉快。
　　n.精神　　　　　回*soul*；*mind*
　　pl.心境　　　　　反*body*；*flesh*

strict〔strɪkt〕　　A school must have *strict*學校必須有嚴格的規定。
　　adj.嚴格的　　　　rules.回*harsh*；*severe*

strive〔straɪv〕　　They *strive* for liberty.　他們力爭自由。
　　vi.努力；奮鬥　　　回*struggle*；*fight*

stubborn〔'stʌbən〕He is as *stubborn* as a　他像騾子一般倔強。
　　adj.堅定的　　　　mule.回*obstinate*；*willful*

subject〔'sʌbdʒɪkt〕 These people are the **sub-** 人民即國王的臣民。
　n.主題；臣民　　　**jects** of the king.
　〔səb'dʒɛkt〕　　　回 *topic* ; *theme*
　vt.使服從

successful　　　　　He was **successful** in the 他考試及格。
　〔sək'sɛsfəl〕　　　examination.
　adj.成功的　　　　回 *prosperous* ; *fortunate*

supply〔sə'plaɪ〕　We **supply** them with money 我們供給他們金錢和
　vt.供給　　　　　and clothes.　　　　　　衣服。
　n.供給　　　　　　回 *furnish* ; *provide*

心得筆記欄

聯考試題演練

1. I saw a _____ object in the sky. (85、88、90日大, 72、74夜大, 105學測, 97、
   (A) contentious (B) mysterious (C) cautious (D) jealous 　104指考)

2. You must know the laws of _____. (90、102~105學測, 93~95、103~105指考,
   (A) assure (B) measure (C) treasure (D) nature 　93指考補)

3. Tom was caught _____ by the teacher. (68、73、89日大, 71夜大)
   (A) noddle (B) nodding (C) noise (D) node

4. Don't talk _____! (69、73、87日大, 69夜大, 94學測)
   (A) nonunion (B) nonuser (C) nonsense (D) noodle

5. It is perfectly _____ to complain about your life sometimes.
   (A) equal (B) victual (81、84、87、89日大, 90、95、96、
   (C) ritual (D) normal 102學測, 93、100、102、103、105指考)

6. _____ weapons are our present threat. (69、75日大, 67夜大, 95指考)
   (A) Smear (B) Calendar (C) Nuclear (D) Spear

7. You should _____ your superiors. (67、72、75日大, 77夜大, 90學測, 95、97指考)
   (A) surrey (B) obey (C) edify (D) convey

8. I _____ that the weather was too bad to play outdoors. (87日大,
   (A) objected (B) objurgated 83夜大, 90、93、98、102、104學測,
   (C) obligated (D) oblique 92、93、95、99、100、102、105指考)

9. He gave his _____ on the educational system in Japan. (73、80、
   (A) petition (B) opinion 85~87日大, 101、103、
   (C) prevention (D) occupation 105學測, 93、95、102指考)

10. The court is one of the chief _____s of government. (69、73、
    (A) organ (B) ordinance 74夜大, 90、93學測, 102指考)
    (C) order (D) ordeal

11. There was a door at the end of the _____. (81、84~89日大, 80夜大,
    (A) homage (B) manage (C) passage (D) mortgage 82台大夜,
    90、92~97、99~105學測, 91~95、97~105指考, 93指考補)

12. Children follow the _____ of the parents. (95、97、101、102學測, 94、95、100、103指考)
(A) lantern (B) modern (C) discern (D) pattern

13. He tried to _____ me to his way of thinking. (95、97、101、105學測, 95、96、101指考)
(A) invade (B) persuade (C) accede (D) precede

14. The national poet composed tragic _____. (72日大, 70、75夜大, 90學測, 93指考)
(A) arbitary (B) adversary (C) poetry (D) dignitary

15. I _____ walking to driving. (90日大, 93、95、98、101、102、104學測, 99~101、105指考)
(A) prefer (B) alter (C) fiber (D) chamber

16. They understood the truth when the captain ordered them to _____ the boats. (86、88~90日大, 72夜大, 90、92、99、100學測, 92、95、101、105指考, 93指考補)
(A) care (B) declare (C) square (D) prepare

17. _____ groups are one element of contemporary democracy.
(A) Adnere (B) Pressure (77、81、86日大, 82夜大, 93、95、99、105學測, 91、93、97、101~103指考)
(C) Austere (D) Meagre

18. Commodity _____ s go on rising every year. (94、98、102、105學測, 97、99、103指考)
(A) shade (B) parade (C) price (D) pierce

19. A new _____ was used in making this food. (100、102、105學測, 101~105指考)
(A) princess (B) canvass (C) chess (D) process

20. Her curiosity _____ s her to ask interminable questions. (69日大, 69、70夜大, 95、102、103學測, 91、98指考)
(A) prominent (B) promise
(C) promote (D) prompt

21. The man with round spectacles _____ d to be the criminal.
(A) contrive (B) prove (77、80、88日大, 70、72、73夜大, 90、95、105學測, 92、95、97、103指考, 93指考補)
(C) forgive (D) deprive

22. We have _____ on our side. (93~97、101~104學測, 92、94、95、97~100、102指考, 93指考補)
(A) reason (B) reassure (C) reassume (D) rebound

23. I doubt whether your procedure would be considered _____ by the authorities. (85、86、90日大, 92~95、98、104學測, 91、94、95、99指考, 93指考補)

(A) career   (B) collar   (C) regular   (D) scholar

24. He _____ed an offer of help. (74日大, 68、70夜大, 94、96學測, 99指考)

    (A) infect   (B) deject   (C) reject   (D) elect

25. Christianity is one of the great _____s of the world. (87、89日大,

    (A) perfection   (B) correction   84夜大, 92、93、100、102、103學測,

    (C) reflection   (D) religion   93、96指考, 93指考補

26. I _____ having heard you speak on the subject. (74、78、79、83、87日大,

    (A) remind   (B) remember   70、80、81夜大, 92、94、95、98~

    (C) remain   (D) retain   101、103學測, 92、93、95、99指考

27. The fire _____ed him of a bad dream in his younger days.

    (A) remind   (B) mend   (68、73、83日大, 73夜大, 94、

    (C) errand   (D) pretend   98、100、101學測, 92指考)

28. Can these ink stains be ____d from the clothes? (100、101、105學測, 99~

    (A) remove   (B) remount   (C) remote   (D) remiss   101、103指考

29. The _____ says that traffic accidents are increasing year by

    year. (92~95、97、99、100、105學測, 91~93、95、97、99、101、102、104、105指考, 93指考補)

    (A) support   (B) remit   (C) report   (D) remorse

30. The mayor is _____ed by all the citizens. (93~96、100~105學測, 95、97、

    (A) inseruct   (B) respect   (C) construct   (D) district   100、105指考

31. In this modern age, no government can _____ freedom of

    speech. (87日大, 67、71、75夜大, 90、95、105學測, 100、103指考)

    (A) construct   (B) afflict   (C) contradict   (D) restrict

32. I have _____ed the event in my memory. (82日大, 97、100學測, 97、

    (A) protein   (B) paraffin   (C) retain   (D) adjoin   100、104指考)

33. He was _____ed up by hooligans. (99學測, 91、92、94、96、104、105指考,

    (A) round   (B) rotate   (C) rough   (D) routine   93指考補

34. Washing and cooking are her daily _____. (97、99學測, 91、92、94指考)

    (A) determine   (B) routine   (C) marine   (D) doctrine

35. Parents often make _____s for their children. (68日大, 95、105學測, 92、101指考)
(A) sacrifice (B) sack (C) sacred (D) sake

36. A number of wonderful _____s were strongly imprinted on her mind. (72、79、80、87日大, 66、83夜大, 82台大夜, 95、103學測, 93、94、99、101指考)
(A) serve (B) strive (C) scene (D) secretary

37. I have a full _____ for next week. (92、94、95、97、99、104學測, 92、99、101、104、105指考)
(A) scheme (B) schedule (C) scatter (D) scent

38. Children can't _____ good from evil. (92、96、103學測, 93、95、102、104指考)
(A) migrate (B) decorate (C) separate (D) commemorate

39. He _____d with the city office for many years. (72、75、90日大, 95、98、100~102、105學測, 97~99、101、103~105指考)
(A) serve (B) elective
(C) captive (D) tentative

40. The first day of January is a _____ date for us. (77、87日大, 72、74夜大, 82台大夜, 94、99、101、104學測, 95、96、98指考)
(A) accountant (B) instant
(C) assistant (D) significant

41. Anybody can easily _____ the problem. (103學測, 94、98、99、101、102指考, 93指考補)
(A) owe (B) swerve (C) solve (D) carve

42. The parking lot was full, and there was no _____ for his car.
(A) space (B) shade (81日大, 92、93、95、97、102學測, 91、
(C) produce (D) spade 92、94、95、99、104、105指考, 93指考補)

43. She _____s too much time dressing herself. (100、101、103~105學測, 97、103指考)
(A) spell (B) spend (C) speech (D) speckle

44. You should obey the _____, not the letter, of the law.
(A) spite (B) spit (90、94~96、101、104、105學測,
(C) splash (D) spirit 93、102~104指考)

45. He is _____ in observing the sabbath. (67、73日大, 68夜大, 95指考)
(A) stride (B) strict (C) strife (D) strike

46. We _____ for what we want. (68日大, 68、71夜大, 94、103學測, 97指考)

(A) strive   (B) perceive   (C) string   (D) relieve

47. He is _____ as a mule.   (69、70日大, 72夜大, 105學測)

     (A) wanton   (B) canyon   (C) stubborn   (D) crimson

48. What is the _____ of this sentence？   (92、95、101、102、105學測, 94、98、105指考)

     (A) sturdy   (B) subdue   (C) stumble   (D) subject

49. He was _____ in the examination.   (94、98~101、103學測, 94、98、100~102、105指考)

     (A) successful   (B) succumb   (C) subvert   (D) such

50. The library is well _____ with books.   (69、70、77日大, 70夜大, 90、94~96、100學測, 91、94、96、99、100、102~105指考)

     (A) superstition   (B) summoned

     (C) supplied   (D) superintend

【解答】

1.(B)	2.(D)	3.(B)	4.(C)	5.(D)	6.(C)	7.(B)	8.(A)	9.(B)	10.(A)
11.(C)	12.(D)	13.(B)	14.(C)	15.(A)	16.(D)	17.(B)	18.(C)	19.(D)	20.(D)
21.(B)	22.(A)	23.(C)	24.(C)	25.(D)	26.(B)	27.(A)	28.(A)	29.(C)	30.(B)
31.(D)	32.(C)	33.(C)	34.(B)	35.(A)	36.(C)	37.(B)	38.(C)	39.(A)	40.(D)
41.(C)	42.(A)	43.(B)	44.(D)	45.(B)	46.(A)	47.(C)	48.(D)	49.(A)	50.(C)

| 頻率表 *301 ~ 350* | 請您將認識的單字,
在A欄中作記號。 |

A B

- ☐☐ support
- ☐☐ surround
- ☐☐ technology
- ☐☐ temperature
- ☐☐ temporary
- ☐☐ tend
- ☐☐ tension
- ☐☐ tourist
- ☐☐ transport
- ☐☐ trouble
- ☐☐ university
- ☐☐ vision
- ☐☐ vital
- ☐☐ vivid
- ☐☐ warn
- ☐☐ waste
- ☐☐ witness
- ☐☐ abandon
- ☐☐ abroad
- ☐☐ academic
- ☐☐ accomplish
- ☐☐ accomplishment
- ☐☐ accord
- ☐☐ actually
- ☐☐ adopt

A B

- ☐☐ adult
- ☐☐ advertise
- ☐☐ affair
- ☐☐ aid
- ☐☐ air
- ☐☐ alive
- ☐☐ ambassador
- ☐☐ ambition
- ☐☐ animal
- ☐☐ ankle
- ☐☐ announce
- ☐☐ ape
- ☐☐ apologize
- ☐☐ appearance
- ☐☐ approval
- ☐☐ approve
- ☐☐ arrange
- ☐☐ arrive
- ☐☐ article
- ☐☐ assert
- ☐☐ assistant
- ☐☐ assume
- ☐☐ assure
- ☐☐ astonish
- ☐☐ attach

≪頻率順序 301 ～ 350≫

support〔sə'port〕 Walls **support** the roof. 牆壁支持屋頂。
vt. 支持 *n.* 支持 回 *help; sustain* 反 *abandon*

surround〔sə'raʊnd〕 A wall **surrounds** the 一座牆圍繞著這座花園。
vt. 包圍 garden. 回 *envelop; encircle*

technology He studies engineering at 他在工學院研究工程學。
〔tɛk'nɑlədʒɪ〕 a school of **technology**.
n. 工業技術; 工程學

temperature The nurse took the 護士為所有病人量體溫。
〔'tɛmprətʃɚ〕 **temperatures** of all the
n. 溫度 patients.

temporary I got a **temporary** job. 我找到臨時工作。
〔'tɛmpə,rɛrɪ〕 反 *permanent; eternal*
adj. 暫時的

tend〔tɛnd〕 Prices are **tending** 物價上漲。
vi. 移向 upward. 回 *incline; bend*

tension〔'tɛnʃən〕 A mother feels **tension** 母親在小孩生病時感到
n. 拉緊; 緊張 when her baby is ill. 緊張。

tourist〔'tʊrɪst〕 London is full of **tourists** 倫敦在夏天有很多觀光
n. 旅行者 in summer. 客。

transport They **transport** goods by 他們用卡車運輸貨物。
〔træns'port〕*vt.*運送 lorry. 回 *carriage*
〔'trænsport〕*n.*運輸

trouble〔'trʌbl̩〕 Don't **trouble** about it. 不要為這憂慮。
v. 煩惱 *n.* 煩惱 回 *worry; disturb* 反 *relieve*

university Mr. Brown is a **university** 布朗先生是大學教授。
〔,junə'vɝsətɪ〕 professor.
n. 大學 *adj.*大學的

vision〔'vɪʒən〕
n. 視力；美景

The old man's **vision** is poor. 回 *sight*；*image*

這老人視力不好。

vital〔'vaɪtl̩〕
adj. 生命的；極需的

Perseverance is **vital** to success. 回 *important*

忍耐是成功的重要條件。

vivid〔'vɪvɪd〕
adj. 栩栩如生的；
　鮮明的

She wore a **vivid** green hat. 回 *distinct*；*clear*
反 *dull*

她戴著鮮綠色的帽子。

warn〔wɔrn〕
vt. 警告

You've been **warned**.
回 *inform*；*notify*

你已受到警告了。

waste〔west〕
v. 浪費

Waste not, want not.
回 *spend*；*consume* 反 *save*

不浪費，不缺乏。

witness〔'wɪtnɪs〕
n. 證據；目擊者
v. 目擊

My clothes are a **witness** to my poverty.
回 *see*；*observe*

我的衣服證明我是貧窮的。

abandon〔ə'bændən〕
vt. 放棄

I would never **abandon** my friends. 回 *desert*；*forsake*

我永不捨棄我的朋友。

abroad〔ə'brɔd〕
adv. 在國外；廣布

He will go **abroad** for advanced studies.

他將到國外做高深研究。

academic
〔͵ækə'dɛmɪk〕
adj. 學校的

He was in **academic** costume.

他著學士服。

accomplish
〔ə'kɑmplɪʃ〕
vt. 達到

He **accomplished** his mission.
回 *realize*；*complete*

他達成任務。

accomplishment
〔ə'kɑmplɪʃmənt〕
n. 實行

The **accomplishment** of his purpose took three months.

他花了三個月達到目的。

accord〔ə'kɔrd〕 His actions *accorded* with 他的行爲與信仰一致。
vi. 一致 *n.* 一致 his belief. 同 *harmony*

actually〔'æktʃʊəlɪ〕Believe it or not, but he 信不信由你，他眞的勝
adv. 眞實地 *actually* won. 利了。

adopt〔ə'dɑpt〕 The House *adopted* the 議院正式接受這報告。
vt. 採用 report. 同 *assume*；*choose*

adult〔ə'dʌlt〕 I like his *adult* approach 我喜歡他對這問題的老
adj. 成長的；成人的 to the problem. 成處理。
n. 成人 同 *mature* 反 *childlike*

advertise They *advertised* a new 他們在報紙上做新產品
〔'ædvɚ,taɪz〕 product in the paper. 的廣告。
vt. 登廣告 同 *announce*

affair〔ə'fɛr〕 This is my *affair*, not 那是我的事情，不是你
n. 事情 yours. 的。

aid〔ed〕*vt.* 幫助 The Red Cross *aids* flood 紅十字會援助水災難民。
n. 幫助 victims. 同 *help*；*remedy*

air〔ɛr〕 We must breathe fresh 我們必須呼吸新鮮空氣。
n. 空氣 *air*.

alive〔ə'laɪv〕 They were captured *alive*. 他們被活捉。
adj. 活的 反 *dead*

ambassador He was the British 他是英國駐華盛頓大使。
〔æm'bæsədɚ〕 *ambassador* in Washington.
n. 大使

ambition〔æm'bɪʃən〕His *ambition* is to be a 他的志願是做一個大政
n. 野心 great statesman. 治家。

animal〔'ænəml̩〕 They keep a lot of *animals* 動物園裏飼養了許多動
n. 動物 in the zoo. 物。
同 *beast*；*creature* 反 *plant*

ankle〔'æŋkḷ〕
n. 踝

He hurt his left *ankle* at broad jump.

他跳遠時傷了左踝。

announce〔ə'naʊns〕
vt. 正式宣告

The Government *announced* the danger to be past.

政府宣布已度過危險。

ape〔ep〕
n. 猿；模倣者

An *ape* is a large tailless monkey.

猿是一個無尾巴的大猴子。

apologize
〔ə'pɑlə,dʒaɪz〕
vi. 道歉

She *apologized* to her teacher for coming to school late.

她因遲到向老師道歉。

appearance
〔ə'pɪrəns〕*n.* 出現 囡 *disappearance*

Never judge by *appearance*.

勿以貌取人。

approval〔ə'pruvḷ〕
n. 贊成

He nodded in *approval.*
囡 *disapproval*

他點頭表示贊成。

approve〔ə'pruv〕
vt. 贊成

Congress *approved* the bill. 囘 *accept* 囡 *disapprove*

國會批准了這方案。

arrange〔ə'rendʒ〕
vt. 排列

I *arranged* them in pairs.
囘 *organize ; classify*

我將它們成對排列。

arrive〔ə'raɪv〕
vi. 到達

We have *arrived* safely.
囘 *come ; reach* 囡 *depart*

我們已平安到達。

article〔'ɑrtɪkḷ〕
n. 論文；物品

" And the next *article*, madam? "

別的還要什麼，太太？

assert〔ə'sɝt〕
vt. 確說

His friends *asserted* that he was innocent. 囘 *declare*

他的朋友斷言他是無罪的。

assistant〔ə'sɪstənt〕
n. 助手

We have two laboratory *assistants* here.

我們這裏有兩個實驗室的助教。

assume〔ə'sjum〕
vt. 假定；擔任

Let us *assume* it to be true. 囘 *suppose ; presume* 囡 *conclude*

讓我們假定這是眞實的。

assure 〔əˈʃʊr〕   I *assure* you there's no   我向你保證沒有危險。
   vt. 確定   danger. 同 *guarantee*

astonish 〔əˈstɑnɪʃ〕 We were *astonished* at his   他的粗魯使我們驚愕。
   vt. 使驚異   rudeness. 同 *surprise* ; *amaze*

attach 〔əˈtætʃ〕   He *attached* his horse to   他將馬繫於一樹。
   vt. 連接   a tree. 同 *fasten* ; *join*

心得筆記欄

聯考試題演練

1. He is working to _____ his family. (95、96、103～105學測, 97、98、100～105指考)
   (A) support　(B) surrender　(C) survey　(D) surmount

2. High walls _____ the prison. (69、71日大, 68、78夜大, 95、99～101學測, 94、100指考)
   (A) surpass　(B) suppress　(C) surround　(D) surmise

3. The development of _____ has been very fast. (103學測, 100～103、105指考)
   (A) terribly　(B) terminal　(C) temptation　(D) technology

4. The _____ in this room is too high. (77、81、82日大, 75、78、79夜大, 96、97、100、102、103學測, 91、95～97、99、102指考)
   (A) temperature　(B) terrace
   (C) testimony　(D) thumy

5. This is my _____ residence. (92、95、97、99、103、105學測, 91、100指考)
   (A) terrific　(B) temporary　(C) tenant　(D) temperance

6. You _____ to close your eyes to the truth. (99～101、103～105學測, 99、104、105指考)
   (A) test　(B) tarry　(C) tend　(D) tangle

7. International _____ has been lessened. (70、77、82日大, 67、70、78夜大, 100、101指考)
   (A) tense　(B) tension　(C) intend　(D) tendency

8. Airplanes are used to _____ passengers or freight. (80、82、87日大, 81夜大, 90學測, 92、94指考, 93指考補)
   (A) treasured　(B) treacherous
   (C) traverse　(D) transport

9. I'm sorry for the _____ I'm giving you. (94、95、99、104學測, 94、95、99指考)
   (A) trout　(B) trolley　(C) trade　(D) trouble

10. There is a famous _____ in Oxford. (75、79、90日大, 73、77夜大, 92、96、97、101、103學測, 91～93、97～100、103、105指考, 93指考補)
    (A) university　(B) universe
    (C) universal　(D) unity

11. The romantic _____s of youth are decreasing today. (68、71、72日大, 95、97、100、101、104、105學測, 91、93、102指考)
    (A) vision　(B) mission
    (C) tention　(D) fusion

12. The sun is _____ to our life. (67、84、87日大, 71、73夜大, 90、100、104學測,
    (A) vivacious   (B) viviparous   (C) vital   (D) voluntary   94指考)

13. I have a _____ memory of her face. (72、73日大, 68夜大, 90、98學測, 93、
    (A) vogue   (B) vivid   (C) virtual   (D) violent   100指考)

14. He _____ me of the danger. (70、90日大, 102、103學測, 99～101、103～105指考,
    (A) wantoned   (B) walloped   (C) warned   (D) waddled   93指考補)

15. Don't _____ your time on such things. (98、99、103、105學測, 99、100、102、
    (A) wax   (B) waver   (C) wattle   (D) waste   104、105指考)

16. Mr. Wang _____ the accused near the scene of the crime.
    (A) worsted   (B) witnessed   (66、72、83、84日大, 71、83夜大,
    (C) worshiped   (D) wreathed   99、103、104學測, 93指考補)

17. The crew _____ the ship. (72、75、85日大, 96、102學測, 101指考)
    (A) abandoned   (B) abnormal   (C) abominable   (D) abided

18. The news quickly spread _____ . (66、86日大, 71夜大, 92、95學測)
    (A) abrupt   (B) absent   (C) abroach   (D) abroad

19. At most universities in the U.S.A., the _____ year begins in
    September. (70、72、80日大, 103學測, 96、98～100指考)
    (A) epidemic   (B) mimic   (C) economic   (D) academic

20. The task will be _____ in a year. (67、71日大, 92、97學測, 93指考)
    (A) accomplished   (B) accompanied
    (C) accorded   (D) acquiesced

21. It was a great _____ to finish house cleaning in two days.
    (A) accompany   (B) accomplice   (71、80日大, 69夜大,
    (C) accomplishment   (D) accord   95、104學測, 93、97指考)

22. The story is not in _____ with the facts. (93～100學測, 91～94、98～100、
    (A) accident   (B) account   (C) accord   (D) accustom   105指考)

23. Believe it or not, but he _____ won. (97、100、103～105學測, 97、100～
    (A) actually   (B) acutely   (C) actively   (D) accordingly   103指考)

24. They _____ed the resolution at the meeting.(101、103~105學測, 98、100、
    (A) adore   (B) adapt   (C) adorn   (D) adopt   103、104指考)

25. The admission to the exhibition is five hundred yen per_____.
    (A) adult   (B) adapt   (69、72、81、88日大, 77、79夜大, 92、
    (C) addict   (D) adhere   93、95、99學測, 98、100、105指考)

26. The product was _____ in today's papers.   (96、99、101學測, 93、94、
    (A) advised   (B) advertised   (C) advanced   (D) advented   105指考)

27. My father left for New York on a business _____.(95、99、101學測,
    (A) affirm   (B) affect   (C) affluence   (D) affair   95、99指考)

28. Without your _____, I couldn't have succeeded.   (101學測, 92、98、
    (A) aid   (B) hid   (C) kid   (D) lid   100指考, 93指考補)

29. You need a change of _____. (74日大, 96~98、100學測, 91、92、102、103年指考,
    (A) ail   (B) aim   (C) air   (D) airy   93指考補)

30. He caught a bear _____.   (68、87、89、90日大, 66夜大, 99、103指考)
    (A) live   (B) alive   (C) olive   (D) life

31. He was appointed _____ to the United States.   (67、72日大)
    (A) ambassador (B) candor   (C) splendor   (D) ardor

32. A boy who is filled with _____ always works hard.   (79日大, 70夜大,
    (A) prohibition (B) fruition   (C) codition   (D) ambition   93、100指考)

33. We can not satisfy his _____ needs. (96~98、100~103、105學測, 100、101、
    (A) cannibal   (B) medal   (C) animal   (D) metal   103~105指考)

34. He hurt his left _____ at broad jump.   (67、84日大, 66、82夜大)
    (A) crackle   (B) ankle   (C) tackle   (D) pickle

35. We _____ the date of our wedding in the newspaper.(66、73、77日大,
    (A) announced   (B) denounced   92、100、105學測, 94、
    (C) renounced   (D) pronounced   97、102指考, 93指考補)

36. A(n) _____ is a large tailless monkey or a monkey with a
    very short tail.   (67、74日大, 90學測)

(A) whale　　　(B) swan　　　(C) swallow　　(D) ape

37. He＿＿＿＿to her for coming late.　(75日大, 95、96學測, 92～94、97指考,
　　(A) approved　　(B) apologized　(C) appointed　(D) applied　93指考補)

38. His first＿＿＿＿on the stage enjoyed great popularity.
　　(A) significance　　　　(B) defiance　　(81、88、90日大, 67、68夜大,
　　(C) appearance　　　　(D) alliance　　97、98、100、105學測, 92、98指考)

39. His new work won＿＿＿＿from critics. (105學測, 93、97、99、102、103指考,
　　(A) rival　　　(B) approval　　(C) arrival　　　(D) survival　93指考補)

40. He does not＿＿＿＿of the plan.　(69日大, 71夜大, 95學測, 100、103～105指考)
　　(A) appeal　　(B) applaud　　(C) apply　　(D) approve

41. The meeting was＿＿＿＿for Sunday.(76日大, 81夜大, 93、94、98、99、102學測,
　　(A) arrested　　(B) arrayed　　(C) arrogated　(D) arranged　91指考)

42. We＿＿＿＿at this conclusion.　(89日大, 96、104學測, 91、95、97、102、104指考,
　　(A) arrived　　(B) strived　　(C) thrived　　(D) deprived　93指考補)

43. He clipped out the newspaper＿＿＿＿.(89日大, 90、93、94、96、98、105學測,
　　(A) miracle　　(B) article　　(C) spectacle　(D) vehicle　91、94指考)

44. He was given a decision of guilty even though he＿＿＿＿his
　　innocence.　　　　　　　　　　　　　(74日大, 75夜大, 95指考)
　　(A) inserted　　(B) deserted　　(C) asserted　(D) averted

45. He served as＿＿＿＿to the editor.　　(87日大, 66、75夜大, 93、103學測)
　　(A) assistant　　　　(B) resistant
　　(C) accountant　　　　(D) contestant

46. I＿＿＿＿that it is true.　(68、71日大, 82夜大, 82台大夜, 101學測, 95、99、
　　(A) resume　　(B) assume　　(C) consume　(D) fume　101指考)

47. I＿＿＿＿you that this medicine doesn't have any side effects.
　　(A) insure　　　　(B) assure　　(70日大, 68、80夜大, 94、104學測,
　　(C) treasure　　　(D) measure　　92、95、99指考)

48. Do you＿＿＿＿much importance to what he says？(93、95、105學測,

(A) attach   (B) attack   (C) attain   (D) attempt   91、95指考)

【解答】

1.(A)	2.(C)	3.(D)	4.(A)	5.(B)	6.(C)	7.(B)	8.(D)	9.(D)	10.(A)
11.(A)	12.(C)	13.(B)	14.(C)	15.(D)	16.(B)	17.(A)	18.(D)	19.(D)	20.(A)
21.(C)	22.(C)	23.(A)	24.(D)	25.(A)	26.(B)	27.(D)	28.(A)	29.(C)	30.(B)
31.(A)	32.(D)	33.(C)	34.(B)	35.(A)	36.(D)	37.(B)	38.(C)	39.(B)	40.(D)
41.(D)	42.(A)	43.(B)	44.(C)	45.(A)	46.(B)	47.(B)	48.(A)		

心得筆記欄

頻率表 *351 ～ 400*

請您將認識的單字，
在A欄中作記號。

A B

- [ ] [ ] attitude
- [ ] [ ] automatic
- [ ] [ ] aware
- [ ] [ ] awful
- [ ] [ ] balance
- [ ] [ ] barber
- [ ] [ ] base
- [ ] [ ] basis
- [ ] [ ] beneficial
- [ ] [ ] bother
- [ ] [ ] bound
- [ ] [ ] brain
- [ ] [ ] calculate
- [ ] [ ] capable
- [ ] [ ] capacity
- [ ] [ ] capital
- [ ] [ ] case
- [ ] [ ] cattle
- [ ] [ ] caution
- [ ] [ ] center
- [ ] [ ] civilization
- [ ] [ ] coherent
- [ ] [ ] communicate
- [ ] [ ] community
- [ ] [ ] companion

A B

- [ ] [ ] compile
- [ ] [ ] complex
- [ ] [ ] compose
- [ ] [ ] compulsory
- [ ] [ ] concentrate
- [ ] [ ] conclude
- [ ] [ ] condemn
- [ ] [ ] conform
- [ ] [ ] conquer
- [ ] [ ] consent
- [ ] [ ] consistent
- [ ] [ ] consumption
- [ ] [ ] contact
- [ ] [ ] contest
- [ ] [ ] convenient
- [ ] [ ] cope
- [ ] [ ] correct
- [ ] [ ] corrupt
- [ ] [ ] creature
- [ ] [ ] crush
- [ ] [ ] cultivate
- [ ] [ ] cupboard
- [ ] [ ] cure
- [ ] [ ] dangerous
- [ ] [ ] decent

≪ 頻率順序 351 ～ 400 ≫

attitude 〔'ætə,tjud〕
n. 態度

We must take a firm *attitude*. 圖 *viewpoint*

我們必須採取堅定的態度。

automatic
〔,ɔtə'mætɪk〕
adj. 自動的

We can get chocolate from *automatic* machines. 圖 *spontaneous* ; *self-acting*

我們可由自動販賣機中買到巧克力。

aware 〔ə'wɛr〕
adj. 知道的

He is *aware* of his rudeness. 圖 *knowing*

他知道自己的粗魯。

awful 〔'ɔfḷ〕
adj. 可怕的

He died an *awful* death. 圖 *brutal* ; *ruthless*

他死得可怕。

balance 〔'bæləns〕
n. 平衡

He lost his *balance*. 圖 *equalize* ; *weigh*

他失去了身體的平衡。

barber 〔'barbə〕
n. 理髮匠

I had a haircut at the *barber's* yesterday.

昨天我在理髮店理髮。

base 〔bes〕
n. 底；基礎

He built a house at the *base* of the mountain.

他在山麓建屋。

basis 〔'besɪs〕
n. 基礎

The farmers form the *basis* of a nation.

農民是一個國家的基礎。

beneficial
〔,bɛnə'fɪʃəl〕
adj. 有益的

Exercise is *beneficial* to the health. 圖 *favorable* ; *useful*

運動有益於健康。

bother 〔'baðə〕
n. 麻煩

It is a needless *bother*. 圖 *concern* ; *annoy*

這是不必要的麻煩。

bound 〔baund〕
adj. 被縛的

He kicked at the *bound* prisoner. 圖 *enclose*

他踢這被縛的囚犯。

brain 〔bren〕
n. 腦

The human *brain* is a complex organ.

人類的腦是一個複雜的器官。

calculate *v.* 計算
〔'kælkjə‚let〕

He **calculated** the cost of heating. 同 *count* ; *figure*

他計算暖氣費用。

capable〔'kepəbḷ〕
adj. 能幹的

He is a very **capable** doctor. 反 *unable*

他是一個相當能幹的醫生。

capacity〔kə'pæsətɪ〕
n. 容量

The theatre has a **capacity** of 400.

這戲院能容四百人。

case〔kes〕
n. 事

A similar **case** might happen again.

同樣的事可能再發生。

cattle〔'kætḷ〕*n.* 牛

Cattle feed on grass.

牛吃草。

capital〔'kæpətḷ〕
n. 首都

Tokyo is the **capital** of Japan.

日本的首都是東京。

caution〔'kɔʃən〕
n. 小心

When crossing a busy street we must use **caution**. 同 *tip* ; *advise*

穿過街道時必須小心。

center〔'sɛntɚ〕
n. 中央

There was a large round table in the **center** of the room. 同 *middle* ; *heart*

房中央有個大圓桌。

civilization
〔‚sɪvḷə'zeʃən〕
n. 教化

The **civilization** of mankind has taken thousands of years.

人類開化已有幾千年了。

coherent〔ko'hɪrənt〕
adj. 一致的

Speech and writing should both be **coherent**.

寫作與演講應當前後連貫。

communicate *vt.* 傳遞
〔kə'mjunə‚ket〕

A stove **communicates** heat to a room.

火爐將熱傳入一室內。

community *n.* 社區
〔kə'mjunətɪ〕

We work for the good of the **community**. 同 *society*

我們為社會福利而工作。

companion
〔kəm'pænjən〕
n. 同伴

A dictionary is his constant **companion**. 同 *partner* ; *friend* 反 *enemy*

他隨身帶字典。

compile〔kəm'paɪl〕
vt. 編輯

These tables were *compiled* from actual observations.囿 *gather*

這些表是由實際觀察而編成的。

complex〔'kɑmplɛks〕
adj. 複雜的

Life is getting more *complex* and difficult.

生活變得愈加複雜而困難。

compose〔kəm'poz〕
vt. 組成

Water is *composed* of hydrogen and oxygen.

水由氫和氧組成。

compulsory
〔kəm'pʌlsərɪ〕
adj. 強制的；必修的

Is English a *compulsory* subject?
囿 *compelled*；*required*

英語是必修科嗎？

concentrate
〔'kɑnsn̩,tret〕
vt. 集中

A convex lens is used to *concentrate* rays of light.囿 *focus*；*strengthen*

凸透鏡用來集中光線。

conclude〔kən'klud〕
vt. 結束；決定

She *concluded* that she would wait.囿 *close*；*end*

她決定等候。

condemn〔kən'dɛm〕
vt. 反對

I *condemn* such measures.囿 *disapprove*

我反對這種手段。

conform〔kən'fɔrm〕
vi. 遵從

You must *conform* to the rules.囿 *comply*；*agree*

你應遵從規則。

conquer〔'kɑŋkɚ〕
vt. 克服

We must *conquer* bad habits.囿 *overtake*

我們必須克服壞習慣。

consent〔kən'sɛnt〕
vi. 同意

They *consented* to buy this house.囿 *permit*

他們同意買這房子。

consistent
〔kən'sɪstənt〕
adj. 一致的

He is not *consistent* in his statements.
囿 *comprise*；*include*

他的聲明前後不一致。

consumption
〔kən'sʌmpʃən〕
n. 消耗

This is produced for domestic *consumption*.
囻 *production*

這是為國內消費而生產的。

contact〔'kɑntæk〕 A disease is communicated　病由接觸傳染。
　　n. 接觸　　　　by **contact**. 回 touch

contest〔kən'tɛst〕 The lawyer **contested**　律師逐點辯論。
　　vt. 爭論　　　　every point. 回 contend

convenient　　　Will the 3:50 train be　三點五十的火車對你方
　〔kən'vinjənt〕　**convenient** for you?　便嗎?
　　adj. 方便的　　回 handy; suitable

cope〔kop〕　　The police were scarcely　警察幾乎無法對付群衆。
　　vi. 對付　　　　able to **cope** with the
　　　　　　　　crowds. 回 struggle

correct〔kə'rɛkt〕 The answer is **correct**.　這答案是對的。
　　adj. 正確的 vt.改正 回 mark; change

corrupt〔kə'rʌpt〕 One **corrupt** apple corrupts　一個壞蘋果可使許多好
　　vt.使變壞 adj.腐敗的 many sound ones.　的變壞。

creature〔'kritʃɚ〕n.人 What a poor **creature**!　多可憐的人啊!

crush〔krʌʃ〕　Wine is made by **crushing**　葡萄酒是壓榨葡萄製成
　　vt.vi. 壓碎　　grapes. 回 subdue; conquer　的。

cultivate　　　The farmer **cultivates** land. 農夫耕種土地。
　〔'kʌltə,vet〕vt.耕種 回 condition; prepare

cupboard〔'kʌbəd〕 There is a **cupboard** in　我房間有一個小衣櫥。
　　n. 碗櫥; 衣櫥　my room.

cure〔kjʊr〕　　I am here to **cure**.　　我是來治病的。
　　vi. 治療　　　　回 restore; remedy

dangerous　　　**Dangerous** dogs should be　惡犬應加以鎖鏈。
　〔'dendʒərəs〕　chained up.
　　adj. 危險的　　回 unsafe; hazardous

decent〔'disn̩t〕 It is not **decent** to laugh　在葬禮時發笑是失禮的。
　　adj. 合適的; 正當的 at a funeral. 回 respectable

聯考試題演練

1. His _____ towards friends is cold. (83、85、87、88日大, 75、76夜大, 82台大夜,
   (A) attention   (B) attraction   92、94、95、104、105學測,
   (C) attitude   (D) attainment   95、98～100、105指考)

2. We can get chocolate from _____ machines. (70、87日大, 73夜大, 104學測,
   (A) automatically   (B) automation   95指考)
   (C) automobile   (D) automatic

3. We are all _____ of the significance of the study.
   (A) awkward   (B) awake   (85日大, 67、77、83、84夜大,
   (C) aware   (D) available   90、92、99學測, 98、102指考)

4. His sufferings were _____ to behold. (84、86、88、89日大, 78、82夜大, 95、
   (A) awful   (B) awkward   (C) aware   (D) anxious   105學測)

5. He lost his _____ and fell. (83、85、87日大, 73、75夜大, 95、103、105學測, 95、
   (A) average   (B) balance   (C) averaging   (D) balancing   103指考)

6. I had my hair cut at the _____. (69、71日大)
   (A) barber's   (B) absorber's   (C) bargee's   (D) slumber's

7. The _____ of the statue is made of marble. (100～103、105學測, 100、
   (A) base   (B) basic   (C) bask   (D) basis   102、104指考)

8. What _____ do you have for this judgment? (87日大, 92、99、104學測,
   (A) basic   (B) basis   (C) base   (D) bass   95、99、101指考)

9. Fresh air and good food are _____ to the health. (67、89、90日大,
   (A) beneficial   (B) benefit   74夜大, 97、104學測)
   (C) benefaction   (D) benefactor

10. Tell the children to stop _____ their father. (78、84日大, 71、84夜大,
    (A) bother   (B) bothering   82台大夜, 98、101學測, 103指考)
    (C) smother   (D) smothering

11. You are _____ to know the facts sooner or later. (89日大, 94指考)

(A) bind　　　　(B) find　　　　(C) bound　　　　(D) found

12. Recently my mother has tennis on the ＿＿＿＿. (90、94~97、103學測, 94、
　　(A) brain　　　(B) breeze　　　(C) breath　　　(D) branch　　97、105指考)

13. Scientists can ＿＿＿＿ the velocity of light. (93、98、102學測, 91指考,
　　(A) calculate　(B) legislate　(C) violate　　(D) relate　　93指考補)

14. He is ＿＿＿＿ of teaching English. (66、68日大, 70夜大, 90、95、97、103學測,
　　(A) able　　　(B) enabled　　(C) unable　　(D) capable　　97指考)

15. This theatre's ＿＿＿＿ is over five hundred. (71日大, 68夜大, 101、104學測,
　　(A) publicity　(B) simplicity　(C) capacity　(D) electricity　104指考)

16. The pronoun 'I' is written with a ＿＿＿＿ letter. (94、97、99、105學測,
　　(A) large　　　(B) capital　　(C) big　　　(D) small　　94、102指考)

17. In any ＿＿＿＿, you have to do your best. (94、100、105學測, 95、97、98、
　　(A) rate　　　(B) moment　　(C) case　　(D) sense　　100~104指考)

18. ＿＿＿＿ were allowed to graze on the village common. (98學測, 95指考,
　　(A) Cattle　　(B) Castle　　(C) Battle　　(D) Settle　　93指考補)

19. Cross a railroad track with ＿＿＿＿. (67日大, 72夜大, 90學測, 93指考)
　　(A) cautiously　(B) cautious　(C) cautioned　(D) caution

20. She loves to be the ＿＿＿＿ of interest. (97、100~102、104學測, 97、98、
　　(A) center　　(B) edges　　(C) circle　　(D) side　　100、101、105指考)

21. The ＿＿＿＿ of mankind has taken thousands of years. (68、70日大,
　　(A) modernization　　　　(B) authorization　　82台大夜, 93、98學測)
　　(C) civilization　　　　(D) democratization

22. Speech and writing should both be ＿＿＿＿. (71日大, 69夜大, 95學測, 94、
　　(A) current　　(B) coherent　(C) reverent　　(D) different　　95指考)

23. We can ＿＿＿＿ with people in most parts of the world by
　　telephone. (83、88~90日大, 67、74、78夜大, 90、93~95、101、103學測, 95、98、99指考)
　　(A) commit　　　　　(B) communicate
　　(C) commend　　　　(D) command

24. We should work for the welfare of the_____.(100、103、105學測, 98、
　　(A) community　(B) unity　　　　(C) opportunity　(D) dignity　　103指考)

25. Who were your_____on the journey？　(74、88日大, 67夜大, 90、93、
　　(A) companion　(B) comparison　(C) company　　(D) companions　96學測)

26. We are_____an English-Chinese dictionary.　(66、68日大, 101學測)
　　(A) smiling　(B) making　　(C) compiling　(D) doing

27. Human beings are said to have_____feelings.　(78日大, 103學測, 93、
　　(A) relax　　(B) complex　　(C) climax　　　(D) reflex　95、97、99指考)

28. Water is_____of hydrogen and oxygen. (71、87、90日大, 81夜大, 82台大夜,
　　(A) composed　　　　　(B) consisted　92、94、95、97、101、102、105學測)
　　(C) compelled　　　　　(D) concentrated

29. School attendance is_____for all children.　　(68、71夜大)
　　(A) compulsory　　　(B) consolatory
　　(C) exclamatory　　　(D) voluntary

30. You must_____on your studies for the entrance exam.
　　(A) concern　　　　(B) concentrate　(73、87、90日大, 68夜大,
　　(C) conceit　　　　(D) conceal　　95、101學測, 91指考)

31. He_____that the plan was not workable. (93、95、97、98、105學測, 94、
　　(A) ended　　(B) concluded　(C) finished　(D) concerned　95、99指考)

32. He was_____to life imprisonment.　(67、68日大, 95指考)
　　(A) condemned　(B) judged　　(C) confessed　(D) commended

33. You must_____to the rules.　(68日大, 67夜大, 95學測, 96、97、103指考)
　　(A) preform　　(B) reform　　(C) conform　　(D) inform

34. She was able to_____her fear.　(67、70夜大, 105學測, 93指考)
　　(A) connect　　(B) confuse　　(C) conquest　(D) conquer

35. I_____to your traveling abroad.　(67、72夜大, 95學測, 92、95、99指考)
　　(A) present　　(B) sent　　(C) consent　　(D) absent

36. His behavior was not_____with his opinion.

(A) consistency　　　　(B) consistent　　　(72夜大, 98學測, 94、100指考)
(C) consisting　　　　(D) consisted

37. The＿＿＿＿of ice cream increases when summer comes.
　　(A) consumption　　(B) subscription　　(73日大, 70夜大, 99、100、
　　(C) conception　　　(D) resumption　　　102學測, 94、103指考)

38. I come into＿＿＿＿with all kinds of people in my work.
　　(A) attact　　　　(B) abstract　　(68、83、90日大, 68夜大, 92~94、
　　(C) contact　　　(D) contract　　98~100學測, 93、98、105指考)

39. The enemy＿＿＿＿ed every inch of the ground.　(99、100、102、105學測,
　　(A) protest　　(B) arrest　　(C) invest　　(D) contest　　100、103指考)

40. It is not＿＿＿＿for me to return the book now.(98、105學測, 92、95、
　　(A) convenient　(B) convince　(C) convenience　(D) convinced　97、105指考)

41. The police were scarcely able to＿＿＿＿with the crowds.
　　(A) cope　　　　　(B) hope　　　　(70、71、86、90日大, 95、97、
　　(C) grope　　　　(D) escape　　　100學測, 96、98、101、105指考)

42. Your teacher＿＿＿＿your compositions.　(94、95、100、101學測, 95、98、
　　(A) distincts　(B) competes　(C) consists　(D) corrects　100指考)

43. One corrupt apple＿＿＿＿many sound ones.　(70日大, 71、81夜大)
　　(A) corrupts　(B) adopts　(C) interrupts　(D) intercepts

44. The girl saw a＿＿＿＿in the woods.　(85、87、90日大, 99、105學測, 100、
　　(A) creature　(B) feature　(C) miniature　(D) immature　105指考)

45. Tom put his foot on the head of the snake and＿＿＿＿it.
　　(A) crouched　　　(B) crunched　　(73、75夜大, 84、
　　(C) crushed　　　(D) crossed　　105學測, 101指考)

46. The belief that the youths must＿＿＿＿their minds was
　　widespread.　(85、87日大, 70、72夜大, 82台大夜, 95、104學測, 95指考)
　　(A) motivate　(B) cultivate　(C) private　(D) elevate

47. Take some plates out of the＿＿＿＿.　(68、75日大)

(A) cardboard　(B) seaboard　(C) blackboard　(D) cupboard

48. The doctor ＿＿＿＿＿ me of a cold.　(84、88日大, 69夜大, 95學測, 95、104指考)

(A) endured　(B) figured　(C) cured　(D) injured

49. It is ＿＿＿＿ to swin in this river.　(93~95、98、101學測, 102、103指考,

(A) numerous　(B) dangerous　(C) generous　(D) murderous　　93指考補)

50. He was born of a ＿＿＿＿ family.　(67、82日大, 66夜大, 95學測, 105指考)

(A) adjacent　(B) recent　(C) decent　(D) complacent

【解答】

1.(C)	2.(D)	3.(C)	4.(A)	5.(B)	6.(A)	7.(A)	8.(B)	9.(A)	10.(B)
11.(C)	12.(A)	13.(A)	14.(D)	15.(C)	16.(B)	17.(C)	18.(A)	19.(D)	20.(A)
21.(C)	22.(B)	23.(B)	24.(A)	25.(D)	26.(C)	27.(B)	28.(A)	29.(A)	30.(B)
31.(B)	32.(A)	33.(C)	34.(D)	35.(C)	36.(B)	37.(A)	38.(C)	39.(D)	40.(A)
41.(A)	42.(D)	43.(A)	44.(A)	45.(C)	46.(B)	47.(D)	48.(C)	49.(B)	50.(C)

頻率表 *401 ～ 450*

請您將認識的單字，
在 A 欄中作記號。

A B

- ☐☐ deed
- ☐☐ defense
- ☐☐ define
- ☐☐ definite
- ☐☐ demand
- ☐☐ deny
- ☐☐ deprive
- ☐☐ depress
- ☐☐ deserve
- ☐☐ design
- ☐☐ diet
- ☐☐ dignity
- ☐☐ diligent
- ☐☐ discourage
- ☐☐ dislike
- ☐☐ dispute
- ☐☐ distant
- ☐☐ distribute
- ☐☐ document
- ☐☐ due
- ☐☐ economic
- ☐☐ edible
- ☐☐ efficient
- ☐☐ elbow
- ☐☐ element

A B

- ☐☐ elevator
- ☐☐ embarrass
- ☐☐ emergency
- ☐☐ emphasis
- ☐☐ encounter
- ☐☐ endeavor
- ☐☐ engage
- ☐☐ enlarge
- ☐☐ environment
- ☐☐ equal
- ☐☐ escape
- ☐☐ eventual
- ☐☐ evolution
- ☐☐ exact
- ☐☐ exaggerate
- ☐☐ exhibition
- ☐☐ extend
- ☐☐ extra
- ☐☐ facility
- ☐☐ fact
- ☐☐ factor
- ☐☐ fail
- ☐☐ fantasy
- ☐☐ favorite
- ☐☐ feat

≪ 頻率順序 401 ～ 450 ≫

deed〔did〕
n. 行爲

His ***deeds*** do not agree with his words. 同 *act*

他言行不一致。

defense〔dɪ'fɛns〕
n. 防護；防禦

We never fight except in self-***defense***.

我們除自衞外，從不戰鬥。

define〔dɪ'faɪn〕
vt. 下定義；闡釋

A dictionary ***defines*** words. 同 *explain*

字典闡釋字的意義。

definite〔'dɛfənɪt〕
adj. 明白的;正確的

He has no ***definite*** aim in his life. 同 *clear*

他沒有正確的生活目的。

demand〔dɪ'mænd〕
vt. 要求；需要
n. 要求；請求

He ***demanded*** immediate payment.

他要求立刻付款。

This sort of work ***demands*** great patience. 同 *ask* ; *inquire*

這種工作需要很大的耐心。

deny〔dɪ'naɪ〕
vt. 否認;拒絕給予

The accused man ***denied*** the charge.

被告人不承認所控之罪。

She can ***deny*** her son nothing. 同 *refute*

她對其子百依百順。

deprive〔dɪ'praɪv〕
vt. 剝奪；使喪失

An accident ***deprived*** him of his sight.

意外的事使他失明。

depress〔dɪ'prɛs〕
vt. 壓下；使沮喪

The rainy days always ***depress*** me. 同 *sadden*

雨天總使我沮喪。

deserve〔dɪ'zɝv〕
vt. 應得；應受

The reward is more than he ***deserves***. 同 *merit*

這獎賞是超過他所應得的。

design〔dɪ'zaɪn〕
n. 圖案

This theater seats over 2,000 people but is poor in ***design***.

這戲院能容二千餘人，但設計欠佳。

diet〔'daɪət〕
　　n. 飲食

Milk is a wholesome article of **diet**.

牛奶是有益於健康的食品。

dignity〔'dɪgnətɪ〕
　　n. 高尚的品德；尊嚴

A man's dignity depends not on his wealth but on what he is.

一個人的高尚與否不在於他的財富，而在於他的品格。

diligent〔'dɪlədʒənt〕
　　adj. 勤勉的

He is the most **diligent** student in our class.

同 *industrious* ; *energetic*

他是我們班上最勤勉的學生。

discourage
　　〔dɪs'kɝɪdʒ〕
　　vt. 失去勇氣

Repeated failures **discouraged** him.

同 *deter* ; *prevent*

一再的失敗使他氣餒。

dislike〔dɪs'laɪk〕
　　n. 嫌惡
　　v. 嫌惡；憎嫌

I **dislike** him.

反 *like*

我不喜歡他。

dispute〔dɪ'spjut〕
　　vt. 討論；辯論

There is no **disputing** about tastes.

喜好無可爭論。

distant〔'dɪstənt〕
　　adj. 遠離的；遙遠的

The town is three miles **distant**. 反 *near*

這鎮遠在三英哩外。

distribute
　　〔dɪ'strɪbjʊt〕
　　vt. 分配

They **distributed** the prizes to the victors.

同 *scatter* ; *disperse*

他們把獎品分發給優勝者。

document
　　〔*n*. 'dɑkjəmənt
　　v. 'dɑkjə,mɛnt〕
　　n. 公文 *vt*. 使含史實

The book is highly **documented**.

同 *writing* ; *paper*

這本書有許多史實記載。

due〔dju〕
　　adj. 到期的

When is the rent **due**?

同 *proper* ; *rightful*

反 *undue*

房租應於何時付給？

economic
〔͵ikə'nɑmɪk〕
adj. 經濟學的

Economic viewpoints are useful for our everyday life.

經濟觀點對我們的日常生活有益。

edible〔'ɛdəbl〕
adj. 可食的

Toadstools are not *edible*.

毒蕈不可以吃。

efficient〔ə'fɪʃənt〕
adj. 有效率的

Tom is *efficient* in everything. 反 *inefficient*

湯姆做任何事都很有效率。

elbow〔'ɛl͵bo〕
n. 肘

He is up to the *elbows* in work.

他正在埋頭工作。

element〔'ɛləmənt〕
n. 元素;生活環境

Water is the *element* of fish.

魚的生活環境是水。

elevator〔'ɛlə͵vetɚ〕
n. 升降運送機

The *elevator* is used for raising grain.

這架升降機是作運送穀物之用。

embarrass
〔ɪm'bærəs〕
vt. 使困窘

Meeting strangers *embarrasses* Tom. 同 *fluster*

會見生人使湯姆侷促不安。

emergency
〔ɪ'mɝdʒənsɪ〕
n. 緊急事件

This fire extinguisher is to be used only in *emergency*. 同 *crisis*

這滅火器只在緊急時使用。

emphasis〔'ɛmfəsɪs〕
n. 強調

Some schools lay special *emphasis* on language study. 同 *stress*

有些學校特別注重語文學科。

encounter
〔ɪn'kauntɚ〕
vt. 遭遇(困難)

He *encountered* his enemy. 同 *meet*；*battle*

他迎戰敵人。

endeavor〔ɪn'dɛvɚ〕
vi. 努力
n. 努力;竭力

Make every *endeavor* to be here early. 同 *try*；*effort*

盡早來這裏。

engage〔ɪnˈgedʒ〕
vt. 與…訂婚；忙於

Miss A is *engaged* to Mr. B. 反 *disengage*

A小姐與B先生訂了婚。

enlarge〔ɪnˈlɑrdʒ〕
vt. 擴大；增長

Knowledge *enlarges* the mind. 同 *increase*

知識使心胸廣大。

environment
〔ɪnˈvaɪrənmənt〕
n. 圍繞；環境

I know little about his home *environment*. 同 *surroundings*

我不大曉得他的家庭環境。

equal〔ˈikwəl〕
adj. 相等的；公平的

All men are not *equal* in ability.

人的能力並非全一樣的。

escape〔əˈskep〕
vi. 逃脫
n. 脫逃

We *escaped* from the enemy. 同 *evade* ; *flee*

我們從敵人手中逃出。

eventual
〔ɪˈvɛntʃʊəl〕
adj. 最後的

After several failures, his *eventual* success surprised us. 同 *final*

數經失敗後，他最終的成功甚使我們驚訝。

evolution〔ˌɛvəˈluʃən〕
n. 進化

In politics, England prefers *evolution* to revolution. 反 *devolution*

在政治方面，英國採取漸近而不喜歡革命。

exact〔ɪgˈzækt〕
adj. 正確的

Your description is not very *exact*. 同 *detailed*

你的記述不太正確。

exaggerate
〔ɪgˈzædʒəˌret〕
vt. 誇大

You *exaggerate* the difficulties. 同 *overstate* ; *stretch*

你誇大了那些困難。

exhibition
〔ˌɛksəˈbɪʃən〕
n. 表現；展覽會

You're making an *exhibition* of yourself.

你是在出醜。

extend〔ɪkˈstɛnd〕
vt. 伸展；延長

Can't you *extend* your visit for a few days more?

你不能多停留幾天嗎？

extra〔'ɛkstrə〕
  adj. 額外的
  n. 號外

You will receive ***extra*** pay for ***extra*** work.
  同 *additional* ; *surplus*

你的額外工作將獲額外的報酬。

facility〔fə'sɪlətɪ〕
  n. 設備；熟練

Practice gives ***facility***.
  反 *difficulty*

熟能生巧。

fact〔fækt〕
  n. 事實；眞相

Tell me the ***facts*** of the case. 反 *fiction*

把案情的眞相告訴我。

factor〔'fæktɚ〕
  n. 因素；原動力

Luck was a ***factor*** in his success. 同 *cause*

幸運是他成功的一個因素。

fail〔fel〕
  vi. 失敗；缺少

We tried but ***failed***.
  反 *succeed*

我們嘗試過，可是失敗了。

fantasy〔'fæntəzɪ〕
  n. 奇想；幻想

He lives in a world of ***fantasy***.

他生活在幻想世界中。

favorite〔'fevərɪt〕
  adj. 最喜愛的
  n. 最受喜愛的人或物

Who is your ***favorite*** novelist ?
  同 *choice* ; *cherished*

你最喜愛的小說家是誰?

feat〔fit〕
  n. 功績；偉大的事業

The dam is a stupendous engineering ***feat***.

這水壩乃是一項驚人工程上的偉績。

聯考試題演練

1. He performed a heroic _____. (67、69夜大, 98指考)
   (A) heel   (B) deed   (C) beef   (D) peep

2. Coastal _____ are very important to a maritime power.
   (A) licenses   (B) defenses   (73、85日大, 73夜大,
   (C) offenses   (D) suspenses   95、103學測, 104指考)

3. The boundary is not clearly_____. (72、87~89日大, 67夜大, 95、97學測, 92、
   (A) defined   (B) refined   (C) confined   (D) fined   94、105指考)

4. He didn't give me a _____ answer. (73、83、89、90日大, 90、92、94、103學測,
   (A) finite   (B) indefinite   (C) infinite   (D) definite   98指考)

5. He _____ that I pay. (87、89日大, 90、94、95、97、100、102、105學測, 95、98~100、
   (A) decided   (B) defended   (C) demanded   (D) depended   102指考)

6. They _____ aid to him. (67日大, 75夜大, 100、104指考)
   (A) defied   (B) dismayed   (C) denied   (D) decayed

7. He was _____ of his money. (69日大, 75夜大, 95指考)
   (A) deprived   (B) derived   (C) thrived   (D) contrived

8. She _____ the keys of the piano. (81、87、88日大, 92、94、101學測, 91、98、
   (A) expressed   (B) depressed   (C) suppressed   (D) impressed   104指考)

9. He _____ praise. (73、86日大, 68夜大, 82台大夜, 93、95、96學測, 101指考, 93指考補)
   (A) observes   (B) deserves   (C) reserves   (D) preserves

10. Whether by accident or _____, he arrived too late to help
    us. (70、84、87~89日大, 92~95、97、99、101~104學測, 91~95、97~99、101、103、104指考,
    (A) sign   (B) design   (C) resigne   (D) assign   93指考補)

11. She got so fat that she had to _____. (93、95、98、104學測, 97、103指考)
    (A) diet   (B) quiet   (C) soviet   (D) disquiet

12. The professor concluded his last lecture with _____.
    (A) vanity   (B) eternity   (73、87、90日大, 80夜大, 91指考)

(C) opportunity   (D) dignity

13. The Chinese are a _____ people.   (71、73日大, 82夜大, 101學測, 95、99指考)

    (A) urgent   (B) negligent   (C) emergent   (D) diligent

14. Don't let one failure _____ you.   (66、75夜大, 96學測, 92、95指考)

    (A) discourage (B) encourage   (C) average   (D) rage

15. Most older people _____ young men's long hair.   (68日大, 95、104學測,
    (A) discourse   (B) discuss   (C) dislike   (D) disease   97指考)

16. We _____ democracy with them.   (68、75日大, 99、100、102、104學測, 95、99、
    (A) displayed   (B) disproved   (C) discussed   (D) disposed   103~105指考)

17. The village is _____ from our town.   (80、82、83日大, 73、74夜大, 94、95學測)
    (A) distinct   (B) distant   (C) distiguished (D) distemperful

18. The teacher _____ the examination papers to the class.
    (A) distributed   (B) disturbed   (75、85、87日大, 70夜大, 93、95、
    (C) districted   (D) distressed   102、105學測, 102、105指考)

19. You may read the _____ at your leisure.   (67、68日大, 92、95、96、103、
    (A) agreement   (B) contentment   104學測, 91、96、98、99、101、105指考)
    (C) announcement   (D) document

20. The _____ date will be six months later.   (97、99~101、104、105學測, 98、
    (A) subdue   (B) undue   (C) residue   (D) due   99、103、104指考)

21. _____ viewpoints are useful for our everyday life.   (84、87~89日大,
    (A) Academic   (B) Mimic   98、100、101、105學測, 91、93、94、
    (C) Economic   (D) Economical   99、101、105指考, 93指考補)

22. Tom is _____ in every thing.   (67、69、77、86、88~90日大, 94、95、101學測)
    (A) ancient   (B) sufficient   (C) efficient   (D) deficient

23. He _____ his way through the crowd.   (67日大, 95、100學測)
    (A) endowed   (B) blowed   (C) elbowed   (D) allowed

24. There was an _____ of truth in what he said.   (97、103學測, 97~99、
    (A) element   (B) assignment (C) agreement   (D) enjoyment   104指考)

25. He is＿＿＿＿ed by lack of money. (72日大, 72、82夜大)
   (A) embark (B) embarrass (C) emerge (D) embrace

26. Open this door in an ＿＿＿＿. (68日大, 71、81夜大, 93、105學測, 93指考)
   (A) emergration (B) emergency (C) emergence (D) emersion

27. He put＿＿＿＿on the necessity of immediate action. (66、87日大,
   (A) crisis (B) emphasis   71、82夜大, 95、103、105指考)
   (C) analysis (D) synthesis

28. I＿＿＿＿an old friend of mine on the road the other day.
   (A) enclosed (B) encouraged (67、87、88日大, 68夜大, 103、
   (C) encountered (D) endowed   105學測, 93、95、105指考)

29. The sick woman made no＿＿＿＿to get better. (89日大, 68夜大, 95學測,
   (A) enemy (B) engineer (C) endeavor (D) environment   95指考)

30. ＿＿＿＿in conversation, we did not see him go out.
   (A) Engaged (B) Imaged   (80、87日大, 72、74夜大,
   (C) Managed (D) Encouraged   95學測, 95、103、105指考)

31. I asked a photo studio to＿＿＿＿the photograph. (67、84日大, 75夜大,
   (A) charge (B) enlarge (C) merge (D) emerge   95學測)

32. He lived in a favorable＿＿＿＿in his boyhood. (81、82、84、88、89日大,
   (A) scenery (B) entertainment   82、84夜大, 94、97~99學測,
   (C) scene (D) environment   93~96、98、101、103指考)

33. Ten dimes are＿＿＿＿to one dollar. (68、69、87日大, 78、81夜大, 90、94學測)
   (A) not (B) just (C) equal (D) one

34. Nobody can＿＿＿＿from his fate. (93、95、97、100、102、103學測, 93、95、
   (A) deny (B) arrest (C) avoid (D) escape   102~104指考)

35. His＿＿＿＿success is certain. (87、88、90日大, 83夜大, 90、92學測, 95、100指考)
   (A) eventual (B) punctual (C) actual (D) intellectual

36. Human＿＿＿＿takes a different course from the other anima-
   ls！ (70、71、89日大, 95、98、103、105學測, 105指考)

(A) solution　　(B) revolution　(C) resolution　(D) evolution

37. He taught the _____ meaning of the word to us. (87日大, 90、94學測,
(A) total　　(B) exact　　(C) perfect　　(D) mimic　　91、105指考)

38. His heart is greatly _____ (e)d by disease. (66、68日大, 105學測)
(A) example　(B) exalt　　(C) exaperate　(D) exaggerate

39. Their school holds an art _____ every year. (85、89日大, 68夜大,
(A) exhausted　　　(B) existence　　　90學測, 101、105指考)
(C) exhibition　　　(D) exigency

40. Can't you _____ your visit for a few days more ? (98學測, 98、104、
(A) extend　　(B) exquisite　(C) extent　　(D) extenuate　105指考)

41. Television is available in each of the hotel rooms for an ____
charge.　　　(87、89日大, 72、73、84夜大, 92、95學測, 98、101指考, 93指考補)
(A) extra　　(B) extirpate　(C) extract　　(D) extinct

42. In the country one has no _____ for study. (68、89日大, 103、105學測,
(A) facilitate　(B) facilities　(C) fables　　(D) fabric　94、98指考)

43. A sense of fun is close to a _____ of humor. (98、100~102、105學測,
(A) feature　(B) favorite　(C) fact　　(D) fit　95、99~104指考)

44. Diligence was the principal _____ in his success. (102、103、105學測,
(A) factor　(B) factory　(C) facture　(D) factual　103、104指考)

45. What shall I do if I _____ to find my lost key ? (100、102、103學測,
(A) fade　(B) face　(C) fag　　(D) fail　100、101、104指考)

46. He likes to build _____ and castles in the air.(74、75夜大, 94、95學測,
(A) farces　(B) fantasies　(C) farms　　(D) faces　91、102指考)

47. What is your _____ food ? (79日大, 83夜大, 90、92、95~98、101、103學測, 91、
(A) favorite　(B) definite　(C) fatigue　(D) fatal　95、105指考)

48. Apparently impossible _____ s are now accomplished by
science.　　(71、85日大, 72夜大, 95、97學測, 91、95、102指考)
(A) fact　(B) feature　(C) feast　　(D) feat

【解答】

1.(B)	2.(B)	3.(A)	4.(D)	5.(C)	6.(C)	7.(A)	8.(B)	9.(B)	10.(B)
11.(A)	12.(D)	13.(D)	14.(A)	15.(C)	16.(C)	17.(B)	18.(A)	19.(D)	20.(D)
21.(C)	22.(C)	23.(C)	24.(A)	25.(B)	26.(B)	27.(B)	28.(C)	29.(C)	30.(A)
31.(B)	32.(D)	33.(C)	34.(D)	35.(A)	36.(D)	37.(B)	38.(D)	39.(C)	40.(A)
41.(A)	42.(B)	43.(C)	44.(A)	45.(D)	46.(B)	47.(A)	48.(D)		

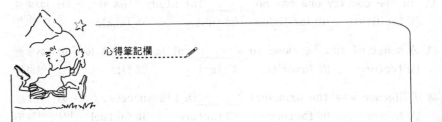

心得筆記欄

頻率表 *451 ～ 500*	請您將認識的單字, 在A欄中作記號。

A B

☐☐ feed
☐☐ foundation
☐☐ fountain
☐☐ future
☐☐ generate
☐☐ generation
☐☐ generous
☐☐ glory
☐☐ goal
☐☐ gorge
☐☐ grammar
☐☐ grand
☐☐ grant
☐☐ grasp
☐☐ habit
☐☐ harvest
☐☐ height
☐☐ historical
☐☐ horror
☐☐ ignore
☐☐ illegal
☐☐ imitate
☐☐ immortal
☐☐ imply
☐☐ import

A B

☐☐ impress
☐☐ incline
☐☐ include
☐☐ incredible
☐☐ income
☐☐ industry
☐☐ influence
☐☐ insect
☐☐ institution
☐☐ intellectual
☐☐ intelligence
☐☐ interrupt
☐☐ invent
☐☐ investment
☐☐ involve
☐☐ item
☐☐ join
☐☐ laboratory
☐☐ lecture
☐☐ leisure
☐☐ liar
☐☐ library
☐☐ literature
☐☐ load
☐☐ local

≪ 頻率順序 451 ～ 500 ≫

feed 〔 fid 〕
　　vt. 飼育；供養
　　vi. 取為食料

He has a large family to feed. 同 *nourish* ; *supply*

The sheep **feed** on grass.

他必須養活一個大家庭。

羊以草為食。

foundation *n*. 基礎
　　〔 faʊn'deʃən 〕

The rumor has no **foundation**. 同 *base* ; *ground*

謠言無根據。

fountain 〔 'faʊntn 〕
　　n. 噴水池；本源

He poisoned the **fountain** of trust. 同 *spring*

他破壞信用的本源。

future 〔 'fjutʃɚ 〕
　　n. 將來

Our **future** seems very uncertain. 反 *past*

我們的前途似難預料。

generate 〔 'dʒɛnə,ret 〕
　　vt. 產生；使發生

A dynamo **generates** electricity. 同 *cause*

發電機發電。

generation
　　〔 ,dʒɛnə'reʃən 〕
　　n. 同時代的人

Our **generation** has seen a lot of changes.

我們這一代的人曾經歷過許多變化。

generous 〔 'dʒɛnərəs 〕
　　adj. 慷慨的；大方的

Mr. White was **generous** with his money. 反 *severe*

懷特先生用錢大方。

glory 〔 'glɔrɪ 〕
　　n. 光榮

He won wealth and **glory**. 反 *dishonor*

他贏得財富和光榮。

goal 〔 gol 〕
　　n. 終點；目標

He was the first to cross the **goal**. 反 *starting*

他是第一個越過終點的。

gorge 〔 gɔrdʒ 〕
　　n. 厭惡
　　vt. 塞飽

The cruelty of war made his **gorge** rise. 同 *stuff* ; *devour*

戰爭的殘暴使他痛惡萬分。

grammar 〔 'græmɚ 〕
　　n. 文法；語法

His **grammar** is shocking.

他的措辭糟透了。

grand 〔 grænd 〕
　　adj. 雄偉的；主要的

He lives in a **grand** house. 同 *large* ; *great* 反 *petty*

他住在一所富麗堂皇的房子裏。

grant〔grænt〕
*vt.*允許；承諾
*n.*許可

Please *grant* this request 請答應我們這項請求。
of ours. 同 *give*；*donate*
I *grant* that I am wrong. 我承認我錯了。

grasp〔græsp〕
*vt.*緊握　*n.*緊握

Grasp all, lose all.　　　　樣樣都要，全部失掉。
同 *seize*；*hold* 反 *loosen*

habit〔'hæbɪt〕
*n.*習慣

Habit is a second nature. 習慣是第二天性。
同 *custom*；*practice*

harvest〔'hɑrvɪst〕
*n.*收穫；成果
*v.*收割

The research yielded a 該項研究有了豐碩的成
rich *harvest*.　　　　　　果。
同 *reap*；*gather*

height〔haɪt〕
*n.*高度；身高

What is your *height*?　　你有多高？

historical
〔hɪs'tɔrɪkl〕
*adj.*歷史的

The Meiji Restoration 明治維新在日本史上創
marks a *historical* epoch 一歷史新紀元。
in the Japanese history.

horror〔'hɑrɚ〕
*n.*恐怖

She fled in *horror*.　　　她嚇跑了。

ignore〔ɪg'nor〕
*v.*忽視

He tried to *ignore* my re-他想要忽視我的意見。
marks. 同 *disregard*

illegal〔ɪ'ligl〕
*adj.*違法的

He committed an *illegal* 他做了不法的行為。
act.

imitate *vt.*模仿
〔'ɪmə,tet〕

The little boy *imitated* 這小男孩模仿他的父親。
his father. 反 *create*

immortal〔ɪ'mɔrtl̩〕
*adj.*不死的

A man's body dies, but 一個人的肉體死去，但
his soul may be *immortal*.其靈魂可能不死。

imply〔ɪm'plaɪ〕
*vt.*暗示

Silence sometimes *im-* 沉默有時意味應允。
plies consent. 同 *suggest*

import *vt.*輸入；意含
〔ɪm'port〕*n.*輸入品

What does this news *im-* 此項消息有何意義？
port? 反 *export*

impress〔ɪmˈprɛs〕 I was deeply ***impressed*** 那光景在我心中留下深
vt.使有深刻印象 with the sight. 回 *effect* 刻印象。

incline〔ɪnˈklaɪn〕 Dogs ***incline*** toward meat 狗愛以肉為食。
vi.愛好；傾向 as a food. 反 *decline*

include〔ɪnˈklud〕 The greater ***includes*** the 較大者包含較小者。
vt.包括 less. 反 *exclude*

incredible *adj*.可疑的 The story seems ***incre-*** 我想那故事大不可能。
〔ɪnˈkrɛdəbl〕 ***dible*** to me. 反 *credible*

income〔ˈɪŋ‚kʌm〕 He lives within his ***in-*** 他生活量入為出。
n.收入 ***come***. 回 *receipts*；*returns*

industry〔ˈɪndəstrɪ〕 Poverty is a stranger to 勤勞的人不會窮。
n.勤勉；工業 ***industry***. 回 *trade*

influence He had a great ***influence*** 他對周遭的人有很大的
〔ˈɪnfluəns〕 on those around him. 影響力。
n.影響；權勢 You have some ***influence*** 你多少能左右他們。
with them. 回 *sway*

insect〔ˈɪnsɛkt〕 Flies, mosquitoes, and 蚊，蠅，蚋皆係昆蟲。
n.昆蟲 gnats are ***insects***.

institution Public libraries, public 公共圖書館；公立公園
〔‚ɪnstəˈtjuʃən〕 parks and museums are 和博物館都是公共設施。
n.社會或教育事業 all ***institutions***.
　機構；創立

intellectual We think her a lettered 我們認為她是個有學問
〔‚ɪntlˈɛktʃuəl〕 woman, for she speaks 的女人，因為她說話文
adj.智力的 in an ***intellectual*** way. 謅謅的。

intelligence *n*.智力 The children were given 那些孩子們接受了智力
〔ɪnˈtɛlədʒəns〕 an ***intelligence*** test. 測驗。

interrupt *vt*.打斷 A strange sound ***interrupt-*** 一個怪聲打斷了他的演
〔‚ɪntəˈrʌpt〕 ***ed*** his speech. 說。

invent〔ɪn'vɛnt〕
vt.發明

Who ***invented*** the steam engine？反 *imitate*

誰發明了蒸汽機？

investment
〔ɪn'vɛstmənt〕
n.投資

Getting an education was a wise ***investment*** of time and money.

受教育是時間與金錢明智的投資。

involve〔ɪn'vɑlv〕
vt.包括；影響

It would ***involve*** living apart from my family.

那必然會使我和家人分居。

item〔'aɪtəm〕
n.條；項目

Are there any interesting ***items*** in the paper this morning？同 *part*；*segment*

今晨報紙上有什麼有趣的新聞嗎？

join〔dʒɔɪn〕
vt.連接；參加
n.相交點

I will ***join*** you later.
同 *connect*；*fasten*

過些時我將隨同你一起。

laboratory
〔'læbrə,torɪ〕
n.科學實驗室
adj.科學實驗室的

The fact was discovered in his chemical ***laboratory***.

這事實在他化學實驗室中被發現。

lecture〔'lɛktʃɚ〕
n.演講；教訓
vt.對…演講

The students listened to his ***lecture*** from beginning to end. 同 *speech*；*talk*

學生們聽他的演講從頭到結束。

leisure〔'liʒɚ〕
n.空閒；自在
adj.閒暇的

I have not a moment's ***leisure***.
同 *freedom*；*spare time*

我沒有一點空閒。

liar〔'laɪɚ〕
n.說謊者

A successful ***liar*** should have a good memory.

成功的說謊者應有很好的記憶力。

library〔'laɪ,brɛrɪ〕
n.圖書館；書房

The house contained a ***library*** besides the living, dining, and kitchen areas.

那棟房子除了客廳、餐廳及廚房外尚有書房。

literature *n*.文學
〔'lɪtərətʃɚ〕

Literature stands related to man as science stands to nature.

文學之於人的關係正如科學之於自然。

load〔lod〕　　　　Have you finished **loading** 你將貨物裝上（貨車）
　n. 負荷　　　　　　up yet？囝 *unload* 了嗎？
　v. 裝載貨物（於）　囘 *burden* ; *pack*

local〔'lokḷ〕　　　As a young reporter, he 作為一個年輕記者，他
　adj. 地方的　　　　covered the **locals**. 曾擔任地方新聞的採訪。
　n. 地方新聞　　　　囘 *regional* ; *limited*

・心得筆記欄・

聯考試題演練

1. The moving belt_____s the machine the raw material. (95、103學測、
   (A) fee   (B) feed   (C) face   (D) federate   105指考)

2. The_____of the Republic of China was in 1911. (90、92、96、103學測,
   (A) foundation   (B) foster   (C) fountain   (D) feature   98、102指考)

3. A married man should provide for the_____of his family.
   (A) fusion   (B) fussy   (86、90日大, 90、93、94、97~99、102、103、
   (C) further   (D) future   105學測, 94、97、98、100、104指考, 93指考補)

4. Atomic power is used to_____electricity in the U. S. A.
   (A) generally   (B) gaze   (71日大, 70夜大, 92、99、
   (C) generate   (D) geologize   104學測, 100、104指考)

5. It was very_____of them to share with their friend.
   (A) general   (B) genius   (82、85日大, 70、72夜大, 96、
   (C) generous   (D) genteel   97、103、105學測, 92指考)

6. Scientific achievement may bring greater_____than fighting.
   (A) glory   (B) gloom
   (C) gloss   (D) gloat   (71日大, 69夜大, 95學測)

7. We want to achieve our_____within a month. (99、100、103學測, 97、
   (A) glass   (B) goal   (C) goose   (D) gleam   98、102、105指考)

8. The cruelty of war made his_____rise. (75、89日大, 75夜大, 95、
   (A) goof   (B) gossip   (C) government   (D) gorge   104指考)

9. Generally, Japanese know English_____but can't speak it
   well.   (71、85、88、90日大, 82台大夜, 95學測, 92、99指考)
   (A) grammar   (B) grace   (C) goal   (D) guard

10. What_____clothes you're wearing！ (66、73日大, 99學測, 94、99指考)
    (A) grand   (B) garage   (C) grange   (D) grandeur

11. I_____him permission to do this thing. (90、101學測, 94、100、105指考)

(A) grand　　　(B) granite　　(C) grant　　(D) graph

12. He＿＿＿＿ed her hands firmly at the airport.　(67、88日大, 67夜大)
　　(A) greet　　　(B) grasp　　(C) govern　　(D) great

13. My wife is in the＿＿＿＿of reading books in the bathroom.
　　(A) hail　　　　　　　(B) habitate　　(71、87、88日大, 72夜大, 93、94、
　　(C) habit　　　　　　(D) hack　　　　98、104學測, 92、98、99、103指考)

14. The research yielded a rich＿＿＿＿.　(75日大, 94、97、99、104學測, 93、99、
　　(A) harsh　　(B) hare　　(C) harmony　　(D) harvest　　100指考)

15. Tokyo Tower is famous for it's＿＿＿＿all over the world.
　　(A) height　　　　　(B) haul　　　(72、75日大, 96、100學測,
　　(C) halt　　　　　　(D) haste　　　94、96、104指考)

16. The Meiji Restoration marks a＿＿＿＿epoch in Japanese
　　history.　　(68、77、87日大, 75、80夜大, 94、101、104學測, 92、93、102、104、105指考)
　　(A) hate　　(B) historical　　(C) haunt　　(D) harness

17. She recoiled in＿＿＿＿from the snake.　(68日大, 72夜大, 100指考)
　　(A) hobble　　(B) hoard　　(C) horror　　(D) hoax

18. He often＿＿＿＿s a traffic light.　(94~96、101、105學測, 95、100、101指考,
　　(A) ignore　　(B) index　　(C) identify　　(D) indicate　　93指考補)

19. This is an＿＿＿＿trial.　(69、77、87日大, 69夜大, 96、98、103指考, 93指考補)
　　(A) illegal　　(B) illegible　　(C) ill　　　(D) illiquid

20. You should＿＿＿＿the virtues of great and good men.　(68、69、81、
　　(A) imbue　　　　　(B) imbide　　　86、88日大, 77夜大)
　　(C) immense　　　　(D) imitate

21. A man's body dies, but his soul may be＿＿＿＿.　(67日大, 67夜大,
　　(A) immovable　　　(B) immortal　　　93指考補)
　　(C) immit　　　　　(D) imitative

22. Silence sometimes＿＿＿＿consent.　(80、87日大, 82夜大, 94、95、98、103學測,
　　(A) imports　　(B) important　　(C) implies　　(D) impounds　　95指考)

23. America ＿＿＿＿＿s raw silk from Japan.　(69、80日大, 68夜大, 102學測)
(A) impotence　(B) import　(C) implore　(D) impost

24. A hero ＿＿＿＿＿(e)s us with his courage.　(94、98、101、103、104學測, 94、104指考)
(A) imprecise　(B) impress　(C) imprecate　(D) imprace

25. Increasing knowledge ＿＿＿＿＿s one to further study.　(90、93、94學測, 93～95指考)
(A) inclose　(B) include　(C) incline　(D) income

26. The price ＿＿＿＿＿s postage charges.(70、75、83、88日大, 90、93、101～105學測, 93、95、97、98、100～105指考, 93指考補)
(A) increase　(B) incrassate
(C) incorporate　(D) include

27. The hero fought with ＿＿＿＿＿bravery.　(66、67、86日大, 99學測, 92、104指考)
(A) incredible　(B) inculpable　(C) incuse　(D) incurable

28. My father lives on an ＿＿＿＿＿from his annuity.　(88日大, 68、74夜大, 93、101指考)
(A) income　(B) incorporator
(C) inconstancy　(D) inconsideration

29. Heavy ＿＿＿＿＿in Japan developed after the war.(101、104學測, 102、104、105指考)
(A) infamy　(B) ifancy　(C) industry　(D) inference

30. What is the ＿＿＿＿＿of the moon on the seasons？　(68、88、89日大, 82夜大, 92、94、95、97～100、102學測, 94、95、101、102、104、105指考)
(A) informality　(B) influence
(C) influx　(D) inflation

31. Collecting ＿＿＿＿＿is a good hobby for pupils.　(66、81、85日大, 71夜大, 94、95、99、100、105學測, 93、99、100、103指考)
(A) insular　(B) insular
(C) inevitability　(D) insects

32. My mother works in a charitable ＿＿＿＿＿.　(67、75、90日大, 76夜大, 101學測, 92、96、101指考)
(A) insemination　(B) institution
(C) insulant　(D) insurance

33. You can be called an ＿＿＿＿＿with constant study.　(82、87、88日大, 82夜大, 91、96指考)
(A) imitation　(B) intellectual
(C) intimate　(D) immortal

34. The average ＿＿＿＿＿can afford to receive a medical education.

(A) intelligence   (B) insult

(C) intellect   (D) insurrection

(71、81、83、87、88日大, 100、102、103學測, 93、96、105指考)

35. The war_____ed the flow of commerce between the two countries.   (70、82、89日大, 68、81夜大, 93、98、104學測)

(A) interrogate   (B) interplay   (C) interrupt   (D) intern

36. Who_____ed the telephone ?   (75、77、82、84、87、89日大, 69、84夜大, 90、94、104、105學測, 91、92、94指考)

(A) invent   (B) internalize

(C) interpenetrate   (D) interlink

37. National bonds are a safe_____.   (71、83、87、90日大, 70、81夜大, 95學測, 96、102、103、105指考)

(A) invitation   (B) investigation

(C) investment   (D) inverse

38. The president was_____in the scandal.   (97、98、103、105學測, 95、97、104、105指考)

(A) ireful   (B) invoice   (C) involved   (D) invert

39. Are there any interesting_____s in the paper this morning?

(A) ivory   (B) itch   (71、77、80日大, 73、78夜大, 90、94、99、101、102學測, 93、97、98、102、104指考, 93指考補)

(C) item   (D) izzat

40. The brook_____s the river.   (86日大, 97、99、103學測, 93、94、98、99、101、104、105指考)

(A) join   (B) job   (C) joggle   (D) jingle

41. He was_____ing a group of tourists.   (73、83日大, 95學測, 91、92、101指考)

(A) leak   (B) lecture   (C) leaven   (D) leave

42. Please look through these papers at your_____.   (90日大, 90學測, 95、96指考)

(A) legend   (B) length   (C) legal   (D) leisure

43. A successful_____should have a good memory.   (66、67日大)

(A) libelant   (B) liaison   (C) liar   (D) liberator

44. The house contained a_____besides the living room, dining room and kitchen.   (73、74、85日大, 80、81夜大, 94學測, 97指考, 93指考補)

(A) lick   (B) liberty   (C) library   (D) libation

45. _____is related to man as science is to nature. (103、104學測,

(A) Literature (B) Listener (C) Lister (D) Lint

46. The normal teaching _____ of a full professor is eight hours
    a week.   (67、72日大, 93、102、104指考)
    (A) loath   (B) lob   (C) loan   (D) load

47. It is very interesting to me to read a _____ newspaper.
    (A) local   (B) loom   (66、73日大, 81夜大, 94、99、102、
    (C) loose   (D) loony   105學測, 91、93、94、101、103、104指考)

┌─【解答】─────────────────────────────────┐

1.(B)	2.(A)	3.(D)	4.(C)	5.(C)	6.(A)	7.(B)	8.(D)	9.(A)	10.(A)
11.(C)	12.(B)	13.(C)	14.(D)	15.(A)	16.(B)	17.(C)	18.(A)	19.(A)	20.(D)
21.(B)	22.(C)	23.(B)	24.(B)	25.(C)	26.(D)	27.(A)	28.(A)	29.(C)	30.(B)
31.(D)	32.(B)	33.(B)	34.(A)	35.(C)	36.(A)	37.(C)	38.(C)	39.(C)	40.(A)
41.(B)	42.(D)	43.(C)	44.(C)	45.(A)	46.(D)	47.(A)			

頻率表 *501 ～ 550*

請您將認識的單字，
在 A 欄中作記號。

A B

☐☐ luxury
☐☐ marriage
☐☐ mass
☐☐ memory
☐☐ message
☐☐ millionaire
☐☐ military
☐☐ misery
☐☐ moral
☐☐ note
☐☐ obedient
☐☐ objective
☐☐ observe
☐☐ obtain
☐☐ occasion
☐☐ occur
☐☐ onion
☐☐ oppress
☐☐ original
☐☐ otherwise
☐☐ pain
☐☐ paralyze
☐☐ part
☐☐ party
☐☐ passion

A B

☐☐ path
☐☐ patient
☐☐ pay
☐☐ peculiar
☐☐ perceive
☐☐ perform
☐☐ philosophy
☐☐ phone
☐☐ photograph
☐☐ plain
☐☐ planet
☐☐ popularity
☐☐ pose
☐☐ possess
☐☐ potential
☐☐ poverty
☐☐ precede
☐☐ preparation
☐☐ prescription
☐☐ president
☐☐ press
☐☐ prestige
☐☐ pretend
☐☐ prevention
☐☐ primary

≪頻率順序 501 ～ 550 ≫

luxury〔'lʌkʃərɪ〕
　n.奢侈；奢侈品

His salary is so low that he can enjoy few ***luxuries***. 回 *extravagance*

他的薪水很低，所以不能享受什麼奢侈品。

marriage〔'mærɪdʒ〕
　n.婚姻

Their ***marriage*** was a very happy one.

他們的婚姻非常美滿。

mass〔mæs〕
　n.塊
　v.成為一團

The clouds had ***massed*** in the west. 反 *bit*
回 *bulk* ; *lump*

雲朵結集在西邊。

memory〔'mɛmərɪ〕
　n.記憶力；紀念

Commit the poem to ***memory***.

記住這首詩。

message〔'mɛsɪdʒ〕
　n.消息
　v.通信

The ***message*** was important.
We ***messaged*** him that everything was going well. 回 *word*

這消息很重要。

我們通知他一切順利。

millionaire
〔,mɪljən'ɛr〕
　n.百萬富翁；大富豪

He is a ***millionaire*** several times over.

他是幾百萬的大富翁。

military〔'mɪlə,tɛrɪ〕
　adj.軍事的
　n.軍人；軍隊

The ***military*** were called in to deal with the rioting. 回 *army*

軍隊被調來應付暴亂。

misery〔'mɪzərɪ〕
　n.痛苦；不幸

Misery loves company.
反 *happiness*

禍不單行。

moral〔'mɔrəl〕
　adj.品性端正的
　n.教訓；品行

You may draw your own ***moral*** from this.
回 *right* ; *just*

你可以從這裏得到對自己的教訓。

note〔not〕
  n. 摘記；注意
  v. 記錄；注意

I didn't take any *notes*.
囘 *write* ; *record*

我沒有記一點筆記。

obedient〔ə'bidɪənt〕
  adj. 順從的

He is an *obedient* boy.

他是個聽話的孩子。

objective
〔əb'dʒɛktɪv〕
  adj. 眞實的;客觀的
  n. 目的

Actions are *objective*.
囻 *subjective*
My *objective* this summer
will be learning to swim.

行動是眞實的。

我今夏的目標是學游泳。

observe〔əb'zɝv〕
  vt. 觀看；觀察

I *observed* him go out.
囘 *see* ; *note*

我看見他出去了。

obtain〔əb'ten〕
  vt. 獲得；擁有

He *obtained* a know-
ledge of Latin.

他學會了拉丁文。

occasion〔ə'keʒən〕
  n. 特殊的時機
  vt. 導使；惹起

It is a favorable
occasion.

此爲一有利的時機。

occur〔ə'kɝ〕
  vi. 發生；使想起

Such a thing hardly
occurs.
An idea *occurs* to me.

這樣一件事情難得發生。

我想起一計。

onion〔'ʌnjən〕
  n. 洋葱

There's too much *onion*
in the salad.

生菜食品中洋葱太多了。

oppress〔ə'prɛs〕
  vt. 壓迫；壓制

The country was *oppressed*
by a tyrant's rule.

該國被暴君的統治所壓
迫。

original〔ə'rɪdʒən!〕
  adj. 最初的;原作的

The *original* plan was
afterwards changed.
囻 *copy* ; *translation*

最初的計劃後來改變了。

otherwise
〔'ʌðɚ,waɪz〕
adv. 在別的方面
conj. 否則

Do what you are told；
otherwise you will be
punished.

你得聽話，否則你將受
罰。

pain〔pen 〕
n. 疼痛
vi. 疼痛

A toothache is a *pain*.
圓 *suffering* ; *hurt*

牙痛是一痛苦。

paralyze〔'pærə,laɪz〕
vt. 使麻痺

His left arm was *para-
lyzed* . 圓 *deaden*

他的左臂癱瘓了。

part〔pɑrt〕
n. 部份；角色
v. 分開；分離

Only *part* of his story
is true.
We'll *part* no more.

他的故事只有一部分是
眞實的。
我們再也不分離了。

party〔'pɑrtɪ〕
n. 集會；政黨
vt. 以晚宴款待

The delegates were
partied.
圓 *group* ; *company*

諸位代表接受招待參加
宴會。

passion〔'pæʃən〕
n. 熱情；愛情

Hate and fear are *pas-
sions*.

恨與懼是強烈的情感。

path〔pæθ〕
n. 小徑

Keep to the *path* or you
may lose your way.

沿著這小路走，否則你
可能會迷路。

patient〔'peʃənt〕
adj. 忍耐的
n. 病人

Please be *patient*.
囷 *impatient*

請忍耐些。

pay〔pe 〕
vt. 付款
n. 工資

I have already *paid* for
the book.
圓 *give* ; *compensate*

我已付清此書價款。

peculiar
〔pɪ'kjuljɚ〕
adj. 奇異的;特有的

This book has a *pecu-
liar* value.
圓 *strange* ; *odd*

這本書有特殊的價值。

perceive〔pɚˈsiv〕
vt. 覺察；知覺

Nobody *perceived* me entering the room.

沒有人發覺我進入房間。

perform〔pɚˈfɔrm〕
v. 完成；上演

He *performed* his duty faithfully. 回 *do ; act*

他忠實地執行任務。

philosophy *n.* 哲學
〔fəˈlɑsəfɪ〕

He majors in *philosophy*.

他主修哲學。

phone〔fon〕
v. 打電話

My friend *phoned* me at 10 a.m. that Sunday.

那星期日早上十時，朋友曾打電話給我。

photograph
〔ˈfotəˌgræf〕
n. 照片 *v.* 攝影

Let's take a *photograph* of it.
回 *snap ; film*

我們把它照下來。

plain〔plen〕
adj. 清楚的；坦白的
n. 平原

The meaning is quite *plain*.
回 *clear ; understandable*

這意義十分明顯。

planet〔ˈplænɪt〕
n. 行星

A *planet* is a heavenly body that moves around the sun.

行星是環繞太陽運行的天體。

popularity
〔ˌpɑpjəˈlærətɪ〕
n. 流行；普遍

His *popularity* with students increased rapidly.
反 *unpopularity*

他在學生中的聲望急速升高。

pose〔poz〕
n. 姿勢；偽裝
v. 作姿勢

The *pose* in the portrait is very fine.
回 *posture ; position*

這雕像的姿勢很美。

possess〔pəˈzɛs〕
vt. 具有；持有

He *possessed* courage.
回 *own ; have*

他有勇氣。

potential〔pəˈtɛnʃəl〕
adj. 可能的 *n.* 潛力

He hasn't realized his full *potential* yet.

他尚未完全發揮他的潛力。

poverty 〔'pɑvətɪ〕
n. 貧窮；缺乏

He lived in a state of extreme ***poverty***.

他生活在極度窮困中。

precede 〔pri'sid〕
vt. 在前

This measure must be ***preceded*** by mild ones.

在採取此措施前須用溫和的手段。

preparation
〔,prɛpə'reʃən〕
n. 準備

The meal is in ***preparation***.
回 *equipment*；*plan*

飯菜在預備中。

prescription
〔prɪ'skrɪpʃən〕
n. 規定；藥方

He fills a ***prescription***.
回 *order*；*direction*

他照藥方配藥。

president
〔'prɛzədnt〕
n. 董事長；總統

The ***President*** of France under the Third Republic resembled a constitutional monarch.

法國第三共和的總統與立憲君主相似。

press 〔prɛs〕 *n.* 壓
vt. 壓；緊抱

The ***press*** of many duties keeps her busy.

許多事物纏身使她忙碌不停。

prestige 〔prɛs'tiʒ；
'prɛstɪdʒ〕*n.* 威望

His ***prestige*** rose.
回 *importance*；*greatness*

他的威望提高了。

pretend 〔prɪ'tɛnd〕
vt. 偽裝；偽稱

She ***pretends*** to like you, but talks about you behind your back.

她偽稱喜歡你，但在背後批評你。

prevention
〔prɪ'vɛnʃən〕
n. 防止；預防

Prevention is better than cure.

預防勝於治療。

primary
〔'praɪ,mɛrɪ〕
adj. 初級的；
主要的

That is his ***primary*** goal in his life..

那是他一生中的主要目標。

聯考試題演練

1. His salary is so low that he can enjoy few _____ . (70日大, 68、
   (A) lurchers   (B) lamp   81夜大, 95、101學測, 103指考)
   (C) lumber   (D) luxuries

2. She objected to an arranged _____ . (90日大, 92、95、102、103學測, 91、95、
   (A) mayor   (B) maximum   (C) marriage   (D) maxim   97、98指考)

3. There were _____ es of dark clouds in the sky. (84夜大, 90、96學測,
   (A) massage   (B) mass   (C) mess   (D) master   95、96、98指考)

4. They are going to erect a monument in _____ of the dead.
   (A) memento   (B) memoir   (72、74、81、88日大, 80夜大, 95、97、
   (C) member   (D) memory   101、103、104學測, 93、97、99、104指考)

5. I've just received a _____ from him. (86、88日大, 94學測, 91、94、95、100、
   (A) message   (B) merge   (C) garage   (D) mere   101、104指考)

6. He was born a _____ . (86、90學測, 105指考)
   (A) millionaire   (B) mill
   (C) millenary   (D) military

7. He lost his health in the _____ service. (84、88日大, 102學測, 96、
   (A) mercy   (B) midst   (C) military   (D) middle   104指考)

8. _____ loves company. (69、86日大, 70夜大, 102學測)
   (A) Misgiving   (B) Misery   (C) Mercy   (D) Miss state

9. I want you to live a _____ life. (67、89、90日大, 70夜大, 98學測, 91指考)
   (A) muture   (B) mist   (C) moral   (D) missive

10. There was a _____ of invitation on the table. (98、102學測, 92、101、
    (A) nose   (B) note   (C) notch   (D) notation   104指考)

11. A servant must be _____ to his master. (72、78日大, 81夜大)
    (A) obedient   (B) oath   (C) oasis   (D) objected

12. My _____ this summer will be learning to swim. (101、104、105學測,

(A) objective　　(B) oblige　　(C) oblivious　　(D) oblong　　97、102指考)

13. I _____(e)d that an old lady became very pale. (101、102學測, 100、

(A) obstruct　　(B) obsolete　　(C) observe　　(D) obligate　103、105指考)

14. He studied hard to _____ a scholarship. (66、75日大, 81夜大, 99、102學測,

(A) obtain　　(B) obvious　　(C) occupy　　(D) obviate　93、97指考)

15. She found an _____ to talk with a famous writer. (99學測, 95、100、

(A) opinion　　(B) obtrusion　　(C) occupation　　(D) occasion　101指考)

16. It _____ to me that I had first met her ten years ago.

(A) objected　　　　　(B) occurred　　(80、83、87日大, 94、98、103、104學測,

(C) obeyed　　　　　(D) omitted　　91、93、95、100、101、104指考, 93指考補)

17. There is too much _____ in the salad.　　(70、75、89日大, 99學測)

(A) oak　　(B) onion　　(C) oar　　(D) oath

18. A good ruler will not _____ the poor.　　(69、70夜大)

(A) impress　　(B) opposite　　(C) oppress　　(D) opportunity

19. The _____ locomotive was invented by Stephenson.　(102、104學測,

(A) option　　(B) opulence　　(C) opinion　　(D) original　103、104指考)

20. He reminded me of what I should _____ have gotten. (103、105學測,

(A) ought　　(B) ounce　　(C) otherwise　　(D) other　99、103、104指考)

21. I dreaded the _____ of separation from them.　(97、99、100學測,

(A) plain　　(B) page　　(C) pain　　(D) pageant　98、103指考)

22. Fear _____s my mind.　　(68日大, 72夜大, 101學測, 91、94指考)

(A) paralyze　　(B) pant　　(C) parade　　(D) panick

23. A dime is a tenth _____ of a dollar. (97、98、101、104、105學測, 98、101～

(A) partake　　(B) part　　(C) particle　　(D) parted　105指考)

24. On her birthday she had a _____ and invited her friends.

(A) partition　　　　(B) parting　　(81、86、87日大, 69、70夜大, 95學測,

(C) particular　　　(D) party　　93、94、99、101、104、105指考)

25. Our schoolmaster has a _____ for music. (67、88日大, 100、104學測,
    (A) passion　　(B) pass　　(C) parure　　(D) pasture　　96指考)

26. Keep to the _____, and you'll get to a river. (74日大, 93、104學測,
    (A) patch　　(B) pasty　　(C) path　　(D) paste　　93、104指考)

27. The Smiths are _____s of Dr. Quack. (90日大, 90、92、97、104學測, 92、
    (A) patron　　(B) patient　　(C) patrician　　(D) patrial　　97、98指考)

28. It wouldn't _____ me to take the job. (99、102、103、105學測, 98、101~
    (A) pause　　(B) patter　　(C) pave　　(D) pay　　103、105指考)

29. Kyoto is an old town with a _____ history. (68、73日大, 92、103指考)
    (A) peculiar　　(B) peaceful　　(C) pure　　(D) party

30. I _____ that I could not make her change her mind.
    (A) perched　　　　(B) penetrated　　(71、72日大, 98學測,
    (C) peracuted　　　(D) perceived　　96、101、104、105指考)

31. _____ teaches us how to live. (66、70日大, 76夜大, 100、101指考, 93指考補)
    (A) Philanthropism　　(B) Phenomenology
    (C) Philosophy　　　　(D) Philatelic

32. My friend _____ me at 10 a.m. that Sunday. (93、102學測, 97、101~
    (A) pondered　　(B) phoned　　(C) poised　　(D) appended　　103指考)

33. You always _____ badly. (77、84日大, 66、71夜大, 95、98、101、104學測, 93指考)
    (A) phrase　　　　(B) physic
    (C) photocopier　　(D) photograph

34. It is _____ enough that he should do our duty. (101、103學測, 95、
    (A) prepare　　(B) piddle　　(C) plenty　　(D) plain　　96指考)

35. A _____ is a heavenly body that moves around the sun.
    (A) plate　　　(B) planet　　(81、82日大, 66、75夜大, 95學測,
    (C) plant　　　(D) platform　　91、97、100、103指考)

36. The dictionary won great _____. (99、100、103、104學測, 97~99、101、102、
    (A) popularity　(B) port　　(C) population　　(D) portion　104、105指考)

37. The actress _____ for photographers. (87日大, 99、100、104、105學測)

(A) posed   (B) popped   (C) pored   (D) pondered

38. The old man was believed to _____ gold ornaments of great value. (70、72、87、88日大, 82台大夜, 95、101學測, 91、103、105指考)

(A) positive   (B) pound   (C) postpone   (D) possess

39. Everybody has a _____ ability. (83、90日大, 80、81夜大, 96、99、100、103學測,

(A) potential   (B) powder   92~94、97、100~103、105指考, 93指考補)

(C) precarious   (D) postal

40. We were all in _____ during the war. (73、77、90日大, 70夜大, 90學測,

(A) postage   (B) posterity   (C) poverty   (D) position   102指考)

41. In Japanese the object _____ s the verb. (68日大, 72夜大, 95、104指考)

(A) peach   (B) precede   (C) practice   (D) praise

42. They are making _____ for the trip. (72、80日大, 73、84夜大, 90、95、98、

(A) preservations   (B) prejudices   102學測, 105指考)

(C) presence   (D) preparations

43. How many _____ s were there before Lincoln? (69、87、90日大, 96~

(A) premise   (B) president   98學測, 97、99、101指考)

(C) pretention   (D) presumption

44. The people's choice is sometimes _____ by some pressure groups. (87日大, 68、70、83夜大, 96、99指考)

(A) pressed   (B) prescribed   (C) presided   (D) pretended

45. His _____ rose. (72日大, 71夜大, 94指考)

(A) presupposition   (B) pretest

(C) prestige   (D) presumptive

46. I don't _____ to judge them. (66、88日大, 68夜大, 94、95、97學測, 105指考)

(A) pretend   (B) pretext   (C) pretty   (D) prevail

47. The _____ of wrong-doing is one of the duties of the police.

(A) prevision   (B) principle   (88日大, 69、73夜大, 104學測,

(C) prevention   (D) prohibition   91、93、96指考)

48. That is his _____ goal in life. (75、76、88日大, 92、95、104學測, 92、97、99、102指考)
(A) pretext　(B) primary　(C) primitive　(D) principle

【解答】

1.(D)	2.(C)	3.(B)	4.(D)	5.(A)	6.(A)	7.(C)	8.(B)	9.(C)	10.(B)
11.(A)	12.(A)	13.(C)	14.(A)	15.(D)	16.(B)	17.(B)	18.(C)	19.(D)	20.(C)
21.(C)	22.(A)	23.(B)	24.(D)	25.(A)	26.(C)	27.(B)	28.(D)	29.(A)	30.(D)
31.(C)	32.(B)	33.(D)	34.(D)	35.(B)	36.(A)	37.(A)	38.(D)	39.(A)	40.(C)
41.(B)	42.(D)	43.(B)	44.(A)	45.(C)	46.(A)	47.(C)	48.(B)		

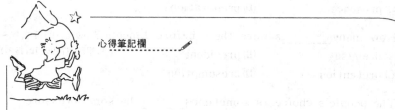

心得筆記欄

頻率表 *551 ～ 600*

請您將認識的單字，
在A欄中作記號。

A B

- ☐☐ prison
- ☐☐ proceed
- ☐☐ profit
- ☐☐ project
- ☐☐ prosper
- ☐☐ psalm
- ☐☐ punish
- ☐☐ rapid
- ☐☐ rare
- ☐☐ reasonable
- ☐☐ recall
- ☐☐ recover
- ☐☐ recreation
- ☐☐ region
- ☐☐ relative
- ☐☐ relax
- ☐☐ relieve
- ☐☐ repair
- ☐☐ represent
- ☐☐ reproach
- ☐☐ resident
- ☐☐ responsible
- ☐☐ restaurant
- ☐☐ reveal
- ☐☐ reward

A B

- ☐☐ ripe
- ☐☐ roar
- ☐☐ rob
- ☐☐ ruin
- ☐☐ savage
- ☐☐ scholar
- ☐☐ search
- ☐☐ secret
- ☐☐ sensible
- ☐☐ setback
- ☐☐ share
- ☐☐ shortage
- ☐☐ sin
- ☐☐ sole
- ☐☐ solid
- ☐☐ source
- ☐☐ span
- ☐☐ spot
- ☐☐ stable
- ☐☐ station
- ☐☐ steady
- ☐☐ steel
- ☐☐ stress
- ☐☐ stretch
- ☐☐ stuff

≪頻率順序 551～600≫

prison〔'prɪzn̩〕
n. 監獄

Put him in *prison*.
圓 *jail*；*penal*

將他監禁於獄中。

proceed〔prə'sid〕
vi. 進行；著手

Let us *proceed* to business. 反 *recede*

我們著手工作吧。

profit〔'prɑfɪt〕
n. 利潤；利益
v. 有益

What *profit* is there in worrying？
圓 *gain*；*benefit*

發愁有什麼用？

project〔*v*.prə'dʒɛkt；
n.'prɑdʒɛkt〕
v. 計劃；投射

The film was *projected* on the screen.
圓 *plan*；*scheme*

電影映在螢幕上。

prosper〔'prɑspɚ〕
vt. 使昌盛
vi. 旺盛

The business *prospers*.
Whatever *prospers* my business is good.反 *decay*

商業繁榮。
任何使我生意昌隆的都是好的。

psalm〔sɑm〕
n. 聖歌；讚美詩

David was said to be the author of *psalms* in the Bible. 圓 *hymn*

據說大衛王是聖經詩篇的作者。

punish〔'pʌnɪʃ〕
vt. 處罰

How would you *punish* stealing？圓 *discipline*

你如何處罰偷竊？

rapid〔'ræpɪd〕
adj. 迅速的

He made *rapid* progress.

他進步神速。

rare〔rɛr〕
adj. 罕見的；極好的

It is very *rare* for her to arrive late.

她是很難得遲到的。

reasonable〔'riznəbl〕
adj. 合理的；講理的

Is the accused guilty beyond *reasonable* doubt？

被告是毫無疑問地有罪嗎？

recall〔rɪ'kɔl〕
vt. 記起

The story *recalled* old faces to my mind.

這個故事使我想起許多老面孔。

recover〔rɪ'kʌvɚ〕 He is **recovering** his 他的勇氣正在恢復。
vt. 恢復　　　　 courage. 回 *regain*

recreation *n.* 娛樂 I swim for **recreation**. 我以游泳爲消遣。
〔,rɛkrɪ'eʃən〕 回 *play* ; *amusement*

region〔'ridʒən〕 This plant grows only 這植物僅生長於熱帶區
n. 區域　　　　 in the tropical **regions**. 域。

relative〔'rɛlətɪv〕 He is a **relative** of 他是我的一個親戚。
n. 親戚　　　　 mine.
adj. 相對的　　 反 *absolute*

relax〔rɪ'læks〕 **Relax** your muscles. 放鬆你的肌肉。
vt. 鬆弛　　　　 回 *rest* ; *loosen*

relieve〔rɪ'liv〕 Aspirin **relieves** a head- 阿斯匹靈減輕頭痛。
vt. 減輕；免除 ache. 反 *intensify*

repair〔rɪ'pɛr〕 He **repairs** shoes. 他修補鞋子。
vt. 修補　　　　 回 *mend* ; *fix*
n. 修理　　　　 反 *break*

represent We chose a committee 我們選一個委員會來
〔,rɛprɪ'zɛnt〕 to **represent** us. 代表我們。
vt. 象徵；代表 回 *portray* ; *depict*

reproach〔rɪ'protʃ〕 The slums are a **reproach** 貧民窟是倫敦之恥。
n. 責備；恥辱 to London.
vt. 譴責　　　　 回 *blame* ; *accuse*

resident〔'rɛzədənt〕 the Chinese **residents** of 紐約的中國居民
n. 居民　　　　 New York
adj. 居住的

responsible I am not **responsible** for 我不負此事之責任。
〔rɪ'spɑnsəbl〕 it.
adj. 可靠的　　 回 *accountable* ; *answerable*

restaurant 〔'rɛstərənt〕
n. 餐廳

We had dinner at a *restaurant*.

我們在一家餐廳吃飯。

reveal 〔rɪ'vil〕
vt. 洩露

Never *reveal* my secret.
同 *exhibit* ; *show*

永不要洩露我的秘密。

reward 〔rɪ'wɔrd〕
n. 報答
vt. 酬謝；獎賞

The teacher *rewarded* Tom for his diligence.
同 *compensate*

因為湯姆勤勉，老師給他獎賞。

ripe 〔raɪp〕
adj. 成熟的

Soon *ripe*, soon rotten.
同 *developed*

早熟早爛。

roar 〔rɔr〕
v. 吼叫；轟鳴

The lion *roared*.
同 *thunder* ; *boom*

獅吼。

rob 〔rɑb〕
vt. 搶劫

The bandits *robbed* a bank.

土匪搶劫了一家銀行。

ruin 〔'ruɪn〕
n. 毀滅
vt. 破壞

You will *ruin* your prospects.
同 *destroy* ; *spoil*

你將毀滅你的前途。

savage 〔'sævɪdʒ〕
adj. 天然的；野蠻的
n. 野人
vt. 亂踏

Gaudy colors please a *savage* taste.
同 *uncivilized* ; *barbarous*
反 *civilized*

絢麗的色彩討好粗略的胃口。

scholar 〔'skɑlɚ〕
n. 學者

He is something of a *scholar*. 同 *savant*

他略有學者風範。

search 〔sɝtʃ〕
vt. 搜尋
n. 搜尋

The house was *searched* very carefully.
同 *seek* ; *hunt*

這所房屋被仔細搜查過。

secret 〔'sikrɪt〕
adj. 秘密的

Be as *secret* as the grave. 同 *hidden*

要極力地保守秘密。

sensible〔'sɛnsəbl〕 I am very ***sensible*** of 我深感你的好意。
　adj. 可感覺的;感知 your kindness.

setback〔'sɛt,bæk〕 He has never suffered a 他在作戰中從未遭遇過
　n. 挫折　　　　　***setback*** in the course of 挫折。
　　　　　　　　　his fighting.

share〔ʃɛr〕 He has some ***share*** of 他承受了幾分他父親的
　n. 部分　　　 his father's genius. 天才。
　vt. 分配　　　　圓 *divide* ; *proportion*

shortage〔'ʃɔrtɪdʒ〕 Food ***shortages*** often 在戰爭時期常發生糧食
　n. 缺乏　　　　 occur in time of war. 缺乏的情形。

sin〔sɪn〕 Repent the ***sins*** you have 懺悔你所犯的罪。
　n. 罪　　　　 ***sinned***.
　vt. 犯罪　　　　圓 *wrongdoing* ; *misconduct*

sole〔sol〕 She was sitting ***sole*** by 她一人坐在爐邊。
　adj. 唯一的　　 the hearth.　圓 *only*

solid〔'sɑlɪd〕 When water becomes ***solid*** 水變成固體時，我們稱
　adj. 固體的　　 we call it ice. 之爲冰。

source〔sors〕 The river takes its 這河發源於湖。
　n. 泉源　　　　 ***source*** from the lake.

span〔spæn〕 How brief is the ***span*** of 人生何其短促！
　n. 一指距;短時間 life !
　vt. 以指距量　　圓 *extent* ; *distance*

spot〔spɑt〕 The leopard cannot change 豹不能改變其斑點；本
　n. 斑點;地點　　 his ***spots***. 圓 *stain* 性難移。

stable〔'stebl〕 Where did you ***stable*** your 你的馬養在哪個馬房裏？
　n. 廏　　　　　 horse ?
　vt. 置於馬房　　圓 *steady* ; *firm*
　adj. 堅固的　　　圂 *unstable*

station〔'steʃən〕
　　n. 車站

The train stops at every *station.*

這列火車每站都停。

steady〔'stɛdɪ〕
　　adj. 穩定的

What shall I do to make this table *steady*?

我怎樣才可使這桌子平穩呢？

steel〔stil〕
　　n. 鋼

Most tools are made from *steel*.

大多數工具是由鋼做的。

stress〔strɛs〕
　　n. 壓迫力；重讀
　　vt. 強調

He *stressed* the importance of health.

同 *force* ; *strain*

他強調健康的重要性。

stretch〔strɛtʃ〕
　　v. 伸展
　　n. 伸展

Can't you *stretch* it and make it longer?

同 *extend* ; *spread*

你不能把它拉長一些嗎？

stuff〔stʌf〕
　　n. 材料
　　vt. 填塞

We *stuffed* the bag with old clothes.

同 *fill* ; *load*

我們把舊衣服填塞袋中。

聯考試題演練

1. They were taken to _____ for stealing money. (87、89、90日大, 73夜大,
   (A) printability　　　(B) process 　　　　　　95學測, 95、104指考)
   (C) praise　　　　　(D) prison

2. Her thinking probably does not _____ exactly that way.
   (A) progress　　　　(B) prevent　　　(71、85、89日大, 75夜大,
   (C) probe　　　　　(D) proceed　　　95學測, 92、93指考)

3. The _____ s in the business are not large. (68、83、87、90日大, 70夜大,
   (A) profit　　　　　(B) proficiency　　92、96、97、99學測, 98、99、
   (C) proffer　　　　(D) profession　　　102、104指考)

4. Flying in a heavy machine was once thought an impossible
   _____ . (66日大, 84夜大, 90、92、95、98、103學測, 91、98、99、101～105指考, 93指考補)
   (A) project　　(B) promise　　(C) profoundly　　(D) prominence

5. Nothing will _____ in his hands. (75、81夜大, 90、95、96、99、100學測, 95指考)
   (A) protect　　(B) prostrate　　(C) prosper　　(D) prove

6. The boxer _____ his opponent severely. (80、84、88、89日大, 92、104學測,
   (A) purged　　(B) punished　　(C) purchased　　(D) pursued　　99指考)

7. Japanese economy developed _____ after World War Ⅱ. (88、90日大,
   (A) rapaciously　　　(B) rambling　　75、81夜大, 90、94、100、101學測,
   (C) rancid　　　　　(D) rapidly　　　93、95、100、104指考, 93指考補)

8. We had a _____ time at his house yesterday. (100、102、105學測, 99、
   (A) rash　　(B) rare　　(C) rapt　　(D) raspy　　100、104指考)

9. Can you think of a _____ excuse for our being late？(67、79日大,
   (A) rebellious　　　(B) rear　　68夜大, 99學測, 97、100指考)
   (C) reasonable　　　(D) reading

10. I _____ having met the woman before. (83、88日大, 94、95、102、104學測,
    (A) reaped　　(B) recalled　　(C) realized　　(D) rebounded　100指考)

11. He _____ slowly after his long illness. (97、100、101、103學測, 97指考)

(A) redoubled　　(B) redeemed　　(C) redacted　　(D) recovered

12. Some people look upon gardening as a _____.　　(73、78、84日大)

(A) recreation　　(B) redemption　　(C) recurrence　　(D) reduction

13. This plant grows only in the tropical _____s. (98、99、105學測, 104、

(A) refinement　(B) reference　　(C) region　　(D) refection　　105指考)

14. In the ascent of man, he becomes _____in his viewpoints.

(A) referee　　　　　　(B) reformation　　(71、88日大, 66夜大, 82台大夜,

(C) refreshment　　　　(D) relative　　90、93、99、103、104學測, 91、97、103指考)

15. Don't _____ your efforts until the examinations are over.

(A) relax　　　　　　(B) relegate　　　(71、80、81日大, 80、82夜大,

(C) relight　　　　　(D) relinquish　　92、94、96、100、102、105學測)

16. Your coming _____s me of the trouble of writing a letter.

(A) relish　　　　　(B) relieve　　(73、84、90日大, 70夜大, 92、94、95、

(C) relent　　　　　(D) remain　　99、102、103學測, 95、100指考)

17. This house needs a lot of _____(e)s before anyone can live in

it.　　(75、90日大, 69夜大, 92、100學測, 94、101指考, 93指考補)

(A) repass　　(B) renounce　　(C) repair　　(D) renovate

18. She _____(e)d Japan at the World Women's Conference.

(A) repay　　　　　(B) report　(82、88日大, 69夜大, 82台大夜, 97、101、102、

(C) repose　　　　(D) represent　　104學測, 92、94、96、98、99、104指考)

19. The slums are a _____to London.　　(69、70夜大)

(A) reprobate　　(B) repress　　(C) resistance　　(D) reproach

20. Dr. Jones is a _____physician at the hospital. (103學測, 98、103指考)

(A) resident　　(B) vequital　　(C) reserved　　(D) resentful

21. The bus driver is _____for the passengers' safety. (99、100學測,

(A) insensible　(B) responsible　(C) accessible　(D) permissible　99指考)

22. He _____ed my secret plan to my mother.　(82、88日大, 66、69夜大,

(A) rest　　　　　(B) retain　　93、95、96、105學測, 92、94、95、

(C) reveal　　　　(D) retaliate　　99、100、103指考, 93指考補)

23. I received a _____ for looking after the children during her absence. (80、87~89日大, 67、68夜大, 90、96、99、104學測, 92、98、99指考)
 (A) reward
 (B) retirement
 (C) repent
 (D) retard

24. Soon _____, soon rotten. (69日大, 72夜大, 95、100學測)
 (A) risk
 (B) rise
 (C) reap
 (D) ripe

25. He pressed on the accelerator, savagely _____ing the engine.
 (A) roast
 (B) roar
 (C) recall
 (D) rock
 (66、75日大)

26. The disease had _____ him of his strength. (72日大, 74、82夜大, 98指考)
 (A) robbed
 (B) road
 (C) robe
 (D) roam

27. The _____ of misspent years can not be quickly undone.
 (A) rule
 (B) rust
 (C) rumor
 (D) ruin
 (66、68、78日大, 95、104、105學測, 92、94指考)

28. Almost universally the children of _____s are contented and well behaved. (68、70日大, 95指考)
 (A) saviour
 (B) scarcity
 (C) savage
 (D) scale

29. That professor is not much of a _____. (80、81、87日大, 70、84夜大, 99、105指考)
 (A) science
 (B) scope
 (C) scholar
 (D) scount

30. The thief _____ed the big house for valuable things. (101、103學測, 99~101指考)
 (A) search
 (B) scramble
 (C) seed
 (D) scrape

31. We kept it a _____ among us. (93、97、100、103、105學測, 93、94、98、100指考, 93指考補)
 (A) scratch
 (B) scourge
 (C) scrap
 (D) secret

32. The patient was speechless but still _____. (98學測, 92、95指考, 93指考補)
 (A) separate
 (B) sensible
 (C) sentry
 (D) settled

33. He has never suffered a _____ in the course of his fighting.
 (A) setback
 (B) service
 (C) session
 (D) severance
 (68日大, 68夜大)

34. It was a good _____ for him. (93、96、99、105學測, 97、98、100、102、103、105指考)
    (A) shade   (B) setting   (C) share   (D) severity

35. Food _____s often occur in time of war. (70、84日大, 91、92、97、99、101、104指考)
    (A) shortage   (B) shore   (C) shorten   (D) shove

36. Lying, stealing, dishonesty, and cruelty are _____s. (67日大, 67夜大)
    (A) sample   (B) simple
    (C) sin   (D) skill

37. We have the _____ right of selling the article. (72日大, 71夜大, 94指考)
    (A) soil   (B) self   (C) sole   (D) solid

38. They were glad to leave the boat and put their feet on _____ ground. (73日大, 73夜大, 92、96、99學測, 91指考)
    (A) solicitous   (B) solid   (C) solemn   (D) solo

39. Pressmen can hide news _____. (98、100、102、103、105學測, 98、99、101、102、105指考)
    (A) solve   (B) soothe   (C) solution   (D) sources

40. A big national flag _____s the wall of the reception room.
    (A) span   (B) spare   (67日大, 74夜大, 104學測, 95、103指考)
    (C) spark   (D) sparkle

41. From this _____ you can see the ocean. (84、85日大, 69夜大, 82台大夜, 90、92、96學測)
    (A) sport   (B) spot   (C) spouse   (D) spray

42. Concrete reinforced with steel is _____. (68日大, 67夜大, 94、103指考, 93指考補)
    (A) stage   (B) stab   (C) stable   (D) stainable

43. The train went through the _____ without stopping. (85日大, 67夜大, 95、96、102學測, 97、101指考)
    (A) stay   (B) station
    (C) statute   (D) stain

44. I had to put my hand on the ladder to _____ it. (72日大, 70夜大, 95、98、103、105學測)
    (A) steady   (B) stead
    (C) steal   (D) steerage

45. He _____(e)d his heart against the sufferings of the poor.

(A) steam　　　　　　　　(B) stifle

(C) steep　　　　　　　　(D) steel

(71、73、81夜大, 95、104學測, 92、94、96、100指考)

46. Under the_____of bad weather the ship had to return.

(A) strength　　　　　　(B) stream

(C) stress　　　　　　　(D) stretch

(73、89、90日大, 71夜大, 82台大夜, 92、95、98、104、105學測, 98、99指考)

47. The wrestler_____ed out his arms before fighting.

(A) catch　　　　　　　(B) stretch

(C) hatch　　　　　　　(D) match

(75日大, 72夜大, 96、99、104、105學測, 98、100指考)

48. We_____ed the bag with old clothes.

(A) stuff　　　(B) sniff　　　(C) stiff　　　(D) bluff

(75日大, 67夜大, 96學測, 91、104指考)

【解答】

1.(D)	2.(D)	3.(A)	4.(A)	5.(C)	6.(B)	7.(D)	8.(B)	9.(C)	10.(B)
11.(D)	12.(A)	13.(C)	14.(D)	15.(A)	16.(B)	17.(C)	18.(D)	19.(D)	20.(A)
21.(B)	22.(C)	23.(A)	24.(D)	25.(B)	26.(A)	27.(D)	28.(C)	29.(C)	30.(A)
31.(D)	32.(B)	33.(A)	34.(C)	35.(A)	36.(C)	37.(C)	38.(B)	39.(D)	40.(A)
41.(B)	42.(C)	43.(B)	44.(A)	45.(D)	46.(C)	47.(B)	48.(A)		

頻率表 601 ～ 650

請您將認識的單字，
在 A 欄中作記號。

A B

□□ substitute

□□ suburb

□□ succeed

□□ suffer

□□ suffice

□□ sufficient

□□ sum

□□ surge

□□ survive

□□ suspect

□□ synthesis

□□ theory

□□ toil

□□ tone

□□ tongue

□□ tournament

□□ traffic

□□ transplant

□□ tremble

□□ trend

□□ twin

□□ universe

□□ verse

□□ volcano

□□ vote

A B

□□ weed

□□ welfare

□□ wisdom

□□ withdraw

□□ wretched

□□ abide

□□ absolute

□□ abuse

□□ access

□□ accommodate

□□ accuracy

□□ accuse

□□ acknowledge

□□ acquire

□□ acute

□□ admiration

□□ admission

□□ adolescent

□□ affectation

□□ affection

□□ agriculture

□□ agricultural

□□ aim

□□ alien

□□ allow

≪頻率順序 601 ～ 650 ≫

substitute
〔′sʌbstə,tjut〕
n. 代替物
vt. 以⋯代替

We used honey as a *sub-stitute* for sugar.
圓 *replace* ; *change*

我們用蜂蜜做糖的代用品。

suburb〔′sʌbɝb〕
n. 市郊

He lives in the *suburbs*.

他住在城郊。

succeed〔sək′sid〕
vi. 成功；繼承

If you work hard, you will *succeed*.

假如你努力工作，你就會成功。

Who will *succeed* when King Henry dies ?

亨利王駕崩後由誰繼承？

suffer〔′sʌfɚ〕
v. 遭受；生病

They were ready to *suffer* death for their country.

他們願爲國家效死。

He is *suffering* from measles. 圓 *endure*

他患麻疹。

suffice〔sə′faɪs〕
v. 足夠；使滿足

Fifty dollars will *suffice* for her needs.

五十元足夠她用。

sufficient〔sə′fɪʃənt〕
adj. 充分的

Have we *sufficient* food for ten people? 圓 *enough*

我們有夠十人吃的食物嗎？

sum〔sʌm〕
n. 金額
v. 總計

He paid a large *sum* for the house.

他出了一筆巨款買了這房子。

The instances *sum* up to several dozen. 圓 *total*

這些例子總計數十個。

surge〔sɝdʒ〕
v. 起伏
n. 巨浪

A ship *surges* at anchor.

拋錨的船隨波起伏。

The sea was rolling in immense *surges*.
圓 *wave* ; *gush*

大海上浪濤洶湧。

survive〔sə'vaɪv〕
 v. 生命較…為長

He *survived* his wife for many years. 回 *remain*

他比他太太多活好幾年。

suspect〔sə'spɛkt〕
 v. 懷疑

I *suspect* him to be a liar.

我懷疑他是個說謊者。

〔'sʌspɛkt〕
 n. 嫌疑犯

The police have arrested two *suspects*.

警察逮捕兩名嫌疑犯。

synthesis〔'sɪnθəsɪs〕
 n. 綜合；合成法

We produce rubber from petroleum by *synthesis*.

我們以合成法從石油中提煉塑膠。

theory〔'θɪərɪ〕
 n. 理論；學說

Your plan is excellent in *theory*. 回 *hypothesis*

你的計畫在理論上甚佳。

toil〔tɔɪl〕
 v. 辛苦
 n. 羅網

My father *toiled* all day long.

A lion was caught in the *toils*. 回 *work*；*labor*

我父親整日辛勞。

一隻獅子陷入羅網。

tone〔ton〕
 n. 音調；色調

He spoke in an angry *tone*. 回 *sound*；*pitch*

他以憤怒的語氣說話。

tongue〔tʌŋ〕
 n. 舌；語言

He answers in his mother *tongue*. 回 *language*

他以本國語回答。

tournament
 〔'tɝnəmənt〕
 n. 比賽；馬上比武

He took part in the tennis *tournament*.
回 *contest*；*tourney*

他參加了網球比賽。

traffic〔'træfɪk〕
 n. 交通
 v. 買賣

There was a lot of *traffic* on the roads.

We *traffic* with Japan.

路上車輛行人多。

我們和日本交易。

transplant
 〔træns'plænt〕
 v. 移植；使遷徙

Some seedings do not *transplant* well.
回 *transfer*

一些幼苗不適合移植。

tremble〔'trɛmbl 〕　His voice ***trembled*** with　他的聲音因憤怒而震顫。
　vi. 發抖　anger.
　n. 震顫　回 *shake* ; *quake*

trend〔 trɛnd 〕　The hills have a western　這些山延向西方。
　n. 趨勢；流行　***trend***.　回 *direction*

twin〔 twin 〕　He was one of a ***twin***.　他是孿生子之一。
　n. 一對孿生子
　adj. 孿生的

universe〔 ' junə,vɝs〕　Our world is but a　我們的世界只是宇宙一
　n. 世界；宇宙　small part of the ***uni-***　小部份。
　　　　　　　　　　　verse.

verse〔 vɝs 〕　The article is written in　這篇文章是以韻文寫的。
　n. 詩；韻文　***verse***. 回 *prose*

volcano〔 vɑl'keno 〕　The hill is an active　這山是一座活火山。
　n. 火山　***volcano***.

vote〔 vot 〕　He ***voted*** for the Demo-　他投民主黨的票。
　n. 投票權　crats.
　v. 投票　回 *ballot* ; *choice*

weed〔 wid 〕　He is busy ***weeding***.　他正忙著除草。
　n. 雜草
　vt. 除雜草

welfare〔'wɛl,fɛr〕　The matter concerns my　這事關係著我的幸福。
　n. 福祉；福利　***welfare***.　回 *good*

wisdom〔 'wɪzdəm 〕　He is a man of ***wisdom***.　他是一個睿智的人。
　n. 智慧；明智的行為　回 *folly*

withdraw〔wɪθ'drɔ〕　He ***withdrew*** his hand　他從熱火爐前面將手抽
　v. 取回；撤回　from the hot stove.　回。

wretched〔ˈrɛtʃɪd〕 The food at this hotel is 這家旅館的食物很差。
adj. 可憐的；惡劣的 *wretched*.

abide〔əˈbaɪd〕 He *abided* here for many 他住這裏好幾年。
v. 居住；遵守 years.
We should *abide* by the 我們應遵守交通規則。
traffic rules.

absolute〔ˈæbsə,lut〕 *Absolute* quiet prevailed 他說話時，全場寂靜。
adj. 完全的；純粹的 while he was speaking.

abuse〔əˈbjuz〕 The tyrant should not 這暴君不應濫用他的職
vt. 濫用 *abuse* his authority. 權。
〔əˈbjus〕*n.* 惡習 圓 *injure*；*damage*

access〔ˈæksɛs〕 Professors have free 教授可以自由使用圖書
n. 接近 *access* to the library. 館。

accommodate The big room will 這大房間能容納六張床。
〔əˈkamə,det〕 *accommodate* six beds.
vt. 容納；供給住宿 The host will *accommo-* 主人今晚將留我們住宿。
date us tonight.

accuracy〔ˈækjərəsɪ〕 I doubt the *accuracy* of 我懷疑你說的話的正確
n. 正確性；準確性 your statement. 性。

accuse〔əˈkjuz〕 They *accused* me of 他們控告我接受賄賂。
v. 控告；歸咎 taking bribes.

acknowledge〔əkˈnɑlɪdʒ〕We *acknowledge* his right 我們承認他有投票之權
vt. 承認；接受 to vote. 圓 *recognize* 利。

acquire〔əˈkwaɪr〕 You must work hard to 你必須用功，以精通英
vt. 獲得 *acquire* a good knowledge 文。
of English. 圓 *gain*

acute〔əˈkjut〕 Dogs have an *acute* sense 狗有敏銳的嗅覺。
adj. 銳的；敏感的 of smell. 圓 *keen*

admiration
〔,ædmə'reʃən〕
n. 欽佩

Napoleon's military genius deserves ***admiration***.

拿破崙的軍事天分值得欽佩。

反 *disdain*

admission〔əd'mɪʃən〕
n. 准入；入場費

Admission to the school is by examination.

進入該校是要經過考試。

Admission to the concert is one dollar.

音樂會的門票是一元。

adolescent〔,ædl'ɛsnt〕
n. 年輕人

The audience were mostly ***adolescents***.

聽眾大半是年輕人。

affectation *n.* 假裝
〔,æfɪk'teʃən〕

His ***affectations*** are insufferable.

他的虛飾行為令人難以忍受。

affection〔ə'fɛkʃən〕
n. 愛情；情感

He won that girl's ***affection***.

他贏得那女孩的愛。

agriculture
〔'ægrɪ,kʌtʃɚ〕
n. 農耕；農藝

He is engaged in ***agriculture***.

他從事農業。

同 *farming* ; *cultivation*

agricultural
〔,ægrɪ'kʌltʃərəl〕
adj. 農產的

My father is an ***agricultural*** worker.

我父親是一個農業工作者。

aim〔em〕
v. 瞄準；企圖

He could not ***aim*** straight.

他瞄不準。

He ***aimed*** at honors.

他圖得榮譽。

alien〔'eljən〕
n. 外國人
adj. 不相同的

He is an ***alien***.

他是個外國人

Their ideals are ***alien*** to our way of thinking.

他們的思想和我們的完全不同。

同 *foreign* ; *different*

allow〔ə'laʊ〕
v. 允許；承認

Smoking is not ***allowed*** here.

此處不准吸煙。

We must ***allow*** that he is wrong.

我們必須承認他錯了。

聯考試題演練

1. I believe his role can't be _____d for any other.
   (A) institute (B) substitute
   (C) constitute (D) destitute
   (75、76日大, 72夜大, 90、92、96、100學測, 93、94、98指考)

2. I'm certain you'll _____ on the entrance examination.
   (A) subject (B) suffer
   (C) succumb (D) succeed
   (67、68、77、85、86日大, 90、94~96學測, 92、94、97、101、102指考)

3. I _____ed from a bad headache this morning.
   (A) differ (B) proffer (C) suffer (D) offer
   (96~101、103、105學測, 95~103指考)

4. Fifty dollars will _____ for her needs.
   (A) suffice (B) suffocate (C) suffix (D) suffuse
   (68夜大)

5. The pension is not _____ for living expenses.
   (A) sufficient (B) deficient (C) proficient (D) efficient
   (94學測, 91、101、102、104指考)

6. _____ up the main points of the lesson in three sentences.
   (A) Summarize (B) Summon
   (C) Summate (D) Sum
   (68、79、89日大, 72夜大, 95、99指考)

7. The crowd _____ through the streets.
   (A) surmised (B) surged (C) surmounted (D) surprised
   (75日大, 71夜大, 95學測, 93指考補)

8. Many people were killed in the railroad accident, but he could _____.
   (A) surrender (B) surround (C) survey (D) survive
   (70、80、88、89日大, 81、83、84夜大, 90、93~96、99、105學測, 91、94、96指考, 93指考補)

9. The police have arrested two _____s in connection with the bank robbery.
   (A) suspect (B) sustain (C) suspend (D) suspire
   (66日大, 70夜大, 97、102學測, 96、105指考)

10. Only political parties can produce the _____ or comprise of interest necessary to make representative government work.
    (A) hypothesis (B) synthesis (C) thesis (D) parenthesis
    (87日大, 81夜大)

11. Your plan is practicable in _____.
    (66夜大, 93、95、98、105學測, 94指考)

(A) category   (B) allegory   (C) theory   (D) compulsory

12. After long _____, I was very tired.   (70、73日大)

(A) toil   (B) tolerance   (C) tail   (D) toleration

13. The doctor's _____ was serious. (67、88日大, 73夜大, 97、101學測, 102指考)

(A) tomb   (B) atone   (C) tone   (D) intone

14. The doctor asked the patient to stick his _____ out.

(A) teeth   (B) tonsils   (85日大, 72夜大, 95、101、105學測)

(C) nose   (D) tongue

15. _____ in a big city is controlled by red and green lights.

(A) Trains   (B) Traffic   (68、69、80、82、89日大, 95、100、101、103、

(C) Traits   (D) Tram   105學測, 91、92、98、103指考, 93指考補)

16. Poppies do not _____ well and should be planted where they

are to grow.   (75、87日大, 73夜大, 93學測)

(A) transplant   (B) transmit   (C) transport   (D) translate

17. He _____ d at the sound of bursting bombs.   (87日大, 69、75夜大)

(A) grumble   (B) crumble   (C) trouble   (D) tremble

18. A modern _____ among young people is going to a disco.

(A) tend   (B) trend   (70、75、76、80、87日大, 92、95、

(C) rend   (D) attend   96、98、99學測, 93、95指考)

19. He was one of a _____.   (66日大, 73夜大, 90、102學測, 95指考)

(A) twine   (B) twist   (C) twin   (D) twit

20. God made the _____.   (67、77、87日大, 70夜大, 90學測, 97、103指考)

(A) universal   (B) uniserial   (C) university   (D) universe

21. The Conservative _____ was unanimously against the measure.

(A) vote   (B) note   (69日大, 75夜大, 95、104學測)

(C) vow   (D) devote

22. The teacher will _____ out the hopeless pupils.   (75日大, 70夜大,

(A) weed   (B) need   (C) heed   (D) breed   94學測)

23. Every country aims at the increase of social _____ today.

   (A) warfare   (B) share   (69、72、88、90日大,

   (C) welfare   (D) flare   90學測, 92、101指考)

24. He showed great _____ in what he said and done. (87日大, 103學測,

   (A) happy   (B) wisdom   (C) wish   (D) front   93指考補)

25. He _____ his hand from the hot stove.   (69、70日大, 78夜大, 102學測)

   (A) withheld   (B) witnessed   (C) withstood   (D) withdrew

26. Boys are often _____ when they first go to school. (67日大, 69夜大)

   (A) intended   (B) abashed

   (C) wretched   (D) charmed

27. You had better _____ your time.   (72夜大)

   (A) abate   (B) abash   (C) abuse   (D) abide

28. One cannot lead a life on _____ principles. (94、101學測, 93、95指考)

   (A) absolute   (B) salute   (C) resolute   (D) flute

29. He _____ my confidence in letting this secret become known.

   (A) accussed   (B) abused   (66、83、86日大, 78、81夜大,

   (C) excused   (D) refused   101學測, 97、102指考)

30. _____ to university education is difficult for the poor.

   (A) Recess   (B) Excess   (68、89日大, 93、99、103學測,

   (C) Abbess   (D) Access   92、94~96、102指考)

31. The government agreed to _____ a number of Vietnamese

   refugees.   (67、89日大, 103指考)

   (A) accommodate   (B) elucidate

   (C) invalidate   (D) liquidate

32. Some people doubted the _____ of the report. (93、105學測, 93指考、

   (A) diploma   (B) obstinacy   (C) accuracy   (D) democracy   指考補)

33. She _____ him of stealing her car.   (85、89日大, 78夜大, 95指考)

   (A) accused   (B) accumulated

   (C) acceded   (D) accommodated

34. She won't_____her faults. (68、90日大, 76夜大, 95指考)

    (A) ledge   (B) accredit   (C) knowledge   (D) acknowledge

35. A child tries to_____anything it wants. (86日大, 95、101學測, 95、100、

    (A) active   (B) across   (C) achieve   (D) acquire   105指考)

36. Dogs have an_____sense of smell. (73夜大, 95、104指考)

    (A) actual   (B) acute   (C) acid   (D) actionable

37. I can only express my_____for his courage. (87~89日大, 84夜大,

    (A) admiration   (B) preparation   90、93~95學測)

    (C) sepapration   (D) consideration

38. _____to the school is by examination. (73、81日大, 77夜大, 96學測,

    (A) Commission   (B) Admission   99、102指考)

    (C) Omission   (D) Permission

39. His_____are insufferable. (72夜大)

    (A) expectations   (B) affectations

    (C) habitations   (D) imitations

40. She had a mother's_____for small children. (84日大, 72夜大,

    (A) perfection   (B) defection   (C) infection   (D) affection   98指考)

41. The population of_____has decreased with acceleration.

    (A) agriculture   (B) capture   (87、90日大, 66夜大, 94、103學測,

    (C) culture   (D) scripture   96、105指考, 93指考補)

42. He took_____at the target with his rifle. (101、103、105學測, 101、

    (A) aim   (B) attention   (C) purpose   (D) destination   105指考)

43. Luxury is_____to his nature. (66日大, 93學測, 94、95指考)

    (A) alienate   (B) alien   (C) alienable   (D) alienation

44. She wanted to take it with her, but he did not_____that.

    (A) allude   (B) allocate   (C) allege   (D) allow

    (87、88、90日大, 75、84夜大, 90、92、95、100~105學測,

    91、92、98~102、104、105指考, 93指考補)

【 解答 】

1.(B)	2.(D)	3.(C)	4.(A)	5.(A)	6.(D)	7.(B)	8.(D)	9.(A)	10.(B)
11.(C)	12.(A)	13.(C)	14.(D)	15.(B)	16.(A)	17.(D)	18.(B)	19.(C)	20.(D)
21.(A)	22.(A)	23.(C)	24.(B)	25.(D)	26.(C)	27.(D)	28.(A)	29.(B)	30.(D)
31.(A)	32.(C)	33.(A)	34.(D)	35.(D)	36.(B)	37.(A)	38.(B)	39.(B)	40.(D)
41.(A)	42.(A)	43.(B)	44.(D)						

心得筆記欄

頻率表 **651 ～ 700**

請您將認識的單字，
在A欄中作記號。

A B

☐☐ alter

☐☐ alternative

☐☐ ample

☐☐ amuse

☐☐ anguish

☐☐ annoy

☐☐ appeal

☐☐ applaud

☐☐ apply

☐☐ appoint

☐☐ approach

☐☐ argue

☐☐ army

☐☐ arouse

☐☐ artistic

☐☐ ascertain

☐☐ ashamed

☐☐ assign

☐☐ astronomy

☐☐ atmosphere

☐☐ attain

☐☐ auditory

☐☐ authority

☐☐ autograph

☐☐ automobile

A B

☐☐ avenue

☐☐ bachelor

☐☐ bare

☐☐ barely

☐☐ bargain

☐☐ barrel

☐☐ basin

☐☐ bean

☐☐ behalf

☐☐ benefit

☐☐ betray

☐☐ biography

☐☐ bitter

☐☐ blade

☐☐ bless

☐☐ bomb

☐☐ booklet

☐☐ bore

☐☐ boss

☐☐ bottle

☐☐ brief

☐☐ calculation

☐☐ cancel

☐☐ canyon

☐☐ captain

≪頻率順序 651～700 ≫

alter〔'ɔltɚ〕
v. 改變；更改

You must *alter* your way of living. 同 *diversify*

你必須改變你的生活方式。

alternative
〔ɔl'tɝnətɪv〕
adj. 二者選一

We have two *alternative* courses ; surrender or death. 同 *choice*

我們有兩條路；投降或死，任擇其一。

ample〔'æmpl̩〕
adj. 充足的；廣濶的

They have an *ample* supply of rice. 同 *large*

他們的米供應充足。

amuse〔ə'mjuz〕
vt. 使樂；娛樂

The monkey's funny appearance *amused* us.

猴子有趣的樣子使我們發笑。

anguish〔'æŋgwɪʃ〕
n. 痛苦 *vt.*使痛苦

The loss of her son *anguished* her deeply.

她兒子的死亡使她悲痛萬分。

annoy〔ə'nɔɪ〕
vt. 使苦惱；騷擾

I was *annoyed* at his intrusion. 同 *tease*

我被他的闖入所煩擾。

appeal〔ə'pil〕
n. 吸引力
vi. 求助；上訴

The game has lost its *appeal*.

He *appealed* against the judge's decision.

這遊戲已引不起人們的興趣。

他不服法官的判決而上訴。

applaud〔ə'plɔd〕
v. 鼓掌，贊許

We *applauded* him for his courage.

我們稱讚他的勇敢。

apply〔ə'plaɪ〕
*vt.*使接觸；應用
vi. 應用；請求

The argument *applies* to this case.

He *applied* himself to learning French.

這論點適用於此一情形。

他專心學法文。

appoint〔ə'pɔɪnt〕
vt. 任命；設備

He was *appointed* mayor of the city.

Our house is not well *appointed*. 同 *elect*

他被任命為市長。

我們的房子設備不佳。

approach
〔ə'protʃ〕
vt. 行進；向～提議
n. 方法；進口

As we ***approached*** the man, we saw that he was blind.

我們走近時，發現他是瞎子。

We ***approached*** him with the idea.

我們向他提出這觀念。

a new ***approach*** to the study of English

學習英文的新方法

argue〔'argjʊ〕
vi. 辯論
vt. 主張；證明

The counsel ***argued*** the case.

辯護律師辯護這案件。

His clothes ***argue*** poverty.

他的衣服證明了他的貧窮。

army〔'armɪ〕
n. 軍隊；大群

to enter the ***army***

入伍

an ***army*** of ants

一群螞蟻

arouse〔ə'raʊz〕
vt. 喚醒；引起
vi. 醒來；振作

The noise ***aroused*** him from his sleep.

噪音把他由睡夢中喚醒。

The book ***aroused*** a great sensation. 圓 *inflame*

這本書引起轟動。

artistic〔ar'tɪstɪk〕
adj. 藝術的；美術的

He had wide-ranging ***artistic*** interests.

他有廣泛的藝術興趣。

ascertain〔,æsə'ten〕
vt. 探知；確定

It's difficult to ***ascertain*** what really happened.

事情真相甚難探出。

ashamed〔ə'ʃemd〕
adj. 羞恥的；恥於

She is ***ashamed*** of her old dress. 圓 *proud*

她因為穿舊衣服而感覺丟臉。

assign〔ə'saɪn〕
vt. 分派；指定
n. 讓受人

These rooms have been ***assigned*** to them.

這些房間已分配給他們。

to ***assign*** a contract

讓渡契約

astronomy *n*. 天文學
〔ə'stranəmɪ〕

Astronomy is the science of the sun, moon, stars and planets.

天文學是研究太陽、月亮、星星和行星的科學。

atmosphere *n.* 大氣　The rocket entered the　火箭進入地球的大氣層。
〔'ætməs,fɪr〕　earth's **atmosphere**.

attain〔ə'ten〕　He **attains** the purpose.　他達到了目的。
v. 達到；成就　回 *reach* ; *arrive*

auditory〔'ɔdə,torɪ〕 the **auditory** nerve　聽覺神經
adj. 聽覺的 *n.* 聽眾 反 *visual*

authority〔ə'θɔrətɪ〕 He has absolute　他有絕對的權威。
n. 權力；當局　**authority**.

autograph *n.* 親筆　an **autograph** letter　一封親筆信
〔'ɔtə,græf〕　回 *sign* ; *endorse*

automobile*adj.* 自動的 an **automobile** torpedo　自動魚雷
〔,ɔtə'mobɪl〕*n.*汽車

avenue〔'ævə,nju〕　The best **avenue** to　成功最好的方法是努力
n. 大街；方法　success is hard work.　工作。

bachelor〔'bætʃələ〕 He is still a **bachelor**.　他還是一個單身漢。
n. 未婚男子　反 *spinster*

bare〔bɛr〕　The hill is **bare** of trees.這山沒有樹木。
adj. 赤裸的；空的　He **bared** his sword.　他拔出了劍。
vt. 使赤裸　回 *naked* ; *open*

barely〔'bɛrly〕　She is **barely** sixteen.　她僅十六歲。
adv. 僅；貧乏地　The room was furnished　這房間陳設雖不多但也
　barely but neatly.　整潔。

bargain〔'bargɪn〕　Those goods are offered　那些貨物是廉價出售的。
n. 廉價出售的東西；at a **bargain**.
　交易　I made a satisfactory　我和他作了一次滿意的
　bargain with him.　交易。

barrel〔'bærəl〕　They sent me a **barrel**　他們送我一大桶啤酒。
n. 一桶之量　of beer.

basin〔'besn̩〕
n. 盆；盤或盆之容量

Wash your hands in the *basin*.

在盆內洗你的手。

We need another *basin* of water.

我們須要另一盆水。

bean〔bin〕
n. 豆
vt. 擊打～的頭

Bean is rich in protein.

豆富含蛋白質。

He has *beaned* as many as four batters in one game.

在一場比賽中，他投球打中四個打擊手的頭。

behalf〔bɪ'hæf〕
n. 利益；方面

He worked for weeks in *behalf* of the Community Chest. 同 *interest*

他為社會慈善基金工作幾個禮拜。

benefit〔'bɛnəfɪt〕
n. 利益
vt. 有益於

This is for your *benefit*.

這是為你的利益。

Exports *benefit* a nation. 同 *advantage*

出口對國家有益。

betray〔bɪ'tre〕
vt. 洩露；出賣

He *betrayed* his country.

他出賣他的國家。

He *betrayed* his friend's secret. 同 *deceive*

他洩露他朋友的秘密。

biography〔baɪ'ɑgrəfɪ〕
n. 傳記

I have just read the *biography* of Milton.

我剛才讀完了彌兒敦的傳記。

bitter〔'bɪtɚ〕
adj. 苦的；難受

Good medicines taste *bitter*. 同 *unpleasant*

良藥苦口。

blade〔bled〕
n. 刀鋒；刀口

a pocket-knife with two *blades*

雙刃小刀

bless〔blɛs〕
vt. 祝福；感謝

We *bless* him for his kindness. 同 *praise*

我們感謝他的仁慈。

bomb〔bɑm〕
n. 炸彈
v. 轟炸

The big building was completely demolished by the enemy's *bombs*.

這座大廈完全為敵人的炸彈所炸毀。

booklet〔ˊbʊklɪt〕 *n.* 小冊子 — A *booklet* is a thin book and usually in paper covers. — 小冊子是薄的書，且通常是紙面。

bore〔bor〕 *v.* 穿孔；厭煩 — I was never *bored* with his stories. — 我對他的故事永不感到厭煩。

boss〔bɔs〕 *n.* 老板；領袖 — He is the *boss* of the Republican Party. — 他是共和黨的領袖。

bottle〔ˊbɑtḷ〕 *n.* 瓶 *v.* 裝入瓶中 — The *bottle* leaks badly. — 這瓶漏得很厲害。

brief〔brif〕 *n.* 摘要 *adj.* 簡短的 — He gave a *brief* talk to the students. 同 *short* — 他對學生作了簡短的談話。

calculation *n.* 計算 〔͵kælkjəˊleʃən〕 — He made a mistake in his *calculation*. — 他的計算中有個錯誤。

cancel〔ˊkænsḷ〕 *v.* 取消；刪去 — He *canceled* his order. 同 *erase* — 他取消訂貨。

canyon〔ˊkænjən〕 *n.* 峽谷 — the Grand *Canyon* — 美國的大峽谷

captain〔ˊkæptɪn〕 *n.* 船長，隊長 *vt.* 統率 — The boy is the *captain* of the team. — 那男孩是該隊隊長。

聯考試題演練

1. If you don't_____your way of living, you will never succeed in life. (72日大, 97、98指考)
   (A) chatter (B) alter (C) waver (D) totter

2. Is there no_____to what you propose? (73日大, 99、100學測, 98、100指考)
   (A) captive (B) operative (C) alternative (D) relative

3. The money is_____for the expenses. (68夜大)
   (A) ample (B) purple (C) simple (D) staple

4. That's an_____story. (71夜大, 90學測, 91指考)
   (A) amiable (B) amble (C) amicable (D) amusing

5. The child was badly hurt and was in_____all evening. (95學測, 100指考)
   (A) analogy (B) anguish (C) antipathy (D) ancient

6. James is always_____with arithmetic. (80、86日大, 76夜大, 82台大夜, 90學測)
   (A) annoyed (B) enjoyed (C) destroyed (D) employed

7. The old principal's address_____strongly to the audience. (69、86、88、90日大, 77夜大, 92、99～101學測, 99、101指考)
   (A) concealed (B) appealed (C) stealed (D) dealed

8. We_____him for his courage. (73、89日大, 90學測)
   (A) appoint (B) appraise (C) approve (D) applaud

9. The graduate_____for the computer job. (95、100、105學測, 95、97、104指考)
   (A) applauded (B) approached (C) applied (D) approved

10. The time_____for the meeting was 8:00. (87、89日大, 95學測, 91、95、104指考)
    (A) approved (B) applied (C) appointed (D) approached

11. The summer vacation is_____. (66、79、89日大, 92、98、99、102～104學測, 91、95、99指考)
    (A) approving (B) approaching (C) apprehending (D) appointing

12. I_____with my parents about the matter. (88日大, 92、95、104學測,

(A) armed   (B) armored   (C) argued   (D) arised   92、93指考)

13. Caesar's＿＿＿＿is said to have been very strong. (90、102學測, 102、

(A) army   (B) armada   (C) element   (D) armory   104指考)

14. Their terrible sufferings＿＿＿＿our pity.   (66、86日大, 101、103學測,

(A) rised   (B) arised   (C) rosed   (D) aroused   94指考)

15. He had wide-ranging＿＿＿＿interests. (68、87日大, 93、105學測, 93、95指考)

(A) athletic   (B) aesthetic   (C) plastic   (D) artistic

16. It is difficult to＿＿＿＿what really happened.   (70日大)

(A) sustain   (B) ascertain   (C) abstain   (D) maintain

17. You ought to be＿＿＿＿of yourself for behaving so rudely. (100、

(A) ashamed   (B) resumed   (C) consumed   (D) blamed   104學測)

18. I will have to＿＿＿＿you to a new department. (71夜大, 95、102學測,

(A) deign   (B) design   (C) assign   (D) resign   93、95指考)

19. ＿＿＿＿is the science of the stars, planets, and all other heavenly bodies.   (68日大)

(A) Astronomy   (B) Anatomy   (C) Autonomy   (D) Academy

20. There is an＿＿＿＿of peace and calm in the country quite different from the＿＿＿＿of a big city.   (80、82日大, 80、83夜大, 95、101、

(A) sphere   (B) atmosphere   103學測, 101、104、105指考)

(C) hemisphere   (D) atmospheric

21. He who wishes to＿＿＿＿success must accomplish something every day.   (85、87、89日大, 68夜大, 95指考)

(A) contain   (B) abstain   (C) detain   (D) attain

22. He doesn't have＿＿＿＿over his children. (94、105學測, 92、93、95、98、

(A) authority   (B) rapidity   (C) maturity   (D) reality   100、103指考)

23. The＿＿＿＿industry has developed remarkably in postwar Japan.   (68日大, 81夜大)

(A) sterile   (B) automobile   (C) gracile   (D) fertile

24. The best _____ to success is hard work.　　(73日大, 91、93、95指考)

(A) aversion　　(B) avenue　　(C) average　　(D) aviation

25. _____ is an unmarried person.　　(68夜大, 95、100指考)

(A) Bachelor　　(B) Report　　(C) Conguered　　(D) Building

26. He fought with _____ hands, without boxing gloves. (67、82、84日大,

(A) dark　　(B) dear　　(C) barren　　(D) bare　　99、103學測)

27. His daughter was _____ out of her teens. (84、89日大, 104學測, 105指考,

(A) shortly　　(B) directly　　(C) barely　　(D) violently　　93指考補)

28. I made a satisfactory _____ with him.　　(68、76日大, 95學測, 93指考)

(A) bargain　　(B) fountain　　(C) curtain　　(D) brain

29. They sent me a _____ of beer.　　(68夜大)

(A) barrel　　(B) barrow　　(C) barrier　　(D) barrack

30. Wash your hands in the _____.　　(75、87日大, 95指考)

(A) basin　　(B) base　　(C) basis　　(D) bass

31. _____ are rich in protein.　　(75日大, 99指考)

(A) Beam　　(B) Beans　　(C) Bead　　(D) Beach

32. I have done it on _____ of my friend. (89日大, 68夜大, 93學測, 91、95、

(A) behavior　　(B) beggar　　(C) behalf　　(D) belt　　101指考)

33. Merchants derived great _____ from the business.

(A) benefaction　　(B) benediction　　(85、87、89、90日大, 80夜大, 90、92、

(C) benefit　　(D) benefactor　　96、98、100、103、104學測, 105指考)

34. Would you _____ your wife？　　(70日大, 98指考)

(A) bestar　　(B) beheld　　(C) betroth　　(D) betray

35. I have just read the _____ of Milton. (73夜大, 95學測, 91、95指考)

(A) biography　　(B) lithography

(C) geography　　(D) stenography

36. He had a _____ experience failing the entrance examination.

(A) outer　　(B) latter　　(66夜大, 94、98學測, 95指考)

(C) later   (D) bitter

37. The priest＿＿＿＿them at the end of the Mass. (75、89、90日大,
    (A) blended   (B) blessed   (C) bleeded   (D) blinked 95指考)

38. The first atomic＿＿＿＿was dropped on Hiroshima in 1945.
    (A) tomb   (B) lamb   (C) comb   (D) bomb (95學測, 92指考)

39. This machine can＿＿＿＿through solid rock. (66、81夜大, 92~95指考)
    (A) borrow   (B) born   (C) bore   (D) abort

40. He was fired by his＿＿＿＿.   (74、83、84日大, 96、98、99學測)
    (A) loss   (B) cross
    (C) boss   (D) moss

41. This＿＿＿＿leaks badly.   (85日大, 99、102學測, 95指考)
    (A) butter   (B) bottle   (C) cattle   (D) battle

42. The car made a＿＿＿＿stop at the railway crossing. (82、88日大,
    (A) brief   (B) brazen   (C) brave   (D) broad 81夜大,102指考)

43. He made a mistake in his＿＿＿＿. (73夜大, 102、103學測, 92指考)
    (A) coronation   (B) calculations
    (C) civilization   (D) conversation

44. He＿＿＿＿his order. (73、80、86日大, 79夜大, 92、100、104學測)
    (A) quarreled (B) compelled (C) repelled (D) canceled

45. The＿＿＿＿refused to leave the bridge of his ship while the
    danger lasted.   (71日大, 83夜大, 92、101指考)
    (A) captain   (B) capital   (C) capacity   (D) capability

【解答】

1.(B)	2.(C)	3.(A)	4.(D)	5.(B)	6.(A)	7.(B)	8.(D)	9.(C)	10.(C)
11.(B)	12.(C)	13.(A)	14.(D)	15.(D)	16.(B)	17.(A)	18.(C)	19.(A)	20.(B)
21.(D)	22.(A)	23.(B)	24.(B)	25.(A)	26.(D)	27.(C)	28.(A)	29.(A)	30.(A)
31.(B)	32.(C)	33.(C)	34.(D)	35.(A)	36.(D)	37.(B)	38.(D)	39.(C)	40.(C)
41.(B)	42.(A)	43.(B)	44.(D)	45.(A)					

頻率表 701 ～ 750

請您將認識的單字，
在A欄中作記號。

A B

☐☐ capture
☐☐ cash
☐☐ castle
☐☐ casual
☐☐ cathedral
☐☐ cavity
☐☐ cease
☐☐ cell
☐☐ certificate
☐☐ certify
☐☐ chamber
☐☐ character
☐☐ charming
☐☐ charity
☐☐ chicken
☐☐ childhood
☐☐ choke
☐☐ circulate
☐☐ civilized
☐☐ classify
☐☐ clutch
☐☐ color
☐☐ column
☐☐ comment
☐☐ commit

A B

☐☐ committee
☐☐ comparable
☐☐ comparative
☐☐ compare
☐☐ compass
☐☐ compassion
☐☐ compensate
☐☐ competent
☐☐ competition
☐☐ composure
☐☐ compress
☐☐ compromise
☐☐ compute
☐☐ conceal
☐☐ conceive
☐☐ confident
☐☐ confirm
☐☐ conjecture
☐☐ conscience
☐☐ consequence
☐☐ conservative
☐☐ considerable
☐☐ construct
☐☐ consume
☐☐ contain

≪ 頻率順序 701 ～ 750 ≫

capture〔'kæptʃɚ〕 The chief was **captured**. 首領已被擄。
　v. 捕捉　　　　　 反 *release*
　n. 被擄的人　　　 同 *apprehend* ; *seize*

cash〔kæʃ〕　　 I have no **cash** on me. 我身上沒帶現款。
　n. 現款　v. 兌現　 反 *credit* 同 *currency* ; *money*

castle〔'kæsl〕　 He **castled** up in his 他安居於他的山間別墅。
　n. 城堡　　　　　 mountain retreat.
　vt. 使安全　　　 同 *palace* ; *mansion*

casual〔'kæʒʊəl〕 We dressed in **casual** clo- 我們穿著便服去野餐。
　adj. 偶然的；　　 thes for picnic. 反 *regular*
　不規則的;隨便的　 同 *accidental* ; *chance*

cathedral　　　 A **cathedral** is under the 總教堂是由首席的牧師
　〔kə'θidrəl〕　 charge of a dean. 主持的。
　n. 主教的座堂；大
　或重要的教堂

cavity〔'kævətɪ〕 There is a **cavity** in the 地下有一個洞穴。
　n. 穴；洞　　　　 earth. 同 *hole*

cease〔sis〕　　 My joy shall never **cease**. 我的快樂永無休止。
　v. 停止；終止　　 反 *begin* 同 *stop* ; *end*

cell〔sɛl〕 n. 密室 He was imprisoned in a 他被關在密室裏。
　；動植物之細胞　 **cell**.

certificate n. 證書 The professor conferred a 教授頒證書給他的學生。
　〔sɚ'tɪfəkɪt〕 **certificate** on his student.

certify〔'sɝtə,faɪ〕 I can **certify** to his good 我能證明他的品性優良。
　v. 證明；保證　　 character.
　　　　　　　　　 同 *demonstrate* ; *sure*

chamber〔'tʃembɚ〕 This rifle can **chamber** 這鎗膛可以裝短彈或長
*n.*房間 *vt.*可以放 short or long cartridges. 彈。
入鎗膛 回 *room*; *compartment*

character *n.*品性 He's a man of fine **cha-** 他是一個品性良好的人。
〔'kærəktɚ〕 **racter**.

charity〔'tʃærətɪ〕 He contributes freely to 他對慈善事業慷慨捐助。
*n.*慈善機構;施與 organized **charities**.

charming *adj.*迷人的 She is a **charming** girl. 她是一個迷人的女孩。
〔'tʃɑrmɪŋ〕嬌媚的 回 *enchanting*; *alluring*

chicken〔'tʃɪkən〕 He is feeding **chickens**. 他正在餵雞。
*n.*雞 *adj.*年輕的

childhood *n.*兒童時期 He lost his parents in 他幼時即喪父母。
〔'tʃaɪld,hʊd〕 his **childhood**.

choke〔tʃok〕 The smoke almost **choked** 這烟幾乎把我悶死。
*v.*使窒息;阻塞 me. 回 *suffocate*

circulate *v.*流通 Blood **circulates** in human 血在人體內循環。
〔'sɝkjə,let〕 body. 回 *broadcast*; *publish*

civilized〔'sɪvl,aɪzd〕 Our nation is a **civilized** 我們的國家是一個開化
*adj.*文明的;開化的 nation. 反 *wild* 的國家。

classify〔'klæsə,faɪ〕 Books are usually **clas-** 書籍通常按科目分類。
*vt.*分類;列等 **sified** according to sub-
jects. 回 *group*; *organize*

clutch〔klʌtʃ〕 A drowning man will 急不暇擇。
*v.*抓牢;抓住 **clutch** at a straw.

color〔'kʌlɚ〕 There isn't enough **color** 這張畫色彩不夠。
*n.*顏色;外表 in the picture.

column〔'kɑləm〕 There are two **columns** 這本書上每頁有兩欄。
*n.*圓柱;欄 on each page of this book.
回 *pillar*; *division*

comment *n*. 註解
〔'kɑmɛnt〕
vi. 談論
Everyone ***commented*** on her new hat.
回 *note* ; *remark*
每個人都在談論她的新帽子。

commit〔kə'mɪt〕
vt. 委任；作
The college student ***committed*** suicide. 回 *entrust*
這個大學生自殺了。

committee *n*. 委員會
〔kə'mɪtɪ〕
He is a member of the ***committee*** on Education.
他是教育委員會的委員。

comparable
〔'kɑmpərəbḷ〕
adj. 可比的
A fire is ***comparable*** with the sun; both give light and heat.
火可和太陽相比，兩者皆放光和熱。

comparative
〔kəm'pærətɪv〕
adj. 比較的
We live at ***comparative*** ease.
我們過著比較舒適的生活。

compare〔kəm'pɛr〕
v. 比較；比喻
Life is ***compared*** to a candle.
生命被比喻爲蠟燭。

compass〔'kʌmpəs〕
n. 指南針 *vt*. 環行
Magellan's ship ***compassed*** the earth.
麥哲倫的船繞行了地球。

compassion *n*. 同情
〔kəm'pæʃən〕
I had ***compassion*** on him.
回 *sympathy*
我憐憫他。

compensate *v*. 補償
〔'kɑmpən,set〕
Nothing can ***compensate*** for the loss of one's health. 回 *balance*
沒有東西可以補償一個人健康的損失。

competent *adj*. 能幹的
〔'kɑmpətənt〕
Two ***competent*** witnesses testified. 回 *able*
兩個有資格的證人作證。

competition *n*. 競爭
〔,kɑmpə'tɪʃən〕
比賽
Competition is getting keener in the cotton market.
棉花市場的競爭漸趨激烈。

composure〔kəm'poʒɚ〕
n. 鎮靜
He tries to keep his ***composure***. 回 *calmness*
他試著保持鎮靜。

compress *v*.壓縮
〔kəm'prɛs〕
The air in a tire is *compressed*. 园 *squeeze*
輪胎中的空氣受到壓縮。

compromise *n*.和解
〔'kɑmprə,maɪz〕
He has no spirit of *compromise*. 园*accommodation*
他是個沒有妥協精神的人。

compute〔kəm'pjut〕
v.計算;估計
My mother *computed* the cost of our trip.
母親計算我們的旅費。

conceal〔kən'sil〕
vt.隱藏;
對…保守秘密
He *concealed* himself behind the tree.
反 *reveal*
他藏身樹後。

conceive〔kən'siv〕
v.設想;表明
Such a badly *conceived* scheme is sure to fail.
設想得這麼壞的計畫必定會失敗。

confident〔'kɑnfədənt〕
adj.確信的
We are *confident* of victory. 反 *diffident*
我們確信我們會勝利。

confirm〔kən'fɝm〕
vt.證實;加強
This news *confirms* my resolution. 反 *deny*
這消息加強了我的決心。

conjecture *n*.推測
〔kən'dʒɛktʃə〕
vt.推想
His *conjecture* is not well founded.
园 *suppose*
他的猜測沒有充分的根據。

conscience *n*.良心
〔'kɑnʃəns〕
She behaves as if she has something on her *conscience*.
她的行動像是做了什麼虧心事。

consequence *n*.結果
〔'kɑnsə,kwɛns〕
The *consequence* of his fall is a broken leg.
他跌下的結果是斷了一條腿。

conservative *n*.保守者
〔kən'sɝvətɪv〕
He is a *conservative*.
反 *progressive*
他是一個保守者。

considerable
〔kən'sɪdərəbl̩〕
adj.值得考慮的;
不少的
He has *considerable* troubles.
园 *important*
他有相當大的麻煩。

construct *vt.* 組成 〔kən'strʌkt〕 *n.* 構造而成之物   He wrote a well-***con-structed*** novel. 回 *form*   他寫了一本結構完善的小說。

consume 〔kən'sjum〕 *vt.* 消耗；浪費   He is ***consumed*** with age. 回 *spend*   他因年老而衰弱。

contain 〔kən'ten〕 *vt.* 容納；容忍   This purse ***contains*** much money. 回 *include*   這錢包裏裝了很多錢。

心得筆記欄

聯考試題演練

1. He was _____ trying to escape from the country. (101、103、105學測,
   (A) captive (B) captured (C) captivated (D) capsized 102、104指考)

2. I don't accept checks. I want hard _____. (77、78日大, 98學測, 102、
   (A) cask (B) carve (C) cash (D) carter 103指考)

3. A man's home is his _____. (66日大, 77夜大, 94學測)
   (A) casque (B) castle (C) cast (D) caster

4. There is a _____ in my tooth. (73夜大, 96學測)
   (A) caveat (B) caviar (C) cavern (D) cavity

5. The factory has _____ making bicycles. (73日大, 82台大夜, 100、105學測)
   (A) celebrated (B) censured
   (C) civiled (D) ceased

6. He was imprisoned in a _____. (70、89日大, 96、97學測, 92、97、99、102、
   (A) collar (B) cellarer (C) cell (D) cellarage 103指考)

7. The accounts were _____ correct. (75日大, 94指考, 93指考補)
   (A) ceremonial (B) certified (C) centrifugal (D) central

8. There will be a _____ concert held this weekend. (94、102指考,
   (A) chamberlain (B) chamber 93指考補)
   (C) chamberleon (D) champion

9. She smiled in a _____ way. (70夜大, 90、92學測, 101指考)
   (A) charmed (B) chary (C) chaste (D) charming

10. She left the money to _____. (70夜大, 97學測, 91、96、98指考)
    (A) cherish (B) charts (C) charity (D) chasers

11. The hen has five _____. (81日大, 71夜大, 93學測、指考、指考補)
    (A) chickadees (B) chiefs (C) children (D) chickens

12. I played the piano in my _____. (72、87日大, 103學測, 97、98、100指考)
    (A) childish (B) childhood (C) childlike (D) child

13. He swallowed a plum-stone and was almost _____ .   (69日大)
   (A) chopped   (B) choked   (C) chored   (D) chipped

14. In many buildings hot water _____ through pipes to keep
   rooms warm.   (68日大, 94、95、98指考)
   (A) circumstance   (B) circus
   (C) circulates   (D) circle

15. People who work in libraries spend a lot of time _____
   books.   (94指考)
   (A) classifying   (B) clattering
   (C) carefully   (D) cantering

16. She _____ her daughter to her breast.   (72夜大)
   (A) cluster   (B) clutched   (C) clutter   (D) chatter

17. Facts are often _____ by prejudice. (85日大, 90、100學測, 91~93、97、100、
   (A) colorful   (B) colorable   (C) colored   (D) color   103、104指考)

18. No _____ ! I have nothing to say on this subject.(71、89日大, 98、
   (A) commentary   (B) commerce   102學測, 92、95、96指考)
   (C) commisary   (D) comment

19. He has _____ himself to support his brother's children.
   (A) collected   (B) committed   (82日大, 92、98、103、105學測,
   (C) cared   (D) collated   100、101、105指考)

20. The House goes into _____ tomorrow.   (68、78、86日大, 95、101、105學測,
   (A) committee   (B) commitment   95指考, 93指考補)
   (C) commodity   (D) common

21. His achievements are _____ with the best.   (79、90日大, 67夜大, 99、
   (A) comparative   (B) comparable   100指考, 93指考補)
   (C) compared   (D) compatible

22. _____ your translation with the model translation on the
   blackboard.   (82、84日大, 74、79夜大, 90、92、101學測, 91、94、95指考)
   (A) Compare   (B) Compass   (C) Compel   (D) Compress

23. The old sailor had many adventures within the _____ of
his lifetime.　　　　　　　　　　　　　　(74夜大, 98學測)
    (A) compassion　　　　　(B) comparison
    (C) compass　　　　　　(D) compassionate

24. Our president is filled with _____ for the refugees.　(66日大,
    (A) compassion　　　　　(B) compass　　　　　96學測, 105指考)
    (C) comparison　　　　　(D) compassionate

25. Do employers in your country _____ workers for injuries
    suffered?　　(67、86、89日大, 95、96、105學測, 95、98指考, 93指考補)
    (A) compel　　(B) compete　　(C) complete　　(D) compensate

26. Jane is a _____ teacher.　(75、77、80、89、90日大, 95學測, 91、95指考)
    (A) competent　　　　　(B) competitive
    (C) compensatory　　　　(D) complex

27. He behaves with great _____ .　　　　　　　　(70夜大)
    (A) composer　　(B) compost　　(C) composure　　(D) comprehension

28. In her anger she _____ her lips so tightly that they went
    white.　　　　　　　　　　　　(68、87日大, 93指考)
    (A) comprised　　　　　(B) compromised
    (C) comprehended　　　　(D) compressed

29. We _____ with them on the matter.　(87日大, 70夜大, 94學測, 91、95、
    (A) compressed　　　　　(B) combined　　　　101、105指考)
    (C) compromised　　　　(D) compared

30. Mother _____ the cost of our trip.　(85日大, 75夜大, 94指考)
    (A) compounded　　　　　(B) computed
    (C) composed　　　　　(D) committed

31. He _____ himself behind the trees.　(70夜大, 95學測, 95、98、104指考)
    (A) concealed　　　　　(B) concentrated
    (C) conceded　　　　　(D) concerned

32. I can't _____ where he has gone.　(70日大, 95學測, 103指考)
    (A) concede　　　　　(B) conceive

(C) concentrate   (D) consecrate

33. He feels _____ of passing the examination.   (68、82、87日大, 90、99、
     (A) confidential   (B) confidence   100年學測, 94、101指考)
     (C) confiding   (D) confident

34. I am _____ in my opinions by what you told me. (93、94、96學測, 96、
     (A) confined   (B) conflicted   (C) confirmed   **(D) conformed**   104指考)

35. The rumor raised much _____.   (68日大)
     (A) conjecture   (B) conjugation
     (C) congestion   (D) conjunction

36. She behaves as if she has something on her _____.
     (A) conscious   (B) conscientious   (68日大, 80夜大, 92、
     (C) conscience   (D) conscript   94學測, 91、99指考)

37. The _____ of his fall is a broken leg.   (68、77、88、89日大, 84夜大,
     (A) conservancy   (B) consequence   93、94、98、102、104、105學測,
     (C) consensus   (D) consideration   91~93、95、98、103指考)

38. It is economical to choose suits of a _____ style. (75夜大, 104學測,
     (A) contemporary   (B) consentient   91指考)
     (C) consecutive   (D) conservative

39. The mayor is a _____ citizen.   (72、79、80日大, 104學測, 91指考, 93指考補)
     (A) considerable   (B) consistent
     (C) considerate   (D) conspicuous

40. The engineers are planning to _____ a bridge over the river.
     (A) constitute   (B) constrain   (73、80、87日大, 81夜大, 94、95學測, 91、
     (C) construct   (D) constrict   92、94、102、103、105指考, 93指考補)

41. He had _____ the best years of his life in prison. (96、97、102學測,
     (A) consulted   (B) contained   (C) contacted   **(D) consumed**   95、97指考)

42. Whisky _____ a large percentage of alcohol.
     (A) contains   (B) condensed   (C) consumes   **(D) condemned**
     (80、81、85、87日大, 96~101、105學測, 91、95、104、105指考, 93指考補)

【解答】

1.(B)	2.(C)	3.(B)	4.(D)	5.(D)	6.(C)	7.(B)	8.(B)	9.(D)	10.(C)
11.(D)	12.(B)	13.(B)	14.(C)	15.(A)	16.(B)	17.(C)	18.(D)	19.(B)	20.(A)
21.(B)	22.(A)	23.(C)	24.(A)	25.(D)	26.(A)	27.(C)	28.(D)	29.(C)	30.(B)
31.(A)	32.(B)	33.(D)	34.(C)	35.(A)	36.(C)	37.(B)	38.(D)	39.(A)	40.(C)
41.(D)	42.(A)								

心得筆記欄

頻率表 751 ～ 800

請您將認識的單字，
在 A 欄中作記號。

A B

- [ ] [ ] contemporary
- [ ] [ ] contemptible
- [ ] [ ] contract
- [ ] [ ] contradict
- [ ] [ ] contradictory
- [ ] [ ] convert
- [ ] [ ] cooperate
- [ ] [ ] core
- [ ] [ ] cottage
- [ ] [ ] cough
- [ ] [ ] council
- [ ] [ ] counterfeit
- [ ] [ ] courage
- [ ] [ ] courtesy
- [ ] [ ] credit
- [ ] [ ] creditable
- [ ] [ ] critical
- [ ] [ ] crisis
- [ ] [ ] criticism
- [ ] [ ] crucial
- [ ] [ ] crude
- [ ] [ ] crystal
- [ ] [ ] customer
- [ ] [ ] dam
- [ ] [ ] damp

A B

- [ ] [ ] decay
- [ ] [ ] declare
- [ ] [ ] decrease
- [ ] [ ] dedication
- [ ] [ ] deeply
- [ ] [ ] defeat
- [ ] [ ] defect
- [ ] [ ] deliberate
- [ ] [ ] delicious
- [ ] [ ] deliver
- [ ] [ ] delivery
- [ ] [ ] demonstrate
- [ ] [ ] descendant
- [ ] [ ] descent
- [ ] [ ] describe
- [ ] [ ] desirable
- [ ] [ ] desolate
- [ ] [ ] destination
- [ ] [ ] destine
- [ ] [ ] destiny
- [ ] [ ] detain
- [ ] [ ] deter
- [ ] [ ] device
- [ ] [ ] devour
- [ ] [ ] diagnosis

━━━━━━━━━━━━━━━━ ≪頻率順序 751 ～ 800 ≫ ━━━━━━━━━━━━━━

contemporary
〔kən'tɛmpəˌrɛrɪ〕
adj. 同時代的
We all tend to seek the society of our *contemporaries*.
我們都傾向於和年齡相仿的人結交。

contemptible
〔kən'tɛmptəbḷ〕
adj. 可輕視的
He is *contemptible* for his meanness. 同 *mean*
他的行為卑劣可鄙。

contract *vt.* 收縮；
締結〔kən'trækt〕
I *contract* friendship with a person. 同 *reduce*
我與人結交。

contradict *v.* 否認；
抵觸〔ˌkɑntrə'dɪkt〕
He *contradicted* himself. 同 *dispute*
他自相矛盾。

contradictory
〔ˌkɑntrə'dɪktərɪ〕
adj. 矛盾的;相反的
His scheme is *contradictory* to common sense.
他的計畫不合常識。

convert〔kən'vɝt〕
vt. 轉變;〔'kɑnvɝt〕
n. 改變信仰
They *converted* an old house into a new one. 同 *change*
他們將舊屋改變為新屋。

cooperate *vi.* 合作
〔ko'ɑpəˌret〕
They *cooperate* in perfect harmony. 同 *assist*
他們合作無間。

core〔kor〕
n. 果心；中心
He is English to the *core*.
他是個道道地地的英國人。

cottage〔'kɑtɪdʒ〕
n. 小屋
He is now living in a *cottage*.
他現在住在小屋中。

cough〔kɔf〕
vi. 咳嗽
He *coughs* badly.
他咳嗽得很厲害。

council〔'kaʊnsḷ〕
n. 會議
The city *council* is a meeting place. 同 *conference*
市議會是集會的場所。

counterfeit v. 偽造 The ten-dollar note is a 這張十元鈔票是假的。
〔'kaʊntəfɪt〕 *counterfeit*.
adj. 贗造的 n. 贗品回 *fake*

courage〔'kɝɪdʒ〕 You should call up *cour-* 你應振作精神。
n. 勇氣 *age*. 回 *bravery*

courtesy〔'kɝtəsɪ〕 They showed us great 他們對我們甚有禮貌。
n. 禮貌 *courtesy*.

credit〔'krɛdɪt〕 His *credit* is good. 他的信用好。
n. 信用 回 *honor*

creditable adj. 可歸功 Victory was directly *cre-* 勝利可直接歸功於他的
〔'krɛdɪtəbl̩〕 *ditable* to his efforts. 努力。

critical〔'krɪtɪkl̩〕 She looks on everything 她以吹毛求疵的眼光看
adj. 吹毛求疵的 with a *critical* eye. 每一樣事物。

crisis〔'kraɪsɪs〕 He was very calm during 他在危急之際甚為鎮靜。
n. 危機 the *crisis*. 回 *emergency*

criticism n. 吹毛求疵 He hates *criticism*. 他討厭吹毛求疵。
〔'krɪtə,sɪzəm〕

crucial〔'kruʃəl〕 at the *crucial* moment 在重要關頭
adj. 嚴重的 回 *critical*

crude〔krud〕 *crude* manner 粗魯的舉止
adj. 粗的；原始的 回 *rough*

crystal〔'krɪstl̩〕 The dining-table shone 餐桌上擺設銀器和玻璃
n. 水晶；精製玻璃 with silver and *crystal*. 器。

customer n. 顧客 Tom has lost some of 湯姆已喪失一部份最好
〔'kʌstəmɚ〕 his best *customers*. 的顧客。

dam〔dæm〕 There are several *dams* 橫過尼羅河的水壩有好
n. 水壩 across the Nile. 幾個。

damp〔dæmp〕 n. 濕度 I don't like *damp* wea- 我不喜歡潮濕的天氣
adj. 潮濕的 vt. 使潮濕 ther.

decay〔dɪ'ke〕
vi.衰弱;腐敗 | Our powers *decay* in old age. 回 *spoil* | 我們的精力在年老時衰退。

declare〔dɪ'klɛr〕
vt.公告;斷言 | The prisoner *declared* that he was innocent. | 犯人聲言他是無罪的。

decrease〔dɪ'kris〕
v.減少 *n*.減少 | Our hunger *decreases* as we eat. | 我們的饑餓隨吃而減少。

dedication *n*.供奉
〔,dɛdə'keʃən〕 | the *dedication* of a church | 教堂之祝聖禮

deeply〔'diplɪ〕
adv.在深處;深刻地 | He is *deeply* interested in the subject. | 他對此門學科有濃厚的興趣。

defeat〔dɪ'fit〕
vt.擊敗 *n*.失敗 | We *defeated* the enemy in the battle. | 我們在那次戰爭中把敵人打敗了。

defect〔dɪ'fɛkt〕
n.缺點 *vi*.叛變 | He has some *defect* in eyesight. 回 *weakness* | 他視力不佳。

deliberate *adj*.有意的
〔dɪ'lɪbərɪt〕
〔dɪ'lɪbə,ret〕 回 *easy*
v.考慮 | He told us a *deliberate* lie. | 他存心對我們說謊。

delicious〔dɪ'lɪʃəs〕
adj.美味的 | Doesn't it smell *delicious*! 回 *tasty* | 好香的味道!

deliver〔dɪ'lɪvɚ〕
vt.遞送 | Did you *deliver* my message to your father? | 你已將我的信交給你父親了嗎?

delivery〔dɪ'lɪvərɪ〕
n.遞送 | Your letter came by the second *delivery*. | 你的信是於第二次送信時到的。

demonstrate *vt*.證明
〔'dɛmən,stret〕 | How can you *demonstrate* that the world is round? | 你如何證明地球是圓的?

descendant *n*.後裔
〔dɪ'sɛndənt〕 | They are the *descendants* of Confucius. | 他們是孔子的後裔。

descent〔dɪ'sɛnt〕 The balloon made a slow 氣球慢慢降落。
　　n.降下　　　　***descent*.** 園 *ascent*

describe〔dɪ'skraɪb〕He was ***described*** as being 他被形容為非常聰明。
　　vt.敍述　　　　very clever. 園 *define*

desirable〔dɪ'zaɪrəbl〕This ***desirable*** property is 這優良房地產要出售或
　　adj.優良的　　　to be sold or let.　　出租。

desolate〔'dɛslɪt〕 This island was ***desolate***. 此島幾無人烟。
　　adj.荒涼的　　　園 *empty*

destination n.目的地 The ***destination*** of his 他打算將來讀法律。
　　〔,dɛstə'neʃən〕 study is the law. 園 *goal*

destine〔'dɛstɪn〕 They were ***destined*** never 命運注定他們永不再相
　　vt.預定；命運注定 to meet again.　　逢。

destiny〔'dɛstənɪ〕 It was his ***destiny*** to die 他命定客死異國。
　　n.命運　　　　 in a foreign country.

detain〔dɪ'ten〕 This question need not de- 我們無需在這問題上多
　　vt.使延遲　　　***tain*** us. 園 *delay*　耽擱。

deter〔dɪ'tɝ〕 The large dog ***deterred*** 這條大狗阻止了侵入者。
　　vt.妨礙　　　　trespassers. 園 *hinder*

device〔dɪ'vaɪs〕 This is an ingenious ***device***.這是一個精巧的發明物。
　　n.發明的東西　　園 *instrument*

devour〔dɪ'vaʊr〕 The hungry boy ***devoured*** 那飢餓的孩子狼吞虎嚥
　　vt.吃；吞噬　　 his dinner.　　　地吃晚飯。

diagnosis n.診斷 A doctor can't treat an 醫生未作診斷之前，無
　　〔,daɪəg'nosɪs〕 illness until he has made 法治病。
　　　　　　　　 a ***diagnosis***.

聯考試題演練

1. Lincoln and General Lee were _____. (70日大, 92、93、97、98指考, 93指考補)
   (A) contemporary   (B) contemporaries
   (C) cosmonauts   (D) companions

2. Cowards and cheats are _____. (72日大, 92指考)
   (A) contemplative   (B) contaminative
   (C) contradictive   (D) contemptible

3. Metals _____ on cooling. (69、87日大, 92、95、98、100學測, 95、100、105指考)
   (A) contract   (B) contradict   (C) continue   (D) contest

4. His way of life _____ his stated principles. (95學測, 95、100指考)
   (A) contrary   (B) contradicts   (C) controls   (D) contributes

5. Reports of the result of the battle were so _____ we did
   not know which side had won. (72、87日大, 99指考)
   (A) continuous   (B) contradiction
   (C) contradictory   (D) convertible

6. They _____ the study into a nursery when the baby was
   born. (67日大, 95、96、99、102、103指考, 93指考補)
   (A) converted   (B) convicted   (C) conveyed   (D) conversed

7. They _____ toward the common end. (88日大, 98、99學測, 91、93、101指考, 93指考補)
   (A) convince   (B) cooperate   (C) copy   (D) cook

8. He is rotten to the _____. (68夜大, 101指考)
   (A) copy   (B) core   (C) cork   (D) cord

9. I live in a garden _____. (70夜大)
   (A) council   (B) baggage   (C) cotton   (D) cottage

10. He _____ up a fish bone. (66、88日大)
    (A) coughs   (B) counts   (C) courts   (D) courses

11. They called together a _____ of the town's industrial leaders.
    (A) counsel   (B) counselor   (69夜大, 101學測)

(C) council (D) councilor

12. The old miser's widow_____a grief she did not feel. (72夜大)
(A) counteracted (B) counterchecked
(C) counterfeited (D) counterchanged

13. Although blinded by the explosion, he faced the future with
_____. (68日大, 94學測, 95、104指考)
(A) course (B) bondage (C) carriage (D) courage

14. He did me the_____of answering the question. (71夜大, 96指考)
(A) courtesy (B) courteous (C) infancy (D) policy.

15. No_____is given at this shop; payment must be in cash.
(A) credibility (B) credible (73、79、88日大, 93學測, 98、103指考)
(C) credit (D) credibly

16. Alice's record of perfect attendance is very_____to her.
(A) credit (B) creditable (72夜大)
(C) credibly (D) creditably

17. He is so_____that no one can get along with him. (92、94、95、99、
(A) criticize (B) crisis (C) critical (D) critic 100指考)

18. His fever dropped and the doctor announced that the_____
was over. (87、89日大, 68夜大, 105學測, 95、104指考)
(A) cripple (B) critic (C) criteria (D) crisis

19. He was pleased to read the favorable_____of his new book.
(A) criticism (B) critic (C) criticize (D) critical(96學測,94指考)

20. We passed the_____test. (67夜大, 92、102學測, 94、104、105指考)
(A) cruel (B) beneficial (C) crucial (D) cultural

21. Sugar in a natural state we call_____sugar. (84日大, 68夜大)
(A) crudely (B) crude (C) cruelly (D) cruel

22. The stream had been_____over with ice. (66夜大, 95指考)
(A) crystalized (B) creamed (C) crushed (D) cropped

23. They secure _____ by advertising. (99、102學測, 91、93、95、97、99、100、102～
    (A) customs   (B) customers   (C) cutters   (D) curtains.   105指考)

24. We have just completed a new big _____.   (75日大, 95學測, 95指考)
    (A) damage   (B) damn   (C) dame   (D) dam

25. If you put on _____ clothes, you will probably catch cold.
    (A) damned   (B) dangerous   (72日大, 79夜大, 95學測)
    (C) damp   (D) dampen

26. Her teeth _____ because they were not taken care of. (72、87日大,
    (A) diseased   (B) deceived   (C) declined   (D) decayed   95學測)

27. The boys _____ themselves against cheating. (66夜大, 93、95、104學測)
    (A) decade   (B) declined   (C) decorated   (D) declared

28. The workmen want to _____ the number of working hours.
    (A) decrease   (B) decree   (C) decorate   (D) deceive (103學測、指考)

29. It's the _____ of land for public use by Mr. Smith.   (75夜大)
    (A) decoration   (B) deception   (C) dedication   (D) decoration

30. She felt her mother's death _____.   (87日大, 73夜大, 93學測, 91、95、
    (A) deliberate   (B) deliberately   101指考)
    (C) deep   (D) deeply

31. The army _____ their enemy again.   (88日大, 90、92、96學測, 94、98、101、
    (A) defaced   (B) defeated   (C) deferred   (D) defended   105指考)

32. He possesses many _____ of character.   (70夜大, 102、104指考)
    (A) defenses   (B) defaults   (C) deferences   (D) defects

33. He is very _____ in his action.   (67、82日大, 95指考)
    (A) deliberate   (B) delicately   (C) deliberative (D) delete

34. Doesn't it smell _____!   (79、81日大, 68、79夜大, 95學測, 93指考補)
    (A) precious   (B) envious   (C) delicious   (D) laborious

35. The postman _____ a wrong letter. (86日大, 93、105學測, 95、97、101、102、
    (A) conversed   (B) obverted   (C) delivered   (D) diverted   104指考)

36. There is no_____of letters on Sundays.　(72、80日大, 98學測, 95、
　(A) bravery　　　(B) delivery　　(C) slavery　　(D) bribery　　102指考)

37. How would you_____that the world is round？　(88日大, 75夜大,
　(A) demonstrate　　　(B) demolish　　82台大夜, 90、94、105學測,
　(C) demoralize　　　(D) demobilize　　91、94、104、105指考)

38. He has left_____living to this day.　(71日大, 105指考)
　(A) dosolation　　　(B) desertion
　(C) deskman　　　(D) descendant

39. The balloon made a slow_____.　(73日大, 95指考)
　(A) despair　　(B) descent　　(C) desert　　(D) design

40. I could not_____the horrible scene.(81、84、85、88日大, 73夜大, 92、93、95、
　(A) describe　　　(B) description　98、104、105學測, 91、94、96~99指考)
　(C) describable　　　(D) descriptive

41. For this job, it is_____to know something about medicine.
　(A) desirable　　　(B) deskbound　(68日大, 90、92、100學測, 93指考)
　(C) desperate　　　(D) deserted

42. The island was_____.　(71夜大)
　(A) destruct　　(B) despise　　(C) desolate　　(D) despiteful

43. The plane departed for its next_____on time.　(75夜大, 94、98、
　(A) desolation　　　(B) desertion　103學測, 94、104指考)
　(C) destination　　　(D) desecration

44. The traveler was_____for Paris.　(87日大, 66夜大, 94學測, 94、97指考)
　(A) destroyed　　(B) destined　　(C) despondent　　(D) desired

45. _____ sometimes plays strange tricks on poor human beings.
　(A)Dignity　　　(B)Dessert　　(66夜大, 92、95指考)
　(C)Despite　　　(D)Destiny

46. He got home two hours late and said he had been_____in
　the office by business.　(75夜大)
　(A) obtained　　(B) detained　　(C) detached　　(D) detected

47. The dog_____trespassers.　　　　　(67夜大, 92指考)

   (A) deterred　　(B) pilfered　　(C) petered　　(D) showered

48. Planes have a lot of_____.　　(90日大, 92、97、102、104學測, 91～93、97、

   (A) devices　　(B) development (C) devils　　(D) devoirs　104、105指考)

49. The lion_____the sheep.　　　　　(75夜大, 95學測)

   (A) devoted　　(B) devoured　　(C) devised　　(D) deviated

50. A doctor cannot treat an illness until he has made a_____.

   (A) diagram　　　　(B) diagraph　　(87日大, 72夜大, 104學測, 97指考)

   (C) diagnosis　　　(D) diagonal

【解答】

1.(B)	2.(D)	3.(A)	4.(B)	5.(C)	6.(A)	7.(B)	8.(B)	9.(D)	10.(A)
11.(C)	12.(C)	13.(D)	14.(A)	15.(C)	16.(B)	17.(C)	18.(D)	19.(A)	20.(C)
21.(B)	22.(A)	23.(B)	24.(D)	25.(C)	26.(D)	27.(D)	28.(A)	29.(C)	30.(D)
31.(B)	32.(D)	33.(A)	34.(C)	35.(C)	36.(B)	37.(A)	38.(D)	39.(B)	40.(A)
41.(A)	42.(C)	43.(C)	44.(B)	45.(D)	46.(B)	47.(A)	48.(A)	49.(B)	50.(C)

頻率表 **801 ~ 850**

請您將認識的單字，
在A欄中作記號。

A B

☐☐ diagram
☐☐ dialogue
☐☐ dictate
☐☐ dilemma
☐☐ diligent
☐☐ diploma
☐☐ direct
☐☐ direction
☐☐ disapprove
☐☐ disciple
☐☐ discuss
☐☐ disgrace
☐☐ dispatch
☐☐ display
☐☐ dispose
☐☐ dissuade
☐☐ district
☐☐ ditch
☐☐ domestic
☐☐ donkey
☐☐ donate
☐☐ draft
☐☐ drain
☐☐ draught
☐☐ drawback

A B

☐☐ drift
☐☐ droop
☐☐ drought
☐☐ dump
☐☐ dusk
☐☐ eager
☐☐ earnest
☐☐ economical
☐☐ educate
☐☐ elementary
☐☐ emerge
☐☐ employ
☐☐ enclose
☐☐ enterprise
☐☐ entertain
☐☐ entrust
☐☐ err
☐☐ erupt
☐☐ esteem
☐☐ estimate
☐☐ eternal
☐☐ evacuate
☐☐ evolve
☐☐ exceed
☐☐ excel

≪頻率順序 801 ～ 850 ≫

diagram *n.* 圖樣
〔'daɪə,græm〕
He drew a ***diagram*** of a gear-box. 同 *draw*
他畫齒輪箱的圖解。

dialogue *n.* 對話
〔'daɪə,lɔg〕
Plays are written in ***dialogue***. 同 *conversation*
劇本是用對白寫的。

dictate〔dɪk'tet〕
v. 口授；命令
Businessmen often ***dictate*** their letters. 同 *order*
商人們常口授信稿令人筆錄。

dilemma *n.* 左右爲難
〔də'lɛmə〕
be on the horns of a ***dilemma***
進退兩難

diligent *adj.* 勤勉的
〔'dɪlədʒənt〕
He is the most ***diligent*** student in our class.
他是我們班上最用功的學生。

diploma *n.* 文憑
〔dɪ'plomə〕
a ***diploma*** in architecture
建築科系畢業證書

direct〔də'rɛkt〕
vt. 指導
Can you ***direct*** me to the post office? 同 *conduct*
你能指示我去郵局的路嗎？

direction *n.* 指導
〔də'rɛkʃən〕
He did the work under my ***direction***.
他在我的指導下做事。

disapprove *v.* 不贊成
〔,dɪsə'pruv〕
Does he ***disapprove*** of lipstick? 反 *admit* ; *approve*
他反對口紅嗎？

disciple *n.* 門徒
〔dɪ'saɪpl〕
a ***disciple*** of Kant
同 *believer*
康德的門徒

discuss *vt.* 討論
〔dɪ'skʌs〕
I ***discussed*** the problem with my friends.
我跟朋友們討論這個問題。

disgrace *n.* 不名譽
〔dɪs'gres〕
Honest poverty is no ***disgrace***. 同 *dishonor*
誠實的貧窮不足爲恥

dispatch *vt.* 派遣
〔dɪ'spætʃ〕
A cruiser was ***dispatched*** to the island to restore order. 同 *transmit*
巡洋艦奉派到該島恢復秩序。

display 〔dɪ'sple 〕
vt.展示 *n*.展覽
The peacock *displayed* its fine tail feathers. 孔雀展現其美麗的尾部羽毛。

dispose 〔dɪ'spoz〕
vt.處理;安排
God *disposes* all things according to His will. 上帝隨其意旨安排萬物。

dissuade 〔dɪ'swed〕
vt.勸阻
They *dissuade* him from going. 反 *persuade* 他們勸阻他不要走。

district *n*.管區;區域
〔'dɪstrɪkt〕
This is a purely agricultural *district*. 同 *region* 這是純粹的農業區域。

ditch 〔dɪtʃ〕*n*.壕溝
vt.以壕溝圍繞
die in a *ditch* 死於壕溝;窮困潦倒而死

domestic 〔də'mɛstɪk〕
adj.屬於家務的;
屬於本國的
He had many *domestic* troubles.
反 *foreign*;*wild* 他有許多家庭糾紛。

donkey 〔'dɑŋkɪ 〕
n.驢;頑固的人
He is as stubborn as a *donkey*. 同 *ass*;*dolt* 他非常固執。

donate *vt*.贈與
〔'donet 〕
He *donated* a large sum of money to the orphanage. 他捐了一大筆款子給孤兒院。

draft 〔dræft〕
n.氣流;草稿
vt.起草;拉開
You'll catch cold if you sit in a *draft*.
同 *air*;*sketch* 如果你坐在風口上,你會感冒。

drawback *n*.缺點
〔'drɔ,bæk〕
Everything has its *drawback*. 每件東西都有缺點。

drain 〔dren 〕
vt.排水;使耗盡
n.水管;精力
That ditch *drains* water from the swamp.
同 *exhaust* 那條溝排出沼澤中的水。

draught 〔dræft〕
n.氣流;草稿
vt.起草;拉開
Turn the electric fan on and make a *draught*.
同 *draft* 打開電風扇,好讓空氣流通。

drift〔drɪft〕
*n.*沖流;意向
*vt.*漂流
I caught the **drift** of his words. 我懂了他的話的意思。
圓 *tendency*

droop〔drup〕
*vi.*下垂
Her head **drooped** sadly. 她的頭悲哀地低垂。
圓 *dangle*

drought〔draʊt〕
*n.*久旱
There was a long **drought** 久旱不雨。
反 *wet*

dump〔dʌmp〕
*vt.*倒下;傾銷
Where can I **dump** this rubbish?圓 *unload* 垃圾可以倒在什麼地方?

dusk〔dʌsk〕
*n.*黃昏;昏暗
She was invisible in the **dusk** of the room.反*dawn* 她在昏暗的房間裏別人看不到她。

eager〔'igɚ〕
*adj.*渴望的
I am **eager** to do it. 我極想做這件事。
圓 *keen*反 *listless*

earnest〔'ɝnɪst〕
*adj.*熱心的;重要的
Life is real!
Life is **earnest**!反 *idle*
人生是真實的!
人生是重要的!

economical *adj.*節儉的
〔,ikə'nɑmɪkl̩〕
An efficient engine is **economical** of fuel. 效率高的機器節省燃料。

educate *vt.*教育
〔'ɛdʒə,ket〕
He was **educated** in England. 圓 *teach*;*instruct* 他在英國受教育。

elementary
〔,ɛlə'mɛntərɪ〕
*adj.*基本的;初步的
He has only an **elementary** knowledge of grammar.
圓 *primary* 反 *advanced*
他對文法只有一點初步的知識。

emerge〔ɪ'mɝdʒ〕
*vi.*出現
The sun **emerged** from behind the clouds. 太陽自雲後出現。

employ〔ɪm'plɔɪ〕
*vt.*僱用;使忙於
The work will **employ** 50 men. 圓 *engage* 反 *dismiss* 這工作需僱用五十人。

enclose〔ɪn'kloz〕
*vt.*圍繞;隨函附寄
Enclosed please find a money order. 反 *disclose*
茲附上滙票一紙,請查收。

enterprise
〔'ɛntɚˌpraɪz〕
n. 企業；進取心

He is always embarking on new *enterprises*.
囘 *undertaking*

他總在著手新的企業計畫。

entertain
〔ˌɛntɚ'ten〕
vt. 使娛樂；招待

We were all *entertained* by his tricks.
囘 *amuse*

我們對他的把戲都感興趣。

entrust〔ɪn'trʌst〕
vt. 信託

Can I *entrust* you with the task ?囘 *delegate*

我可以把這事交給你辦嗎？

err〔ɝ〕
vi. 做錯

To *err* is human, to forgive divine. 囘 *sin*

犯錯是人之常情，寬恕是超凡的。

erupt〔ɪ'rʌpt〕
vi. 爆發

Geysers and volcanoes *erupt*. 囘 *discharge*

噴泉及火山均能爆發。

esteem〔ə'stim〕
vt. 尊敬；認爲
n. 尊重

No one *esteems* your father more than I do.
囚 *despise; disesteem*

沒有人比我更尊重你父親。

estimate
〔'ɛstəmɪt〕*n.* 估計
〔'ɛstəˌmet〕*v.* 估計

I *estimate* his income at £ 500 。
囘 *measure*

我估計他的收入爲五百鎊。

eternal〔ɪ'tɝnl〕
adj. 永恒的

The Christian religion promises *eternal* life.

基督教許諾永生。

evacuate *vt.* 撤退
〔ɪ'vækjʊˌet〕

The soldiers *evacuated* the fort. 囘*withdraw*

軍隊撤離碉堡。

evolve〔ɪ'vɑlv〕
vt. 發展

He has *evolved* a new plan. 囘 *develop*

他發展出一項新計劃。

exceed〔ɪk'sid〕
v. 超過

Their success *exceeded* all expectation. 囘 *excel*

他們的成功完全出乎預料。

excel〔ɪk'sɛl〕
v. 優於

He *excels* all of us in tennis. 囘 *surpass*

他在打網球方面勝過我們所有的人。

聯考試題演練

1. The _____ with the doctor continued. (75日大, 103學測)
   (A) dialogue (B) diameter (C) diamond (D) diagnose

2. I'll have to _____ an urgent letter to my secretary. (85日大, 70夜大)
   (A) dictate (B) decorate (C) dilate (D) donate

3. Her _____ was whether to go to the party in her old dress or to stay at home. (71日大)
   (A) dilution (B) diligence (C) dilation (D) dilemma

4. _____ is a sure warrant of success. (74日大, 82夜大, 95、101學測)
   (A) Experience (B) Diligence
   (C) Deference (D) Difference

5. You have to undergo several examinations before you get the _____. (70日大, 77夜大, 103學測)
   (A) drama (B) diploma (C) dogma (D) diplomat

6. The general _____ his men to advance slowly. (70、83、87、90日大, 68夜大, 96、99學測, 91、94、101～103指考, 93指考補)
   (A) directed (B) directive
   (C) directional (D) directness

7. He was driving a car in the _____ of London. (100、103、105學測, 101、102指考)
   (A) detection (B) direction (C) defection (D) directness

8. I'm sorry I must _____ of your action. (87日大, 74夜大)
   (A) disappear (B) disappoint (C) disapprove (D) disagree

9. A bronze statue of his was erected by his _____. (71日大, 97學測)
   (A) principles (B) peoples (C) examples (D) disciples

10. We _____ how to solve the problem. (96、99、100、102、104學測, 94、99、103～105指考)
    (A) disallowed (B) distilled (C) discussed (D) disannuled

11. Honest poverty is no _____. (68日大, 96指考)
    (A) necklace (B) palace (C) disgrace (D) trace

12. He _____ his lunch and hurried to the station. (71夜大)
(A) matched　　(B) hatched　　(C) dispatched　(D) latched

13. Various costumes of foreign countries are _____ in the museum. (74、84、88、90日大, 82夜大, 90、99、100、102~105學測, 94、95、103、105指考,
(A) displayed　(B) dispersed　(C) dispatched　(D) disguised　93指考補)

14. The chance of going abroad _____ me to accept the offer.
(A) disposed　　　　(B) dispelled　　(75、84夜大, 92學測)
(C) dispensed　　　　(D) displaced

15. They _____ him from going. (72夜大)
(A) dissented　(B) dissipated　(C) disserved　(D) dissuaded

16. This is a purely agricultural _____. (71夜大, 95指考)
(A) distance　(B) district　(C) distinction　(D) distress

17. We _____ the old policy when it proved ineffective. (75日大)
(A) pitched　(B) ditched　(C) hitched　(D) fetched

18. For its _____ water supply, the Netherlands uses the Rhine.
(A) domestic　　　　(B) democratic　(67、84夜大, 92、101學測,
(C) dogmatic　　　　(D) dramatic　92、93、102指考)

19. He is as stubborn as a _____. (91學測)
(A) monkey　(B) money　(C) donkey　(D) enemy

20. He _____ a large sum of money to that orphanage. (70夜大, 93學測,
(A) donated　(B) donable　(C) donation　(D) donor　102指考)

21. He wrote the first _____ of the story. (73日大, 91指考)
(A) drift　(B) drill　(C) draft　(D) dragon

22. A farmer must _____ his land well for certain crops. (70日大,
(A) drawl　(B) drape　(C) dread　(D) drain　95學測、指考)

23. Everything has its _____. (72夜大, 98學測, 104指考)
(A) drawer　(B) drawback　(C) drawing　(D) drawbar

24. The boat _____ down the river helplessly. (73日大, 104學測)

(A) drooped   (B) driven   (C) drifted   (D) drain

25. Her head _____ sadly.   (72夜大)

(A) drooped   (B) drooled   (C) droned   (D) drole

26. There was a long _____ .   (73、87、89日大, 105學測)

(A) drought   (B) daughter   (C) draught   (D) drawback

27. Where can I _____ this rubbish.   (73夜大, 102學測)

(A) dump   (B) bump   (C) jump   (D) hump

28. She was invisible in the _____ of the room.   (72夜大)

(A) duel   (B) duty   (C) dusk   (D) dummy

29. I'm _____ for you to meet my new friends.   (88日大, 70夜大, 93、

(A) eager   (B) earthy   (C) each   (D) easy   105指考)

30. They say that she is an _____ Christian.   (85、89日大, 70、77夜大, 103~

(A) eastern   (B) easeful   (C) early   (D) earnest   105學測)

31. An efficient engine is _____ with fuel.   (87日大, 70、81夜大, 104學測)

(A) economic   (B) economical   (C) economics   (D) economize

32. My daughter was _____ at an English university.   (100、104學測, 101、

(A) graduated   (B) elevated   (C) educated   (D) habituated   105指考)

33. Your son needs some _____ exercises for the piano.   (99、104學測)

(A) elementary   (B) elevated   (C) elemental   (D) elegant

34. A strange island _____ suddenly in the sea.   (92、99、104學測, 105指考)

(A) employed   (B) emigrated   (C) emerged   (D) emitted   93指考補

35. The big enterprise _____ a great number of workers every
    year.   (70、76夜大, 92學測, 91指考)

(A) destroys   (B) overjoys   (C) annoys   (D) employs

36. I'll _____ your letter with mine.   (84、87日大, 71夜大, 102學測, 100指考)

(A) enlarge   (B) enclose   (C) enforce   (D) engage

37. Local _____ is discouraged due to heavy government taxation.

(A) advertise   (B) surprise   (70、82夜大, 95學測、指考)

(C) enterprise   (D) disguise

38. She _____ her friends at dinner.   (70、82日大, 82台大夜, 92、94學測, 91、
   (A) abstained   (B) maintained   (C) sustained   (D) entertained   97指考)

39. He _____ his friend with the property.   (73夜大)
   (A) enjoined   (B) entrusted   (C) enhanced   (D) enlisted

40. It's better to _____ on the side of mercy.   (66夜大)
   (A) erode   (B) erupt   (C) err   (D) erase

41. Geysers and volcanoes _____.   (70夜大)
   (A) erode   (B) erase   (C) erect   (D) erupt

42. No one _____ your father more than I do.   (66日大, 95學測, 96指考)
   (A) establishs   (B) estates   (C) esteems   (D) escapes

43. It's impossible to _____ his abilities yet. (99、102、104、105學測, 99、103
   (A) estimate   (B) establish   (C) esteem   (D) estrange   105指考)

44. The Christian religion promises _____ life.   (66日大, 93、94學測)
   (A) eternal   (B) ethical   (C) effectual   (D) ethnic

45. The soldiers _____ the fort.   (68夜大, 103指考)
   (A) evaporated   (B) evaluated   (C) evacuated   (D) evaded

46. Animals _____ by themselves within their circumstances.
   (A) evite   (B) evert   (C) evoke   (D) evolve   (105學測、指考)

47. He was discharged from the army because he _____ his
   senior's order.   (71日大, 92學測, 96、97指考)
   (A) succeeded   (B) bleeded   (C) exceeded   (D) proceeded

48. He _____ other students in English.   (70日大, 93學測)
   (A) exchanges   (B) excels   (C) exclaims   (D) excites

【解答】

1.(A)   2.(A)   3.(D)   4.(B)   5.(B)   6.(A)   7.(B)   8.(C)   9.(D)   10.(C)

11.(C)	12.(C)	13.(A)	14.(A)	15.(D)	16.(B)	17.(B)	18.(A)	19.(C)	20.(A)
21.(C)	22.(D)	23.(B)	24.(C)	25.(A)	26.(A)	27.(A)	28.(C)	29.(A)	30.(D)
31.(B)	32.(C)	33.(A)	34.(C)	35.(D)	36.(B)	37.(C)	38.(D)	39.(B)	40.(C)
41.(D)	42.(C)	43.(A)	44.(A)	45.(C)	46.(D)	47.(C)	48.(B)		

心得筆記欄

頻率表 851 ～ 900

請您將認識的單字，
在A欄中作記號。

A B

☐☐ excite

☐☐ exciting

☐☐ exclaim

☐☐ exclude

☐☐ excursion

☐☐ execute

☐☐ exercise

☐☐ exert

☐☐ exhaust

☐☐ exhibit

☐☐ expedition

☐☐ expose

☐☐ exposure

☐☐ extinct

☐☐ extinguish

☐☐ extract

☐☐ extraordinary

☐☐ fade

☐☐ falsehood

☐☐ familiar

☐☐ fascination

☐☐ feasible

☐☐ feature

☐☐ fend

☐☐ ferry

A B

☐☐ fertilize

☐☐ fiction

☐☐ figure

☐☐ filial

☐☐ fix

☐☐ flavor

☐☐ flood

☐☐ flourish

☐☐ forehead

☐☐ foremost

☐☐ forsake

☐☐ frail

☐☐ friendship

☐☐ frown

☐☐ frustrate

☐☐ fulfill

☐☐ funeral

☐☐ furniture

☐☐ gallant

☐☐ gallop

☐☐ garbage

☐☐ genius

☐☐ gentle

☐☐ gesture

☐☐ gloomy

≪頻率順序 851 ～ 900 ≫

excite〔ɪk'saɪt〕
vt. 激動；興奮

The news *excited* every-body.　回 *stir*

消息傳來，人人爲之鼓舞。

exciting〔ɪk'saɪtɪŋ〕
adj. 興奮的

What an *exciting* game !

多刺激的比賽！

exclaim〔ɪk'sklem〕
v. 呼喊

He *exclaimed* that I should not leave without him.　回 *shout*

他大叫說我不應丟下他而去。

exclude〔ɪk'sklud〕
vt. 拒絕

The immigrants were *excluded* from the country.　回 *reject*

那些移民被拒絕入境。

excursion *n.* 遠足
〔ɪk'skɝʒən〕

We went on an *excursion* to the park.

我們遠足到公園。

execute *vt.* 實現
〔'ɛksɪ,kjut〕

He *executed* the captain's orders.　回 *perform*

他執行了船長的命令。

exercise *vt.* 訓練
n. 運動〔'ɛksɚ,saɪz〕

The doctor advised her to take more *exercise*.

醫生囑咐她多運動。

exert〔ɪg'zɝt〕
vt. 運用

A ruler *exerts* authority.
回 *use*　反 *neglect*

統治者運用權威。

exhaust〔ɪg'zɔst〕
vt. 用盡；使疲憊

We were *exhausted* by the climb up the hill.

我們因登上小山而筋疲力竭。

exhibit〔ɪg'zɪbɪt〕
vt. 顯示；展覽

Ted *exhibits* in several galleries.　回 *show*

泰德在數處畫廊展出作品。

expedition *n.* 遠征
〔,ɛkspɪ'dɪʃən〕

We went on an *expedition* to the Antarctic.

我們到南極探險。

expose〔ɪk'spoz〕
vt. 暴露；展覽

Don't *expose* the baby to the draft.　反 *cover*

不要使嬰兒暴露在風口。

exposure〔ɪkˈspoʒɚ〕
n. 暴露

Exposure to the rain has spoiled this machinery.

這機器因暴露於雨中而損壞。

extinct〔ɪkˈstɪŋkt〕
adj. 絕種的；熄滅的

Many animals and birds are now *extinct*.

許多鳥獸現已絕種。

extinguish *vt.* 消滅
〔ɪkˈstɪŋgwɪʃ〕

Death will not *extinguish* us. 同 *crush*

死亡並不會消滅我們。

extract〔ɪkˈstrækt〕
vt. 抽出

He *extracted* a letter from his pocket.

他從口袋中掏出一封信。

extraordinary
〔ɪkˈstrɔrdn̩ˌɛrɪ〕
adj. 驚人的

He is a man of *extraordinary* strength.
同 *special* ；反 *normal*

他有驚人的力氣。

fade〔fed〕
vi. 褪色；凋謝

The flowers have *faded*.
同 *dim* ；反 *bloom*

花已凋謝。

falsehood〔ˈfɔls·hʊd〕
n. 虛假；作僞

He was convicted of *falsehood*. 反 *truth*

他因詐欺被判有罪。

familiar〔fəˈmɪljɚ〕
adj. 親密的

He has very few *familiar* friends.

他很少有親密的朋友。

fascination *n.* 魅力
〔ˌfæsn̩ˈeʃən〕

They found a certain *fascination* in combat.

他們發現戰鬥有某種魅力。

feasible〔ˈfizəbl̩〕
adj. 可能的

His story sounds *feasible*.
同 *possible*

他的故事可能是眞的。

feature〔ˈfitʃɚ〕
n. 特徵

Her eyes are her best *feature*.

她容貌生得最好的一部分是她的眼睛。

fend〔fɛnd〕
vt.vi. 謀生

Most baby fishes have to *fend* for themselves.

大部分魚苗均須自行覓食。

ferry〔ˈfɛrɪ〕
n. 渡頭

The boatman rowed the traveler over the *ferry*.

船夫帶旅客過渡頭。

fertilize [ˈfɝtḷˌaɪz]
vt. 使肥沃

The soil has been *fertilized* by the crop of alfalfa.

這塊地由於種了紫苜蓿而肥沃。

fiction [ˈfɪkʃən]
n. 小說

He prefers history to *fiction*. 同 *legend*

他對歷史要比小說喜歡些。

figure [ˈfɪgɚ, -gjɚ]
n. 數字

Are you good at *figures*?
同 *number*

你是否擅長於計算？

filial [ˈfɪlɪəl]
adj. 孝順的

The children treated their parents with *filial* respect.

孩子們孝敬他們的父母。

fix [fɪks]
vt. 使穩固

We *fixed* the post in the ground. 同 *mend*

我們把柱子插在地上。

flavor [ˈflevɚ]
n. 味   *vt.* 加味於

Chocolate and vanilla have different *flavors*.

巧克力和香草精，其味各不同。

flood [flʌd]
n. 洪水   *v.* 氾濫

The meadows were *flooded*. 同 *overfill*

草地被洪水淹沒。

flourish [ˈflɝɪʃ]
v. 茂盛；盛行

I hope the family are all *flourishing*. 同 *prosper*

我希望全家平安。

forehead [ˈfɔrˌhɛd]
n. 前額

He has a broad *forehead*.

他的額頭寬濶。

foremost [ˈforˌmost]
adj. 最先的；首要的

He is our *foremost* poet.
同 *chief*

他是我國最重要的詩人。

forsake [fɚˈsek]
vt. 遺棄；放棄

She has *forsaken* her old friends. 同 *abandon*

她遺棄她的老友。

frail [frel]
adj. 脆弱的

He is a *frail* child.
同 *weak*；反 *tough*

他是一個脆弱的小孩。

friendship *n.* 友誼
[ˈfrɛndʃɪp]

How long will the *friendship* last?

這友情將可持續多久？

frown〔fraʊn〕 n. 蹙額 v. 蹙眉
There was a deep *frown* on his face. 回 *scowl*
他的額頭深深皺著。

frustrate vt. 破壞 〔'frʌstret〕
He *frustrates* his enemies in their plans. 回 *defeat*
他破壞他的敵人的計劃。

fulfill〔fʊl'fɪl〕 vt. 實踐；滿足
He *fulfilled* his expectations. 回 *perform*
他滿足他的願望。

funeral〔'fjunərəl〕 n. 葬禮
The admiral was given a state *funeral*.
這位海軍上校被授以國葬。

furniture〔'fɝnɪtʃɚ〕 n. 傢俱
Beds, chairs, tables, and desks are all *furniture*.
床、椅、桌及書桌皆是傢俱。

gallant〔'gælənt〕 adj. 勇敢的；莊嚴的
A ship with all of its sails spread is a *gallant* sight. 回 *brave*
一隻所有的帆均揚起的船是壯麗的景色。

gallop〔'gæləp〕 n. 疾馳 v. 騎快馬
He rode away at full *gallop*. 回 *run*
他騎馬疾馳而去。

garbage〔'gɑrbɪdʒ〕 n. 垃圾
garbage can 回 *rubbish*
垃圾箱

genius〔'dʒinjəs〕 n. 天才；才能
He is a man of *genius*. 回 *talent*
他是一個天才。

gentle〔'dʒɛntl〕 adj. 溫和的；文雅的
His behavior was very *gentle*. 回 *tender*
他的舉止非常文雅。

gesture〔'dʒɛstʃɚ〕 n. 手勢；姿勢
This actor is a master of the art of *gesture*.
此演員精於表情。

gloomy〔'glumɪ〕 adj. 幽暗的；黑暗的
He feels *gloomy* about the future of a warring world.
她對戰亂世界的未來感到悲觀。

聯考試題演練

1. The audience was _____ with the exciting game. (90、92、100學測,
   (A) excised   (B) excessed   (C) excited   (D) excepted   100指考)

2. The country's recent event was very _____ to my study.
   (A) astonishing   (B) exciting   (75夜大, 92學測, 92、
   (C) striking   (D) threatening   95、98、101指考)

3. 'What !' he _____ 'Are you leaving without me ?'   (68日大)
   (A) exclaimed   (B) acclaimed   (C) disclaimed   (D) reclaimed

4. We can _____ the possibility that the money won't arrive.
   (A) exclude   (B) excuse   (67日大, 93、95學測, 95、98指考)
   (C) conclude   (D) seclude

5. They made an _____ to the Youth Park yesterday.   (67日大)
   (A) immersion   (B) explosion   (C) impulsion   (D) excursion

6. All orders will be promptly _____.   (68日大, 93學測, 101、103指考)
   (A) execrated   (B) executed   (C) exerted   (D) exempted

7. He is engaged in doing his French _____. (81、86、88、90日大, 72夜大,
   (A) precises   (B) merchandises   82台大夜, 92、93、95、99、
   (C) concises   (D) exercises   101、103、104學測, 94指考)

8. He _____ himself to win the race.   (66日大, 95指考)
   (A) deserted   (B) asserted   (C) exerted   (D) converted

9. My sister _____ herself playing tennis every day.   (94、98學測,
   (A) exhausts   (B) bursts   (C) disgusts   (D) trusts   91、95指考)

10. The girl's powers of endurance were _____ during the climb.
    (A) prohibited   (B) inhibited   (66日大, 82台大夜, 101學測,
    (C) exhibited   (D) inhabited   99、101、105指考)

11. Every year we go on an _____ to Africa.   (72夜大)
    (A) exhibition   (B) exposition
    (C) expedition   (D) edition

12. During the summer she went to the seaside to_____her
    body to the sun.   (68日大, 81夜大, 95、98、99學測, 92、98、101指考)
    (A) expose   (B) suppose   (C) dispose   (D) propose

13. The old books were dried by_____to the sun.   (68夜大, 90學測,
    (A) measure   (B) pleasure   (C) exposure   (D) treasure   95指考)

14. Many animals and birds are now_____.(71日大, 84夜大, 95學測, 96指考
    (A) instinct   (B) extinct   (C) distinct   (D) strick   93指考補)

15. Our hopes have been_____by those failures.   (66日大, 95指考)
    (A) externalized   (B) extorted
    (C) distinguished   (D) extinguished

16. He has_____a great many examples from the grammar book.
    (A) distracted   (B) extracted   (70夜大, 95學測)
    (C) attracted   (D) contracted

17. The mathematician's efforts were_____. (68夜大, 90、95學測, 97~99、
    (A) extravagant   (B) extraordinary   104指考)
    (C) extralegal   (D) extracurricular

18. What do you call the flower that_____in the evening. (94、100、
    (A) lades   (B) hides   (C) bides   (D) fades102學測, 100指考)

19. Truth, if exaggerated, may become_____.   (69夜大)
    (A) falsehood   (B) likelihood   (C) knighthood   (D) hardihood

20. I am_____with his character.   (96、98、101、104學測, 91、94、95、100、
    (A) familial   (B) famed   (C) famished   (D) familiar   104指考)

21. At play, children hold a certain_____over adults.(89日大, 75夜大,
    (A) fascination   (B) imagination   90、92、103學測)
    (C) examination   (D) destination

22. Travel to the moon may become_____by the end of this
    century.   (89日大, 75夜大, 92指考)
    (A) sensible   (B) visible   (C) feasible   (D) omissible

23. Commercialism is a_____of Chinese mass media. (104、105學測,

(A) stature   (B) future   (C) feature   (D) signature 104、105指考)

24. He raised his arm up to_____the branches from his eyes.
(A) bend   (B) fend   (C) lend   (D) rend   (72夜大)

25. The boatman rowed the traveler on the_____.   (70夜大, 103學測,
(A) furry   (B) berry   (C) ferry   (D) curry   103指考)

26. The soil has been_____by the crop of alfalfa. (75日大, 95、98學測)
(A) legalized   (B) realized   (C) rationlized   (D) fertilized

27. Works of_____are reviewed in the Sunday editions in
England.   (81日大, 69、79夜大, 91、102、104指考)
(A) friction   (B) faction   (C) fiction   (D) fraction

28. Please write in Arabic_____.   (70、81日大, 92、95、101、104學測,
(A) amounts   (B) pictographs   93~97、100~102、104、105指考,
(C) characters   (D) figures   93指考補)

29. The children treated their parents with_____respect. (73日大)
(A) filial   (B) genial   (C) colonial   (D) denial

30. The painter_____his eyes on the picture. (94、95、98、100學測, 99、
(A) laxed   (B) fixed   (C) vexed   (D) mixed   101、105指考)

31. My mother_____the cake with lemon. (71夜大, 93、97、99、100學測, 99、
(A) favored   (B) tasted   (C) flavored   (D) cooked   100指考)

32. There is a threat of_____in the coming of a typhoon.(105學測,
(A) fleet   (B) blood   (C) gloom   (D) flood   94~96、102指考)

33. Alchemy_____during the Middle Ages.   (63、89日大, 92學測, 94指考)
(A) flourished   (B) nourished   (C) perished   (D) feverish

34. Put your hand on my_____.   (68日大, 102學測)
(A) blockhead   (B) fountainhead
(C) forehead   (D) spearhead

35. He is the_____painter of the age.   (70夜大)
(A) forever   (B) foreign   (C) foresight   (D) foremost

36. He is going to＿＿＿＿＿his wife and children.　(69夜大)

   (A) forbid　　(B) forsake　　(C) forage　　(D) forment

37. Struggling with his burden, the＿＿＿＿＿old man alighted the bus.　(67日大, 95學測)

   (A) trail　　(B) frail　　(C) tail　　(D) detail

38. She was surrounded by much＿＿＿＿＿.　(69、79、86日大, 94、97學測, 98指考)

   (A) lordship　　(B) scholarship　　(C) friendship　　(D) dealership

39. There was a deep＿＿＿＿＿on his face.　(74日大, 103學測)

   (A) frown　　(B) crown　　(C) brown　　(D) clown

40. The artist has never been＿＿＿＿＿by the gloomy prospects.

   (A) concentrated　　(B) frustrated　　(81日大, 68夜大, 99、101、102學測, 94指考, 93指考補)

   (C) illustrated　　(D) demonstrated

41. If you make a promise, you should＿＿＿＿＿it.　(68、88、89日大, 94學測, 93、104指考)

   (A) fulfilment　　(B) fulfill　　(C) fulness　　(D) full

42. Many people attended the old lady's＿＿＿＿＿.　(66夜大, 94、103指考)

   (A) funerary　　(B) funereal　　(C) funeral　　(D) ceremony

43. Inventions have seldom been the product of one man's＿＿＿＿＿alone.　(70、81、89日大, 78夜大, 90、105學測, 93、102、105指考)

   (A) genius　　(B) general　　(C) genial　　(D) generous

44. He was＿＿＿＿＿in manners but firm in action.　(73、81、84、88日大)

   (A) gentility　　(B) genteel　　(C) gentle　　(D) gentleman

45. ＿＿＿＿＿usually plays a great role in daily conversation.　(67、86日大, 98指考)

   (A) Posture　　(B) Gesture　　(C) Stature　　(D) Structure

【解答】

1.(C)	2.(B)	3.(A)	4.(A)	5.(D)	6.(B)	7.(D)	8.(C)	9.(A)	10.(C)
11.(C)	12.(A)	13.(C)	14.(B)	15.(D)	16.(B)	17.(B)	18.(D)	19.(A)	20.(D)
21.(A)	22.(C)	23.(C)	24.(B)	25.(C)	26.(D)	27.(C)	28.(D)	29.(A)	30.(B)

31.(C)　32.(D)　33.(A)　34.(C)　35.(D)　36.(B)　37.(B)　38.(C)　39.(A)　40.(B)

41.(B)　42.(C)　43.(A)　44.(C)　45.(B)

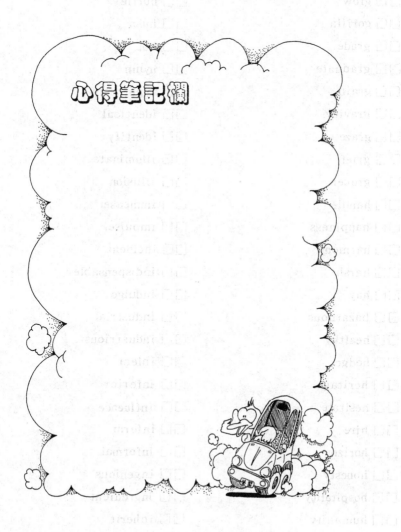

心得筆記欄

頻率表 *901 ～ 950*

請您將認識的單字，
在A欄中作記號。

A B

- □□ glorious
- □□ glow
- □□ gorilla
- □□ grade
- □□ graduate
- □□ grain
- □□ gravity
- □□ graze
- □□ grief
- □□ grocer
- □□ handle
- □□ happiness
- □□ harmony
- □□ harsh
- □□ hay
- □□ hazardous
- □□ healthy
- □□ hedge
- □□ heritage
- □□ hesitate
- □□ hire
- □□ horizon
- □□ honesty
- □□ hospitality
- □□ humanity

A B

- □□ humid
- □□ hurtle
- □□ hush
- □□ hut
- □□ hymn
- □□ hypothesis
- □□ identical
- □□ identify
- □□ illuminate
- □□ illusion
- □□ immense
- □□ impulse
- □□ incident
- □□ indispensable
- □□ indulge
- □□ industrial
- □□ industrious
- □□ infect
- □□ inferior
- □□ influence
- □□ inform
- □□ informal
- □□ ingenious
- □□ ingredient
- □□ inherit

≪ 頻率順序 901 ～ 950 ≫

glorious〔'glorɪəs〕 How **glorious** the sunset 多麼燦爛的落日啊！
*adj.*光榮的　　　 is! 同*splendid ; renowned*

glow〔glo〕　 The western sky is **glow-** 西方的天空發出紫色和
*n.*光輝　　　 **ing** with purple and crim- 紅色光輝。
*vi.*發熾熱的光　 son. 同*flush*

gorilla *n.*大猩猩　 He looks like a **gorilla**. 他看起來像隻大猩猩。
〔gə'rɪlə〕

grade〔gred〕　 The rank of major is one 少校的階級較上尉高一
*n.*等級；分數　 **grade** higher than that of 級。
*v.*分級　　　 captain. 同*classify*

graduate　　 I have just **graduated** 我剛從高中畢業。
〔'grædʒʊˏet〕 from the senior high
*v.*畢業；得到學位 school.

grain〔gren〕　 There is a ship with a 那裏有一艘裝載穀物的
*n.*穀類；顆粒　 cargo of **grain** over there.船。

gravity〔'grævətɪ〕 He could hardly keep his 他幾乎保持不住他的莊
*n.*地心引力；嚴肅　 **gravity**. 重態度。

graze〔grez〕　 There are cattle **grazing** 那兒有牛羣在田野中吃
*v.*吃青草；放牧　 in the fields over there. 草。

grief〔grif〕　 He died of **grief**. 他憂愁而死。
*n.*悲傷；可憂之事 同*sorrow*

grocer〔'grosɚ〕 A **grocer** sells groceries. 雜貨商賣雜貨。
*n.*食品雜貨商

handle〔'hændl〕 The speaker was roughly 演講者受羣眾侮辱。
*n.*柄　 *v.*對付;管理 **handled** by the mob.

happiness *n.*快樂 My **happiness** is beyond 我的快樂是難以形容的。
〔'hæpɪnɪs〕 description. 同*delight*

harmony 〔'hɑrmənɪ〕They worked in perfect 他們合作無間。
n. 協調；和睦　　*harmony.* 反 *discord*

harsh 〔harʃ〕　　He is a *harsh* man. 他是一個無情的人。
adj. 粗糙的;苛刻的 同 *rough*

hay 〔he〕　　Make *hay* while the sun 把握時機。
n. 乾草　　　　shines. 同 *fodder*

hazardous *adj.* 危險的 This is a *hazardous* in- 這是一項冒險的投資。
〔'hæzədəs〕　vestment.

healthy 〔'hɛlθɪ〕 She is a very *healthy* 她是一個健康的孩子。
adj. 健康的　　child. 同 *well*

hedge 〔hɛdʒ〕　It's a *hedge* of stones. 這是座石子圍牆。
n. 灌木樹籬；限制 The island is *hedged* in 該島四面環海。
v. 圍籬笆；包圍　by water. 同 *boundary*

heritage *n.* 遺產　Chinese have a great cul- 中國有偉大的文化遺產。
〔'hɛrətɪdʒ〕　tural *heritage.* 同 *heredity*

hesitate 〔'hɛzə,tet〕He *hesitated* to take such 他不願冒這樣大的危險。
v. 猶豫；躊躇　a big risk. 同 *pause*

hire 〔haɪr〕　He makes a living by *hi-* 他靠出租馬匹為生。
vt. 僱　　　*ring* out horses.
n. 工資；租金　This car is for *hire.* 這輛車是出租的。

horizon *n.* 地平線 The sun sank below the 太陽沉到地平線下。
〔hə'raɪzn〕　*horizon.*

honesty 〔'ɑnɪstɪ〕 I am sure of his *honesty.* 我相信他的誠實。
n. 誠實；公正　反 *dishonesty*

hospitality *n.* 殷勤　I partook of *hospitality.* 我受了厚遇。
〔,hɑspɪ'tælətɪ〕

humanity *n.* 人類　Advances in science help 科學進步有助於全人類。
〔hju'mænətɪ〕　all *humanity.*

humid 〔'hjumɪd〕
adj. 潮濕的

Summer in Taipei is hot and *humid*. 反 *dry*

台北的夏天炎熱而潮濕。

hurtle 〔'hɜtl〕
v. 碰撞；衝擊

Spears *hurtled* against shields. 同 *collide*；*crash*

矛猛擊於盾上。

hush 〔hʌʃ〕
v. 使平靜；緩和
n. 安靜

Mother *hushed* the baby to sleep.

in the *hush* of night

母親催眠使嬰孩入睡。

在靜悄悄的夜晚

hut 〔hʌt〕
n. 小屋；茅舍

There is a *hut* by the river. 同 *cabin*

河旁有一座小茅屋。

hymn 〔hɪm〕
n. 聖詩；讚美

We praise God in *hymns*. 同 *psalm*

我們唱聖歌讚美上帝。

hypothesis *n*. 假設
〔haɪ'pɑθəsɪs〕

This is a pure *hypothesis*. 同 *supposition*

這完全是一種假設。

identical *adj*. 同一的
〔aɪ'dɛntɪkl〕

Both events happened on the *identical* day.

兩件事發生在同一天。

identify *v*. 認明
〔aɪ'dɛntə,faɪ〕

Can you *identify* your umbrella among these?

你能在這些傘中認出你的嗎？

illuminate *vt*. 照明
〔ɪ'lumə,net〕

The room is poorly *illuminated*. 同 *light*

這房間照明不足。

illusion *n*. 幻影
〔ɪ'ljuʒən〕

It is only an optical *illusion*. 同 *vision*

那只是視覺幻象。

immense *adj*. 廣大的
〔ɪ'mɛns〕

China has an *immense* territory. 同 *huge*

中國有廣大的領土。

impulse *n*. 刺激
〔'ɪmpʌls〕

You shouldn't act on *impulse*. 同 *thrust*

你不該衝動行事。

incident *n*. 事件
〔'ɪnsədənt〕

Frontier *incidents* have been common on the border. 同 *event*；*occurrence*

邊界事件在邊境常發生。

indispensable 〔͵ɪndɪs'pɛnsəbl〕 *adj.* 不可缺少的 *n.* 不可缺少之物　Air is *indispensable* to life.　空氣對生命是必要的。

Air and food are *indispensables*. 同 *necessary*　空氣和食物是必要的東西。

indulge〔ɪn'dʌldʒ〕 *v.* 放任；縱容　He *indulges* his children too much.　他太放縱孩子。

industrial *adj.* 工業的 〔ɪn'dʌstrɪəl〕　It is an *industrial* bank.　那是家工業銀行。

industrious *adj.*勤勉的 〔ɪn'dʌstrɪəs〕　He is *industrious* in his business. 同 *diligent*　他勤於經營事業。

infect〔ɪn'fɛkt〕 *v.* 傳染；傳播　His high spirits *infected* all his companions.　他精神好使他朋友都振作。

inferior〔ɪn'fɪrɪɚ〕 *adj.*初級的 *n.*部下；晚輩　This cloth is *inferior* to real silk.　這布次於眞絲。

A good leader gets on well with *inferiors*.　一個好領袖能與部屬和好相處。

influence *v.* 影響 〔'ɪnfluəns〕 *n.*影響；權力　Don't be *influenced* by bad examples.　不要受惡例的影響。

Will you exercise your *influence* on my behalf?　你願意使用你的權力幫我忙嗎?

inform〔ɪn'fɔrm〕 *v.* 通知；報告　Has he been *informed* of his father's death?　他父親的死訊通知他了沒?

informal〔ɪn'fɔrml〕 *adj.* 非正式的　It's *informal* English. 反 *formal*　這是俗用英語。

ingenious *adj.*智巧的 〔ɪn'dʒinjəs〕　He is an *ingenious* author. 同 *clever*　他是個有創造力的作家。

ingredient *n.* 成分 〔ɪn'gridɪənt〕　Understanding is one of the most important *ingredients* of a successful marriage.　了解是成功婚姻中最重要的因素之一。

inherit〔ɪnˈhɛrɪt〕 The eldest son will ***inherit*** 長子將繼承爵位。
　　v. 繼承　　　　　the title. 同 *receive*

心得筆記欄

聯考試題演練

1. Robert thought it _____ to die for his sovereign's cause.
   (A) glorious　(B) various　(C) serious　(D) curious (72日大, 95指考)

2. The western sky was _____ with purple and crimson. (70夜大)
   (A) glooming　(B) glossing　(C) gloating　(D) glowing

3. An elementary school in America has eight _____. (98、99學測,
   (A) grains　(B) grafts　(C) grades　(D) grapes　97、98指考)

4. After three years at Oxford, he _____. (96、100、103學測, 92、94、100指考,
   (A) evaluated　(B) elevated　(C) graduated　(D) excavated　93指考補)

5. We should eat up every _____ of rice in our bowls. (66夜大, 98學測)
   (A) grape　(B) grain　(C) grave　(D) grease

6. An apple falls towards the center of the earth because of
   _____. (75夜大, 91指考)
   (A) treaty　(B) droughty　(C) piety　(D) gravity

7. The bullet _____ his shoulder. (75日大, 96學測)
   (A) grazed　(B) gravitated　(C) greased　(D) gratified

8. His failure to live a good life was a great _____ to his
   parents. (69日大, 83夜大, 91指考)
   (A) brief　(B) relief　(C) thief　(D) grief

9. The _____ of that door is made of wood. (97、99、105學測, 96、100、
   (A) candle　(B) handle　(C) huddle　(D) bundle　102指考)

10. His promotion brought him _____. (66日大, 94學測, 103指考)
    (A) faintness　(B) neatness　(C) happiness　(D) keenness

11. The _____ of their home was disturbed by the death of their
    child. (67、87日大, 98、101、102學測)
    (A) harmony　(B) mutiny　(C) destiny　(D) gloomy

12. She was _____ to her servants, so they dislike her. (90、102學測,

(A) slash　　　(B) trash　　　(C) rash　　　(D) harsh　　　104指考)

13. If you want to become a millionaire, you must make _____ while the sun shines.　　　(73日大, 103指考)

(A) hay　　　(B) hazard　　　(C) quay　　　(D) haze

14. We think of sports as active and creative, for they create _____ bodies.　(92、94～96、98、'00、101學測, 97、103、104年指考, 93指考補)

(A) wealthy　　　(B) antipathy　　　(C) healthy　　　(D) sympathy

15. The farmhouse had been _____ off from the path.　(70夜大)

(A) savage　　　(B) hedged　　　(C) pledged　　　(D) assuaged

16. Chinese have a great cultural _____.　(69日大, 97、101學測, 102指考)

(A) peerage　　　(B) hermitage　　　(C) outrage　　　(D) heritage

17. Lily _____ over the choice between the two umbrellas.

(A) isolated　　　　(B) frustrated　　　(86、90日大, 67夜大,
(C) prostrated　　　(D) hesitated　　　99學測, 96指考)

18. He _____ a workman to repair the fence.　(87日大, 71夜大, 99學測,

(A) hired　　　(B) expired　　　(C) retired　　　(D) perspired　101指考)

19. The sun sank below the _____.　(68、82、88日大, 101學測)

(A) horde　　　(B) horizon　　　(C) hornet　　　(D) horn

20. _____ is the best policy.　(86日大, 75夜大, 104指考)

(A) Liability　　　(B) Rigidity　　　(C) Heredity　　　(D) Honesty

21. Advances in science help all _____. (87日大, 75、83夜大, 95、98、100指考)

(A) humidity　　　(B) humility　　　(C) humanity　　　(D) heredity

22. Summer in Taipei is hot and _____.　(68夜大, 100學測)

(A) human　　　(B) humid　　　(C) humble　　　(D) humiliating

23. The clash of their onslaught _____ across the field.　(75日大)

(A) hurtled　　　(B) hustled　　　(C) nestled　　　(D) rustled

24. They _____ as the judge walked in.　(72夜大)

(A) flashed　　　(B) smashed　　　(C) rushed　　　(D) hushed

25. The travelers lived in a _____ by the river. (71夜大)
    (A) hut　　(B) rust　　(C) rut　　(D) nut

26. Lunar history has not been _____ to that of the earth.
    (A) typical　　(B) identical (90日大, 73夜大, 95、102、
    (C) topical　　(D) lyrical 104指考, 93指考補)

27. Each student must be able to _____ himself in the campus.
    (A) vertify　　(B) ratify (66日大, 93、98~100、102學測,
    (C) versify　　(D) identify 93、100、104指考)

28. The room was _____ by five large lamps. (69、87日大)
    (A) invalidated　　(B) radiated
    (C) illuminated　　(D) humiliated

29. All that you believe you saw on that day was an _____.(74夜大)
    (A) implication　　(B) allusion
    (C) illusion　　(D) elusion

30. Such an amount of diamonds must value _____. (71、87日大, 97指考)
    (A) immensely　　(B) pretense　　(C) intensely　　(D) expanse

31. We must not be influenced more by _____ than by reason.
    (A) pulse　　(B) impulse　　(C) repulse　　(D) incense (93學測)

32. He told me a strange _____ during his journey. (96、99、104學測,
    (A) resident　　(B) coincident　　(C) incident　　(D) ascent 101、102指考)

33. Air, food and water are _____ to life. (72日大, 104學測)
    (A) indispensable　　(B) invincible
    (C) derivable　　(D) indisputable

34. He _____ in tobacco. (67、87日大, 95學測)
    (A) bulges　　(B) indulges　　(C) divulges　　(D) obliges

35. The _____ revolution was definitely necessary to modernize
    society. (77日大, 73、79夜大, 93、94、96、102指考, 93指考補)
    (A) proverbial　　(B) beneficial　　(C) industrious　　(D) industrial

36. He is _____ in his business. (73日大, 81夜大, 91指考)
    (A) industrial   (B) ambiguous
    (C) industrious   (D) illustrious

37. His high spirits _____ all his companions. (102、104學測, 92、93、103、
    (A) infected   (B) afflicted   (C) inspected   (D) depicted   104指考)

38. A lieutenant is _____ to a captain. (71、83、90日大, 96、97指考)
    (A) interior   (B) inferior   (C) superior   (D) posterior

39. I _____ him that she had married John. (93~95、98、99學測, 93、94、99、
    (A) formed   (B) reformed   (C) deformed   (D) informed   101指考)

40. The mousetrap is a(n) _____ device. (70夜大, 103指考)
    (A) judicious   (B) ingenious   (C) ingenuous   (D) impetuous

41. Understanding is one of the most important _____ of a
    successful marriage. (89日大, 69夜大, 93學測)
    (A) expedients   (B) inducements
    (C) agents   (D) ingredients

42. The widow is going to _____ a great fortune. (95學測, 92指考)
    (A) inherit   (B) deposit   (C) transit   (D) consist

【解答】

1.(A)	2.(D)	3.(C)	4.(C)	5.(B)	6.(D)	7.(A)	8.(D)	9.(B)	10.(C)
11.(A)	12.(D)	13.(A)	14.(C)	15.(B)	16.(D)	17.(D)	18.(A)	19.(B)	20.(D)
21.(C)	22.(B)	23.(A)	24.(D)	25.(A)	26.(B)	27.(D)	28.(C)	29.(C)	30.(A)
31.(B)	32.(C)	33.(A)	34.(B)	35.(D)	36.(C)	37.(A)	38.(B)	39.(D)	40.(B)
41.(D)	42.(A)								

頻率表 **951 ～ 1000**

請您將認識的單字，
在A欄中作記號。

A B

- ☐☐ initiate
- ☐☐ injury
- ☐☐ innocence
- ☐☐ innocent
- ☐☐ inspire
- ☐☐ inspiration
- ☐☐ instruct
- ☐☐ instructive
- ☐☐ instrument
- ☐☐ insurance
- ☐☐ intelligent
- ☐☐ intense
- ☐☐ interfere
- ☐☐ interview
- ☐☐ intimate
- ☐☐ intimidate
- ☐☐ intrinsic
- ☐☐ introduce
- ☐☐ invade
- ☐☐ ironical
- ☐☐ isolate
- ☐☐ jail
- ☐☐ justice
- ☐☐ kneel
- ☐☐ knock

A B

- ☐☐ knot
- ☐☐ lantern
- ☐☐ laugh
- ☐☐ laundry
- ☐☐ lawyer
- ☐☐ layer
- ☐☐ leak
- ☐☐ legal
- ☐☐ legislation
- ☐☐ lesson
- ☐☐ letter
- ☐☐ librarian
- ☐☐ likewise
- ☐☐ limb
- ☐☐ literal
- ☐☐ loiter
- ☐☐ lottery
- ☐☐ loyalty
- ☐☐ luggage
- ☐☐ lumber
- ☐☐ lung
- ☐☐ magnet
- ☐☐ malicious
- ☐☐ maneuver
- ☐☐ marry

≪ 頻率順序 951 ～ 1000 ≫

initiate〔ɪˈnɪʃɪˌet〕
vt. 創始；發起

He *initiated* the new methods.

他創立了新方法。

injury〔ˈɪndʒərɪ〕
n. 傷害；損毀

I take it as a personal *injury*.

我認爲這是對個人的侮辱。

innocence〔ˈɪnəsn̩s〕
n. 天眞；清白

The accused man proved his *innocence* of the crime. 圀 *guilt*

被告人證實無罪。

innocent〔ˈɪnəsn̩t〕
adj. 無罪的；無邪的

Is he guilty or *innocent* of the crime？ 圀 *guilty*

他有沒有罪？

inspire〔ɪnˈspaɪr〕
v. 鼓舞；激發

The speaker *inspired* the crowd. 圇 *cause*

演說者感動了群衆。

inspiration *n.* 靈感
〔ˌɪnspəˈreʃən〕

Artists often draw *inspiration* from nature.

藝術家常由自然得到靈感。

instruct〔ɪnˈstrʌkt〕
v. 教授；指導

Have you been *instructed* when to start？

你已接到何時出發的指示嗎？

instructive
〔ɪnˈstrʌktɪv〕
adj. 有益的

The book is very *instructive*.

這本書很有益處。

instrument *n.* 工具
〔ˈɪnstrəmənt〕

These are stringed *instruments*. 圇 *device*

這些是弦樂器。

insurance *n.* 保險
〔ɪnˈʃʊrəns〕

A balanced diet is an *insurance* against malnutrition.

均衡膳食是防止營養不良的保證。

intelligent
〔ɪnˈtɛlədʒənt〕
adj. 伶俐的；聰明的 圇 *sensible*

It is an *intelligent* reply.

這是一個妙答。

intense〔ɪn'tɛns〕
adj. 強烈的；劇烈的
He is *intense* in his application. 同 *strong*
他專心一意於工作。

interfere〔,ɪntɚ'fɪr〕
vi. 衝突；妨害
You mustn't let pleasure *interfere* with business.
別讓玩樂妨害事業。

interview〔'ɪntɚ,vju〕
n. 接見；會見
vt. 接見；會見
He refuses to give any *interviews* to journalists.
I *interview* the manager for a job. 同 *test*
他拒絕見新聞記者。
我謁見經理求職。

intimate〔'ɪntəmɪt〕
adj. 親近的
I am on *intimate* terms with her. 同 *close*
我和她很親近。

intimidate *vt.* 恐嚇
〔ɪn'tɪmə,det〕
The criminal *intimidated* the witness.
犯人恐嚇證人。

intrinsic
〔ɪn'trɪnsɪk〕
adj. 實質的；內在的
The *intrinsic* value of a dollar bill is only that of a piece of paper.
一元紙幣的實際價值不過是一張紙而已。

introduce *vt.* 介紹
〔,ɪntrə'djus〕
The chairman *introduced* the speaker to the audience. 同 *present*
主席將演說者介紹給聽眾。

invade〔ɪn'ved〕
v. 侵略；侵犯
Disease *invades* the body. 同 *attack*
疾病侵害身體。

ironical〔aɪ'rɑnɪkl̩〕
adj. 譏諷的；幽默的
He made an *ironical* remark.
他做了譏諷的評論。

isolate〔'aɪsl̩,et〕
vt. 孤立；隔離
The people with contagious disease were *isolated*.
傳染病患被隔離。

jail〔dʒel〕
n. 監牢
He broke *jail*. 同 *prison*
他越獄了。

justice〔'dʒʌstɪs〕
n. 正義；公理
All men should be treated with *justice*.
一切人都應受公平待遇。

kneel〔nil〕　　　　He **knelt** down to pick up　他跪下拾取帽子。
　vi. 跪下　　　　his hat.

knock〔nɑk〕　　　He **knocked** him on the　他打他的頭。
　v. 敲；擊　　　　head.
　n. 打；擊　　　Did you hear a **knock**?　你聽見敲門聲嗎？

knot〔nɑt〕　　　　He ties a rope in a **knot**. 他將繩打一結。
　n. 結　　*v*. 結；包紮 My thread has **knotted**.　我的線打結了。

lantern〔'læntən〕　**Lantern** Festival　　　元宵節
　n. 燈籠　　　　Fishermen **lantern** a　　漁夫給漁船點燈。
　vt. 點燈；點火　　fishing boat.

laugh〔læf；lɑf〕　It's not a matter to　　這不是件好笑的事。
　v. 笑　　　　　**laugh** about.
　n. 笑　　　　　We all had a good **laugh**　我們對這個都笑夠了。
　　　　　　　　about it.

laundry〔'lɔndrɪ〕 Send these shirts to the　將這些襯衫送到洗衣店
　n. 洗衣店　　　　**laundry**.　　　　　去。

lawyer〔'lɔjə〕　　He practices as a **lawyer**. 他開業做律師。
　n. 律師

layer〔'leə〕　　　It's a **layer** cake.　　　這是個夾心蛋糕。
　n. 一層　　　　Mists **layered** thick about 霧深深在他四周凝聚。
　v. 堆積；凝聚　　him.

leak〔lik〕　　　　The ship was **leaking**　　這船漏得很厲害。
　v. 漏　　　　　badly.　圓 *drip*

legal〔'ligl〕　　　My father is versed in　　我父親精通法律常識。
　adj. 法律的　　　**legal** knowledge.

legislation *n*. 立法　The major function of　　國會的主要權責是立法。
　〔,lɛdʒɪs'leʃən〕　Congress is **legislation**.

lesson 〔'lɛsn〕 How long does the ***lesson*** 這課要上多久？
n. 課業；教訓 last？ 回 *teaching*
vt. 敎 He ***lessoned*** us the art 他將說服人的技巧敎給
of persuasion. 我們。

letter 〔'lɛtɚ〕 I have some ***letters*** to 我有幾封信要寫。
n. 字母；書信 write.

librarian A ***librarian*** is a person 圖書館長是負責管圖書
〔laɪ'brɛrɪən〕 in charge of a library. 館的人。
n. 圖書館長

likewise〔'laɪk,waɪz〕 Watch him and do ***like-*** 留心看著他並且照樣做。
adv. 同樣地 *conj.* 且 ***wise.*** 回 *similarly*

limb 〔lɪm〕 He lost a ***limb*** in the 他在戰爭中失去一肢。
n. 手足；(四)肢 battle.

literal 〔'lɪtərəl〕 He has rather a ***literal*** 他具有相當實際的頭腦。
adj. 逐字的；實際的 mind. 回 *exact*

loiter 〔'lɔɪtɚ〕 Don't ***loiter*** on your 在放學回家的路上不可
vi. 閒蕩 *vt.* 虛度 way home from school. 閒蕩。

lottery 〔'lɑtərɪ〕 Is marriage a ***lottery***？ 婚姻是可遇不可求的嗎？
n. 彩票或獎券的發行 回 *raffle*；*drawing*

loyalty 〔'lɔɪəltɪ〕 His ***loyalty*** is beyond 他的忠貞不容置疑。
n. 忠貞；忠誠 doubt. 回 *disloyalty*

luggage〔'lʌgɪdʒ〕 three pieces of ***luggage*** 三件行李
n. (英)行李 回 *baggage*；*bags*

lumber〔'lʌmbɚ〕 The room was ***lumbered*** 房裡堆滿了傢俱。
n. 木材 *vt.* 亂堆 with furniture.

lung 〔lʌŋ〕 He has good ***lungs***. 他的肺部健康。
n. 肺

magnet〔ˈmæɡnɪt〕　The ***magnet*** has the　　這磁鐵是馬蹄形的。
　*n.*磁鐵　*adj.*有磁性的 shape of a horseshoe.

malicious〔məˈlɪʃəs〕　The rumor is only a　　這謠言只是個惡意中傷。
　*adj.*懷惡意的　　 ***malicious*** gossip.

maneuver　　　　　The grand ***maneuver***　　大演習將於明日舉行。
　〔məˈnuvɚ〕　　　 will be held tomorrow.
　*n.*調遣　*v.*演習　　 同*operate*

marry〔ˈmærɪ〕　　 They are now ***married***.　　他們現在已結婚。
　*vt.*結婚；娶　　　　 反*divorce*

心得筆記欄

聯考試題演練

1. The teacher _____ us into the mysteries of judo. (95、100學測,
   (A) initiated   (B) inhaled   (C) inhibited   (D) injured   91指考)

2. He suffered _____ to the head. (75日大, 92、95、100、103、105學測, 91、92、
   (A) injuries   (B) treasuries   (C) luxuries   (D) juries   97指考)

3. The accused man proved his _____ of the crime. (68、87日大, 95學測)
   (A) confidence   (B) attendance   (C) innocence   (D) appearance

4. Is he guilty or _____ of the crime? (67日大, 95、96學測, 91、93指考,
   (A) percent   (B) innocent   93指考補)
   (C) magnificent   (D) recent

5. The teacher _____ courage to study in us. (97、101學測, 92、99、101、
   (A) conspired   (B) respired   (C) inspired   (D) perspired   102指考)

6. Poets and artists often draw their _____ from nature. (72日大,
   (A) moderation   (B) cooperation   105學測, 98指考)
   (C) generation   (D) inspiration

7. Mr. Brown _____ our class. (87日大, 75夜大, 95學測, 91、93指考)
   (A) constructs   (B) obstructs
   (C) reconstructs   (D) instructs

8. Those little hints were very _____ to me. (73日大)
   (A) defective   (B) instructive   (C) destructive   (D) obstructive

9. Literature is one of the most powerful _____ for forming
   character. (68、81、82、87日大, 92、95、98、100、104、105學測, 92、100指考)
   (A) instructions (B) instruments (C) instincts   (D) insurances

10. When her husband died, she received $2,000 _____. (71、77夜大,
    (A) insurance   (B) remembrance   98、103、104學測, 92指考)
    (C) appearance   (D) tolerance

11. All human beings are much more _____ than animals. (71日大,
    (A) negligent   (B) intelligence   100、103學測, 94、105指考)

(C) negligence   (D) intelligent

12. The old man felt an_____pain in the head. (90、95、99、100學測, 94、
  (A) extent   (B) intentional   (C) intense   (D) extend   97指考)

13. You mustn't let pleasure_____with business.(67日大,81夜大,90學測,
  (A) interfere   (B) interchange   (C) intercept   (D) interfuse   93、94指考)

14. They asked for a(n)_____with the governor. (100、101、103、105學測,
  (A) review   (B) interview   (C) sew   (D) renew   91、102指考)

15. The two bodies shared a(n)_____relation. (83、85日大, 95、97、104學測,
  (A) ultimate   (B) intimate   (C) passionate   (D) fortunate   96指考)

16. He was_____into silence.   (75日大, 92、95學測, 95、101、104指考)
  (A) intimidated   (B) created
  (C) accommodated   (D) educated

17. The_____value of a dollar bill is only that of a piece of
  paper.   (74夜大)
  (A) classic   (B) heroic   (C) dramatic   (D) intrinsic

18. It is a rule of manners to_____inferiors to superiors. (100~
  (A) produce   (B) reduce   (C) introduce   (D) induct   102學測, 100、
                                                     101、103~105指考)

19. The village was_____by a crowd of tourists this summer.
  (A) invaded   (B) invested   (87日大, 68夜大, 94、97、100學測,
  (C) involved   (D) indoctrinated   92、95、97、102、105指考)

20. It was_____that the man was run over by his own auto-
  mobile.   (88日大, 72夜大)
  (A) technical   (B) ironical   (C) tyrannical   (D) mechanical

21. He is about to be_____by his comrades.(89日大, 92、94、99學測, 92、
  (A) legislated   (B) violated   (C) translated   (D) isolated   103指考)

22. He was sent to_____.   (77日大, 72夜大, 93、103學測, 91指考)
  (A) jail   (B) jacket   (C) jam   (D) jar

23. All men should be treated with_____.   (70夜大, 99指考)
  (A) justicial   (B) justiciable   (C) justice   (D) justification

24. Everyone in church _____ in prayer. (72夜大)

   (A) felt   (B) spilt   (C) knelt   (D) spelt

25. He _____ him on the head. (72、84夜大, 96學測, 94、95、99指考)

   (A) locked   (B) knocked   (C) blockeb   (D) shocked

26. People were standing about in _____, waiting for news. (72、

   (A) knots   (B) knocks   (C) knees   (D) knifes   79、88日大)

27. He _____ away my fears. (75夜大, 93、100、102學測, 95、98、101指考)

   (A) launched   (B) laundered   (C) lauded   (D) laughed

28. Send these shirts to the _____. (86日大, 69、81夜大)

   (A) imagery   (B) surgery   (C) laundry   (D) leathery

29. His parents intend to make a _____ of him. (66日大, 92、98學測,

   (A) lawyer   (B) payer   (C) prayer   (D) employer   93指考補)

30. There is a _____ of clay. (87、90日大, 75、78、79夜大, 99、101、105學測, 91、99、

   (A) lawer   (B) layer   (C) lawyer   (D) prayer   101、104指考)

31. The secret has _____ out. (68日大, 82台大夜, 102學測, 100指考)

   (A) leaked   (B) leaned   (C) led   (D) leaped

32. My father is versed in _____ knowledge. (80、85、87日大, 90、96、102學測,

   (A) illegal   (B) prodigal   (C) legal   (D) frugal   95、100指考)

33. The major function of Congress is _____. (69、89日大)

   (A) legislation   (B) translation

   (C) isolation   (D) inflation

34. Let this be a _____ to you. (67、90日大, 95、98、99學測, 93指考補)

   (A) letter   (B) learning   (C) lesson   (D) lever

35. How many _____ are there in the word "Wednesday"? (98學測,

   (A) lessons   (B) letters   (C) levers   (D) words   97、99指考)

36. Mr. Brown is a _____. (74日大, 95指考)

   (A) laboratory   (B) librarian   (C) libration   (D) library

37. He is _____ our leader. (72夜大, 96學測, 93指考)

(A) supervise　(B) clockwise　(C) demise　(D) likewise

38. He lost a _____ in the battle. (71夜大)

(A) lamb　(B) limb　(C) limber　(D) lamp

39. He has rather a _____ mind. (68日大)

(A) literal　(B) literary　(C) literature　(D) litter

40. Don't _____ on your way home from school. (66夜大)

(A) shatter　(B) flatter　(C) loiter　(D) scatter

41. He is a man of _____. (67夜大, 94學測, 99指考, 93指考補)

(A) loyal　(B) loyalty　(C) loyalist　(D) loyalism

42. This is a room _____ up with all sorts of rubbish. (73日大, 95學測, 102指考)

(A) lumbered　(B) lumbering

(C) remembered　(D) lumberes

43. He has good _____. (90日大, 73夜大, 82台大夜, 92、94、100學測)

(A) luminants　(B) lumps　(C) lungs　(D) lures

44. Hawaii is a _____ for tourists. (73夜大, 95、105學測)

(A) magnetic　(B) magnate

(C) magnificent　(D) magnet

45. He is a _____ person. (69日大)

(A) delicious　(B) malicious　(C) capacious　(D) spacious

46. He is always _____ for some advantage. (72夜大, 95指考)

(A) covering　(B) delivering

(C) discovering　(D) maneuvering

47. She is _____ to a diplomat. (86、89、90日大, 74夜大, 95、105學測, 91、95、98指考)

(A) marring　(B) marry　(C) married　(D) marriage

【解答】

1.(A)　2.(A)　3.(C)　4.(B)　5.(C)　6.(D)　7.(D)　8.(B)　9.(B)　10.(A)

11.(D)	12.(C)	13.(A)	14.(B)	15.(B)	16.(A)	17.(D)	18.(C)	19.(A)	20.(B)
21.(D)	22.(A)	23.(C)	24.(C)	25.(B)	26.(A)	27.(D)	28.(C)	29.(A)	30.(B)
31.(A)	32.(C)	33.(A)	34.(C)	35.(B)	36.(B)	37.(D)	38.(B)	39.(A)	40.(C)
41.(B)	42.(A)	43.(C)	44.(D)	45.(B)	46.(D)	47.(C)			

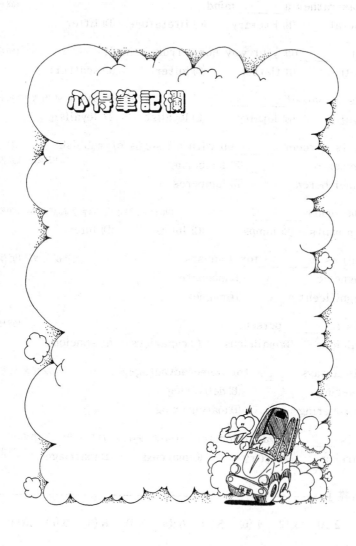

心得筆記欄

頻率表 *1001 ~ 1050*

請您將認識的單字，
在A欄中作記號。

A B

A B

☐☐ mathematical

☐☐ mature

☐☐ medal

☐☐ meddle

☐☐ medium

☐☐ memorize

☐☐ mental

☐☐ merchant

☐☐ missile

☐☐ mission

☐☐ mob

☐☐ model

☐☐ moderation

☐☐ monument

☐☐ morale

☐☐ mostly

☐☐ motive

☐☐ muscle

☐☐ mute

☐☐ nail

☐☐ native

☐☐ navigation

☐☐ nearly

☐☐ neat

☐☐ needle

☐☐ negative

☐☐ neglect

☐☐ negligible

☐☐ network

☐☐ noodle

☐☐ noteworthy

☐☐ nutrition

☐☐ numerous

☐☐ oblige

☐☐ observation

☐☐ obstacle

☐☐ obstinate

☐☐ odious

☐☐ offend

☐☐ offensive

☐☐ official

☐☐ ominous

☐☐ opera

☐☐ operate

☐☐ oppressive

☐☐ optimistic

☐☐ oral

☐☐ oratory

☐☐ ordinary

☐☐ pace

≪頻率順序 1001～1050≫

mathematical
〔,mæθə'mætɪkl〕
*adj.*數學的

The birds flew in a *ma-thematical* formation.

那些鳥以精確的隊形飛翔。

mature〔mə'tjʊr〕
*vt.*使成熟

These years *matured* his character. 反 *immature*

這幾年使他的性格成熟了。

medal〔'mɛdl〕
*n.*獎章

He won a *medal*.
同 *award*

他贏得獎牌。

meddle〔'mɛdl〕
*vi.*干預他人的事物

Don't *meddle* in my af-fairs. 同 *interfere*

不要干預我的事。

medium〔'midɪəm〕
*adj.*中等的
*n.*媒介物

The air is a *medium* of sound.
反 *extreme*

空氣是傳達聲音的媒介物。

memorize *vt.*記於心
〔'mɛmə,raɪz〕

He finally *memorized* the poem. 同 *remember*

他終於記住了那首詩。

mental〔'mɛntl〕
*adj.*心理的

He has better *mental* powers than I. 反 *physical*

他智力比我高。

merchant *n.*商人
〔'mɝtʃənt〕
*adj.*商業的

He is a *merchant* prince.
同 *trader*

他是位鉅商。

missile〔'mɪsl〕
*n.*飛彈；火箭

Spears are still used as *missiles* in some parts of the world. 同 *rocket*

槍矛在世界的某些地方仍被用作投射武器。

mission〔'mɪʃən〕
*n.*使命；任務
*vt.*對⋯傳道

He will take up this *mis-sion*.
同 *errand*

他將擔當此任務。

mob〔mɑb〕
*n.*民眾；暴民

The *mob* is easily agitat-ed by wild speeches.

民眾易為激烈的演講所煽動。

model〔'mɑdl〕 Make him your **model**. 以他做你的模範。
n.模型；模範　回 *standard*

moderation *n*.適度 The doctor advised more 醫生勸告在飲食方面應
〔,mɑdə'reʃən〕 **moderation** in eating and 更加節制。
drinking. 反 *immoderation*

monument *n*.紀念碑 The **monument** was erect- 這石碑爲紀念陣亡將士
〔'mɑnjəmənt〕 ed as a memorial to the 而建立。
dead soldiers. 回 *memorial*

morale〔mo'ræl〕 The **morale** of the troops 士氣消沉。
n.民心；士氣 is low. 回 *enthusiasm*

mostly〔'mostlɪ〕 The work is **mostly** done. 工作完成了大半。
adv.主要地　回 *mainly*；*chiefly*

motive〔'motɪv〕 He did it from selfish 他做此事出於自私的動
n.動機；目的 **motives**. 回 *reason*；*cause* 機。

muscle〔'mʌsl〕 Don't move a **muscle**! 不要動！
n.肌肉 回 *strength*；*brawn*

mute〔mjut〕 He kept **mute**. 他保持沉默。
adj.沉默的；啞的 回 *silent*；*dumb*

nail〔nel〕 The **nail** has started. 這釘子已鬆動了。
n.釘子 *vt*.用釘釘牢回 *fasten*；*hold*

native〔'netɪv〕 Are you a **native** of this 你是本地人嗎？
n.本地人；土人 place? 回 *natural*；*original*
adj.本土的 反 *foreign*；*alien*

navigation There has been an in- 通過巴拿馬運河的船一
〔,nævə'geʃən〕 crease in **navigation** 直在增加中。
n.航海；水路航行 through the Panama Canal.

nearly〔'nɪrlɪ〕 I **nearly** missed the train. 我幾乎誤了那班火車。
adv. 幾乎；密切地 This matter concerns you 此事跟你的關係很密切。
very **nearly**.

neat〔nit〕 She is always **neat** and 他總是整潔的。
adj. 整潔的;雅緻的 tidy. 囵 **dirty** ; **untidy**

needle〔'nidḷ〕 She made her living by 她靠做針線度日。
n. 針 her **needle**.
vt. 嘲弄 We **needled** him about his 我們嘲弄他的大耳朵。
big ears.

negative adj. 否定的 His answer was **negative**. 他的答覆是否定的。
〔'nɛgətɪv〕 囵 **affirmative**

neglect〔nɪ'glɛkt〕 He **neglected** his health. 他疏忽了他的健康。
vt. 疏忽；遺漏 Don't **neglect** to water 不要忘了澆花木。
the plants. 囵 **omit**

negligible In buying a suit, a diffe- 買一套衣服，價錢只相
〔'nɛglɪdʒəbḷ〕 rence of ten cents in 差一角錢是無所謂的。
adj. 不關重要的 prices is **negligible**.

network〔'nɛt,wɝk〕 We'll plan a **network** of 我們將策劃一個公路網。
n. 網；網狀組織 roads.

noodle n. 麵條 Do you like **noodles** in 你喜歡雞湯麵嗎？
〔'nudḷ〕 chicken soup ?

noteworthy This is a **noteworthy** 這是一項顯著的成就。
〔'not,wɝðɪ〕 achievement.
adj. 顯著的

nutrition n. 營養 A balanced diet provides 均衡的食物使你的身體
〔nju'trɪʃən〕 **nutrition** for your body. 獲得營養。

numerous He has **numerous** telephone 他每天有很多電話。
〔'njumərəs〕 calls every day.
adj. 極多的 囵 **many** ; **several**

oblige〔ə'blaɪdʒ〕 *vt*. 強制；施於 | She *obliged* us with a song. 囡 *release* | 她為我們唱了一首歌。

observation *n*. 觀察 〔ˌɑbzə'veʃən〕 | The tramp avoided *obser-vation*. | 這流浪者躲避了別人的注意。

obstacle *n*. 障礙 〔'ɑbstəkl〕 | Courage knows no *obsta-cle*. 囘 *barrier* | 有勇氣便無障礙。

obstinate *adj*. 固執的 〔'ɑbstənɪt〕 | I don't like *obstinate* people. 囡 *gentle* | 我不喜歡頑固的人。

odious〔'odɪəs〕 *adj*. 令人討厭的 | Conditions in the slums are *odious*. | 貧民區的情形令人討厭。

offend〔ə'fɛnd〕 *vt*. 觸怒；使不悅 *vi*. 犯法 | He was *offended* at my remarks. 囡 *appease*；*calm* | 他被我的話所觸怒。

offensive 〔ə'fɛnsɪv〕 *adj*. 令人不快的 | He used most *offensive* language. 囘 *insolent* 囡 *inoffensive*；*defensive* | 他用了最無禮的言語。

official〔ə'fɪʃəl〕 *n*. 文官 *adj*. 官方的 | An important *official* called to see us. | 一位重要的官員來拜訪我們。

ominous〔'ɑmənəs〕 *adj*. 惡兆的；徵兆的 | Those clouds look *ominous* for our picnic. | 那些雲看來對我們的野餐是不利的。

opera〔'ɑpərə〕 *n*. 歌劇 | An *opera* is a play in which the actors sing instead of speaking. | 歌劇是演員以歌代言的戲劇。

operate〔'ɑpəˌret〕 *vi*. 轉動；施手術 *vt*. 使運轉；操縱 | The brake failed to *operate*. 囘 *work* | 煞車失靈了。

oppressive *adj*. 嚴苛的 〔ə'prɛsɪv〕 | I'll try *oppressive* measures. 囘 *harsh* | 我會試用高壓手段。

optimistic
〔͵ɑptə'mɪstɪk〕
adj. 樂觀的

He always looks things in an *optimistic* way.
反 *pessimistic*

他總是樂觀處事。

oral〔'ɔrəl〕
adj. 口頭的
n. 口試

He passed the *oral* exam.
同 *spoken*
反 *written*

他通過口試。

oratory *n.* 修辭
〔'ɔrə͵torɪ〕

I dislike his rabble-rousing *oratory*.

我不喜歡他那煽動性的雄辯術。

ordinary *adj.* 普通的
〔'ɔrdnɛrɪ〕

In an *ordinary* way I should refuse but on this occasion I shall agree.

按常理我應拒絕，但在此特殊情形之下我同意。

pace〔pes〕
n. 速度

He went at a good *pace*.
同 *rate*

他快速地行走。

聯考試題演練

1. The birds flew in a _____ formation. (81、87日大, 74、82夜大, 95學測,
   (A) chemical   (B) physical   91、92指考)
   (C) mathematical   (D) tropical

2. At times _____ men act like children. (72日大, 78夜大, 100、101學測, 91、
   (A) future   (B) nature   (C) cu.ture   (D) mature   96、100指考)

3. He won a _____. (69、82夜大, 99、104學測, 103指考)
   (A) rival   (B) medal   (C) refusal   (D) trial

4. Don′t _____ in other people′s affairs. (67日大)
   (A) meddle   (B) trickle   (C) sparkle   (D) twickle

5. A man of _____ size was standing under the tree. (70日大, 70夜大,
   (A) medial   (B) mediate   (C) medium   (D) mediocre   98、100指考)

6. He finally _____ the poem. (75、80夜大, 93學測)
   (A) memorized   (B) organized   (C) civilized   (D) specialized

7. Your disease is chiefly _____, not physical. (95、102、104學測,
   (A) mortal   (B) mental   (C) regal   (D) literal   99指考)

8. "The _____ of Venice" is a famous comedy written by
   Shakespeare. (75夜大, 100指考)
   (A) Inhabitant   (B) Merchant   (C) Assistant   (D) Descendant

9. Spears are still used as _____ in some parts of the world.
   (A) missions   (B) dismissal   (70夜大, 92、95學測, 92指考)
   (C) admission   (D) missiles

10. The _____ will involve much peril. (69日大, 95、98、99學測, 92指考)
    (A) missionary   (B) emission   (C) omission   (D) mission

11. The _____ around the court was excited. (67日大)
    (A) job   (B) knob   (C) snob   (D) mob

12. The little boy enjoys making _____ of aircrafts. (103、105學測, 102~
    (A) models   (B) morale   (C) meddle   (D) movement   104指考)

13. The _____ of the troops is low.   (72夜大, 95學測)
(A)mental   (B)metal   (C) morale   (D)moral

14. The _____ for writing autobiographies are various.   (70夜大)
(A)motions   (B) motives   (C)motes   (D)motors

15. Women's _____ are not developed like men's.   (71夜大, 103學測, 97、
(A)muse   (B) music   (C)must   (D)muscles   102指考)

16. He kept _____.   (66日大)
(A) cute   (B) brute   (C) acute   (D) mute

17. A _____ pierced the tire of his car.   (70日大, 99指考)
(A) tail   (B) nail   (C) sail   (D) rail

18. The poet always thought of his _____ country. (95、98、99學測, 95、
(A) native   (B) creative   (C) active   (D) negative   98、99指考)

19. All _____ is now stopped on account of the typhoon. (75、87日大,
(A) computation   (B) education   95學測, 94指考)
(C) navigation   (D) exportation

20. He is late for school _____ every day.(94、97~99、104、105學測, 94、95、
(A) namely   (B) nearly   (C) closely   (D) lately   104、105指考)

21. He always keeps his room _____ and tidy.   (74夜大, 92學測)
(A) fat   (B) great   (C) flat   (D) neat

22. She made her living by her _____.   (74、84夜大, 98學測)
(A)middle   (B) puddle   (C) needle   (D) saddle

23. I have a(n) _____ opinion on the effect of this policy.   (74夜大,
(A) imitative   (B) formative   95~97、104、105學測,
(C) declarative   (D) negative   94、100~102指考)

24. Agriculture has been awfully _____ in the fence.(104、105學測, 98、
(A) inspected   (B) neglected   (C) connected   (D) protected   105指考)

25. Do you like _____ in chicken soup?   (75日大)
(A) noodles   (B) candles   (C) needles   (D) bundles

26. A balanced diet provides＿＿＿＿＿for your body. (87日大, 72夜大, 98學測,
   (A) nutshell　(B) nutrition　(C) nurture　(D) nutation　101、104指考)

27. ＿＿＿＿＿dreamers rushed to California in eighteen forty-nine.
   (A)Nutritious　　　　(B) Injurious　　　(70、79、85~87日大, 103、
   (C)Nervous　　　　　(D)Numerous　　　105學測, 91、94、96、100指考)

28. You will＿＿＿＿＿us by doing so.　　　(71夜大, 95學測, 95指考)
   (A) oblige　(B) obsene　(C) object　(D) observe

29. This is an＿＿＿＿＿made by a foreign journalist who knows
   Japan well.　　　　　　　　(67夜大, 92、95學測, 104指考)
   (A) ornamentation　　　(B) observation
   (C) consultation　　　(D) importation

30. He put every＿＿＿＿＿in my way.　(71、87日大, 76夜大, 95、100指考)
   (A) obstinacy　(B) obstacle　(C) observer　(D) obscurity

31. The old man is as＿＿＿＿＿as a mule.　　　　　(85日大)
   (A) observant　(B) obscure　(C) obstinate　(D) obsessive

32. Conditions in the slums are＿＿＿＿＿.　　(68日大, 78夜大, 95指考)
   (A) obedient　(B) order　(C) odious　(D) add

33. I hope I haven't＿＿＿＿＿you in any way.　(85日大, 95、104學測, 95、
   (A) tended　(B) attended　(C) pretended　(D) offended　105指考)

34. He has a very＿＿＿＿＿manner.　　　　　　(73日大)
   (A) offensive　(B) excessive　(C) corrosive　(D) defensive

35. The report is not＿＿＿＿＿.　(83~85日大, 81夜大, 94、105學測, 92、93、98、100、
   (A) genial　(B) artificial　(C) official　(D) cordial　105指考)

36. Those clouds look＿＿＿＿＿for our picnic.　　(72夜大)
   (A) studious　(B) ominous　(C) delicious　(D) spacious

37. The old man can＿＿＿＿＿that car. (85、86、90日大, 90、96、103學測, 93、101、
   (A) elevate　(B) decorate　(C) cultivate　(D) operate　103指考)

38. He gave me a(n)＿＿＿＿＿report.　　　(72日大, 95學測, 95指考)

　　(A) oral　　　　(B) rural　　　　(C) real　　　　(D) moral

39. Anybody with _____ intelligence and no special training can
　　fill the position.　　　　(68、84日大, 90、94、95、103學測, 92、98指考)
　　(A) stationary　(B) contrary　　(C) dictionary　(D) ordinary

40. The trot is a _____ of a horse.　(77日大, 66夜大, 95學測, 91、105指考)
　　(A) race　　　　(B) pace　　　　(C) face　　　　(D) pack

【解答】

1.(C)	2.(D)	3.(B)	4.(A)	5.(C)	6.(A)	7.(B)	8.(B)	9.(D)	10.(D)
11.(D)	12.(A)	13.(C)	14.(B)	15.(D)	16.(D)	17.(B)	18.(A)	19.(C)	20.(B)
21.(D)	22.(C)	23.(D)	24.(B)	25.(A)	26.(B)	27.(D)	28.(A)	29.(B)	30.(B)
31.(C)	32.(C)	33.(D)	34.(A)	35.(C)	36.(B)	37.(D)	38.(A)	39.(D)	40.(B)

頻率表 *1051 ～ 1100*

請您將認識的單字，
在A欄中作記號。

A B
- ☐☐ pad
- ☐☐ paradise
- ☐☐ participate
- ☐☐ pastime
- ☐☐ pasture
- ☐☐ pebble
- ☐☐ pedestrian
- ☐☐ peek
- ☐☐ penetrate
- ☐☐ peninsula
- ☐☐ penny
- ☐☐ precent
- ☐☐ perfume
- ☐☐ perish
- ☐☐ permanent
- ☐☐ perpetual
- ☐☐ persevere
- ☐☐ persist
- ☐☐ persistent
- ☐☐ pessimistic
- ☐☐ phase
- ☐☐ phenomenon
- ☐☐ physician
- ☐☐ picturesque
- ☐☐ piety

A B
- ☐☐ pile
- ☐☐ pistol
- ☐☐ plague
- ☐☐ plastic
- ☐☐ pollute
- ☐☐ postpone
- ☐☐ powder
- ☐☐ practical
- ☐☐ precise
- ☐☐ predict
- ☐☐ preliminary
- ☐☐ premier
- ☐☐ presumption
- ☐☐ pretension
- ☐☐ prevail
- ☐☐ prevent
- ☐☐ priceless
- ☐☐ primitive
- ☐☐ principle
- ☐☐ prior
- ☐☐ privilege
- ☐☐ prize
- ☐☐ profound
- ☐☐ prominent
- ☐☐ prone

≪ 頻率順序 1051 ～ 1100 ≫

pad 〔pæd〕*n.* 墊子
v. 裝入；填塞；徒步

The wolf *padded* through the forest.

那隻狼慢慢走過森林。

paradise 〔'pærə,daɪs〕
n. 天堂

Hong Kong is a *paradise* for shoppers. 反 *hell*

香港是購物者的天堂。

participate *vi.* 參加
〔pɚ'tɪsə,pet〕

The teacher *participated* in the students' games.

老師參加學生們的遊戲。

pastime 〔'pæs,taɪm〕
n. 娛樂；消遣

Baseball is a favorite *pastime* in America.

棒球在美國是受歡迎的消遣。

pasture 〔'pæstʃɚ〕
n. 草地；牧場
v. 放牛、羊於草地

These lands afford good *pasture*. 同 *meadow*

這些地方有好的牧草。

pebble 〔'pɛbl̩〕
n. 小圓石
vt. 以小圓石投擊

The boys teased the dog by *pebbling* it with acorns.

孩子們用橡實擊狗以捉弄之。

pedestrian *n.* 步行者
〔pə'dɛstrɪən〕
adj. 徒步的

Pedestrians should be careful in crossing the street. 同 *walker*

行人在穿越道路時應該要小心。

peek 〔pik〕
vi. 偷看 *n.* 偷看

He had a *peek* through the side window.

他從側窗偷看。

penetrate 〔'pɛnə,tret〕
vt. vi. 穿入；透過

We soon *penetrated* his disguise. 同 *enter*

我們很快地看破了他的偽裝。

peninsula *n.* 半島
〔pə'nɪnsələ〕

He is from the Balkan *Peninsula*.

他來自巴爾幹半島。

penny 〔'pɛnɪ〕
n. 分；便士

It isn't worth a *penny*.

它一文錢也不值。

precent 〔prɪ'sɛnt〕
v. 領唱

A precentor *precents* in a choir.

領唱者在唱詩班領唱。

perfume [*n.* 'pɝfjum;   Flowers *perfumed* the   空氣中瀰漫著花香。
   v. pɚ'fjum]   air.   反 *stink*
   n. 香味 *vt.* 使香

perish ['pɛrɪʃ]   The city *perished* in an   這城於一次地震中毀滅。
   vi. 死；毀滅   earthquake.   同 *decay*

permanent *adj.* 永久的   We all hope for *perma-*   我們大家都希望永久和
   ['pɝmənənt]   *nent* peace.   同 *lasting*   平。

perpetual *adj.* 永久的   Do you believe in *per-*   你相信永生嗎？
   [pɚ'pɛtʃʊəl]   *petual* life?   同 *eternal*

persevere *vi.* 堅忍   He *persevered* in his   他孜孜不倦。
   [,pɝsə'vɪr]   studies.   同 *persist*

persist [pɚ'zɪst]   He *persists* in doing it.   他堅持要做此事。
   vi. 堅持；固執   同 *continue* 反 *desist*

persistent *adj.* 固執的   He is a *persistent* work-   他是個固執的工作者。
   [pɚ'zɪstənt]   er.

pessimistic   take a *pessimistic* view   對…抱著悲觀的想法
   [,pɛsə'mɪstɪk]   of …   反 *optimistic*
   adj. 悲觀的

phase [fez]   What *phase* of mathemat-   你正在研究數學的那一
   n. 局面；時期；階段   ics are you studying now? 部門？

phenomenon *n.* 現象   Fever and inflammation   發燒和發炎是病的現象。
   [fə'nɑmə,nɑn]   are *phenomena* of disease.

physician [fə'zɪʃən]   *Physicians* are usually   內科醫師通常與外科醫
   n. 醫生；內科醫生   distinguished from sur-   師分開。
   geons.   同 *doctor*

picturesque   He used *picturesque* lan-   他使用生動的語言。
   [,pɪktʃə'rɛsk]   guage.
   adj. 如畫的；生動的

piety〔'paɪətɪ〕　　Filial **piety** is impor-　中國很重視孝道。
　　n. 虔敬；孝順　　tant in China.

pile〔paɪl〕　　The snow is **piling** up.　雪正在越堆越高。
　　n. 一堆　*vi.* 堆起　圓 *heap*

pistol〔'pɪstl̩〕　　He threatened to **pistol**　他威脅要用手鎗射擊我。
　　n. 手鎗　　me.　圓 *gun*
　　vt. 以手鎗射擊

plague〔pleg〕　　He was **plagued** to death.　他被折磨得要死。
　　n. 瘟疫　*vt.* 折磨　圓 *epidemic*

plastic〔'plæstɪk〕　Sculpture is a **plastic** art.　雕刻是塑造藝術。
　　adj. 塑造的　*n.* 塑膠　圓 *variable*

pollute〔pə'lut〕　The water at the bathing　海灘浴水為工廠所排之
　　vt. 污染　　beach was **polluted** by　垃圾所污染。
　　　　　　　　　refuse from the factory.

postpone〔post'pon〕　He **postponed** his depar-　他延擱了一小時才離開。
　　vt. & vi. 延擱　　ture for an hour.

powder〔'paʊdɚ〕　She **powdered** her nose.　她在鼻子上擦粉。
　　n. 粉　*vt.* 擦粉　　圓 *sprinkle*

practical *adj.* 實際的　Earning a living is a　謀生是一實際問題。
　〔'præktɪkl̩〕　　**practical** matter.

precise〔prɪ'saɪs〕　The **precise** sum was 34　正確的錢數是三角四分。
　　adj. 精確的　　cents.　圓 *accurate*

predict〔prɪ'dɪkt〕　The weather bureau **pre-**　氣象局預測明天下雨。
　　vt. & vi. 預知　　**dicts** rain for tomorrow.

preliminary　　A physical examination is　體格檢查是從軍的初步。
　〔prɪ'lɪmə,nɛrɪ〕　a **preliminary** to joining
　　adj. 初步的　　the army.
　　n. 開端　　圓 *preceding*

premier〔*n.*'prɪmɪə, The people cheered the　大家向首相歡呼。
prɪ'mɪr; *adj.*'prɪmɪə〕 *premier*.
　n. 首相　*adj.* 首要的

presumption *n.* 可能　The *presumption* is that　他很可能拒絕。
　〔prɪ'zʌmpʃən〕　he will refuse it.

pretension *n.* 權利　She makes no *pretension*　她並不自命是美人。
　〔prɪ'tɛnʃən〕　to beauty.

prevail〔prɪ'vel〕　Truth will *prevail*.　真理將獲勝。
　vi. 盛行；生效

prevent〔prɪ'vɛnt〕　The rain *prevented* his　雨使他不能來。
　vt. 阻礙　coming. 同 *prohibit*

priceless〔'praɪslɪs〕　These are *priceless*　這些是極貴重的寶石。
　adj. 無價的　jewels. 同 *valuable*

primitive　*Primitive* people lived　原始人住在洞穴中。
　〔'prɪmətɪv〕　in caves. 同 *ancient*
　adj. 原始的　*n.* 原始人

principle〔'prɪnsəpḷ〕　It is against my *prin-*　說謊違背我個人的原則。
　n. 本質；主義；原則　*ciple* to tell a lie.

prior〔'praɪə〕　She traveled in America　她在結婚之前先到美國
　adj. 在前的　*prior* to her marriage.　旅行。

privilege *n.* 特權　Alumni have the *privilege*　校友有買特價足球票的
　〔'prɪvḷɪdʒ〕　of buying football tickets　權利。
　at special rates.

prize〔praɪz〕　Mother *prizes* her best　母親珍視她最好的瓷器。
　n. 獎品　china.
　vt. 珍視

profound *adj.*極深的 She gave a ***profound*** 她長嘆了一口氣。
〔prə'faʊnd〕 sigh. 同 *deep* 反 *shallow*

prominent A single tree in a field 在田裏一棵孤樹是顯著
〔'prɑmənənt〕 is ***prominent***. 的。
*adj.*顯著的；主要的 同 *distinguished*

prone〔pron〕 We are ***prone*** to think 我們對於不喜歡的人易
adj. 易於… evil of people we don't 於將他們看做壞人。
like. 同 *inclined*

心得筆記欄

聯考試題演練

1. We _____ed the box with soft cloth. (75日大, 95、99學測)
   (A) plead   (B) dread   (C) pad   (D) tread

2. The teacher _____d in the student's games. (66、86日大, 80夜大, 90、
   (A) populate   (B) formalate   98、99、104學測, 91、92、96、
   (C) stimulate   (D) participate   98、103、104指考, 93指考補)

3. Baseball is a favorite _____ in America. (68、87日大)
   (A) pastime   (B) regime   (C) assume   (D) consume

4. Only about 19 percent is used as _____ for the animals.
   (A) legislature   (B) pasture   (69日大, 94學測)
   (C) stature   (D) adventure

5. The boy teased the dog by _____ing it with acorns. (72日大)
   (A) pickle   (B) maple   (C) pebble   (D) sprinkle

6. The cop signalled the traffic to halt to allow _____s to
   cross the street. (68夜大, 105指考)
   (A) pedestrian   (B) comedian   (C) ruffian   (D) politician

7. A _____ inside the laboratory gives you some ideas of the
   future. (72夜大, 99指考)
   (A) peel   (B) peeve   (C) peep   (D) peek

8. Western ideas _____ slowly through the East. (68夜大, 95學測,
   (A) concrete   (B) penetrated   (C) completed   (D) elevated   104指考)

9. He never earned an honest _____ in his life. (67日大, 90學測,
   (A) tyranny   (B) destiny   (C) tiny   (D) penny   93指考)

10. Flowers _____(e)d the air. (85、87日大, 71夜大, 95學測, 95指考)
    (A) perfume   (B) perform   (C) perforce   (D) perforate

11. The city _____ed in an earthquake. (70日大, 93學測, 91指考)
    (A) perish   (B) polish   (C) abolish   (D) diminish

12. A _____ revolution was first claimed by Leon Trotsky. (105學測,

(A) indecent　　(B) adjacent　　(C) permanent　(D) truant　　100、102指考)

13. We should _____ in our studies. (72、82夜大)
(A) adhere　　(B) persevere　(C) beware　　(D) interfere

14. On the tops of very high mountains snow _____ throughout the year. (70日大, 94、95、100學測, 101指考)
(A) consists　(B) persists　(C) resists　　(D) assists

15. The patient had a _____ headache that lasted for three days.
(A) repent　　　　(B) component　(75夜大, 101學測)
(C) persistent　　(D) apparent

16. We should not take a _____ view of things. (68日大, 102指考)
(A) socialistic　　(B) domestic
(C) majestic　　　(D) pessimistic

17. Many factories _____ in machinery for increased automation.
(A) phased　　　(B) greased　(71日大, 95、96學測)
(C) ceased　　　(D) released

18. A beautiful rainbow is a natural _____. (95、100學測, 95、96、101指考,
(A) cannon　(B) common　(C) phenomenon (D) baron 　93指考補)

19. Although health can be greatly aided by _____ s, the business of being healthy is primarily ours. (70夜大, 92、104學測)
(A) tactician　　(B) physician　(C) masician　(D) statistician

20. The crowd _____ (e)d into the bus in a few seconds. (91指考)
(A) pile　　　(B) pill　　　(C) pin　　　(D) pilot

21. He threatened to _____ me. (74夜大)
(A) patrol　　(B) pit　　　(C) petrol　　(D) pistol

22. The _____ is now prevailing in that city. (70夜大, 102指考)
(A) vogue　　(B) plague　　(C) physique　(D) avenue

23. Clay, wax and plaster are _____ substances. (99、105學測, 92、95、
(A) plastic　　(B) playable　(C) plausible　(D) plaudit 　97指考)

24. The water at the beach was＿＿＿＿d by refuse from the
    factory. (80日大, 72、82夜大, 93、102學測, 91、92指考)
    (A) dispute　　(B) pollute　　(C) compute　　(D) substitude

25. The ball game was＿＿＿＿(e)d because of rain. (75夜大, 92、97、102學測,
    (A) expound　　(B) pother　　(C) postpone　　(D) pore 91、92指考)

26. The ground was lightly＿＿＿＿ed with snow. (73、87日大, 94學測, 98指考)
    (A) power　　(B) powder　　(C) pour　　(D) pound

27. So many of our soldiers were killed that our victory was a
    ＿＿＿＿defeat. (67、84、90日大, 82、84夜大, 92、101學測, 91、92、94、95、102指考)
    (A) critical　　(B) vertical　　(C) identical　　(D) practical

28. We had＿＿＿＿orders to come back by nine o'clock. (95、99、101學測,
    (A) precise　　(B) precocious　　(C) precious　　(D) precipitous 91指考)

29. The weather bureau＿＿＿＿s rain for tomorrow. (103、105學測, 103、
    (A) contradict　　(B) afflict　　(C) predict　　(D) verdict 104指考)

30. A physical examination is a＿＿＿＿to joining the army. (69夜大,
    (A) preliminary　　　　(B) parliamentary 102指考)
    (C) elementary　　　　(D) complementary

31. You know nothing about law, and yet you have the＿＿＿＿to
    attempt to influence me. (73日大)
    (A) presupposition　　(B) pretension
    (C) precedent　　　　(D) presumption

32. The young prince has＿＿＿＿s to the throne. (69日大)
    (A) previousness　　　(B) pretension
    (C) prevention　　　　(D) prevalence

33. A number of curious customs still＿＿＿＿in this place. (68日大,
    (A) preserve　　　　(B) prevail 94指考)
    (C) pretend　　　　(D) preview

34. Rain＿＿＿＿ed me from going to the party. (98、100~105學測, 98、100~
    (A) prevent　　(B) prescribe　　(C) preside　　(D) presage 102指考)

35. ＿＿＿＿customs are on the eye in our age. (68、77日大,93、103~
    (A) Primitive   (B) Perspective   105學測,94、104指考)
    (C) Prospective   (D) Protective

36. The＿＿＿＿of democracy is to be equal. (75日大,70夜大,95學測,94、
    (A) principal   (B) premier   (C) principle   (D) primary   97指考)

37. I called on him＿＿＿＿to my departure. (94、104學測,92、97、104指考,
    (A) inferior   (B) prior   (C) superior   (D) exterior   93指考補)

38. Alumni have the＿＿＿＿of buying football tickets at special
    rates. (68日大,97學測,100指考)
    (A) privacy   (B) privilege   (C) privity   (D) pristine

39. Good health is an inestimable＿＿＿＿. (77、89日大,101、103~105學測,97、
    (A) blaze   (B) glaze   (C) graze   (D) prize   99、100指考)

40. A single tree in a field is＿＿＿＿. (66日大,100學測,93、105指考)
    (A) prominent   (B) prolific
    (C) promiscuous   (D) proleptic

41. We are＿＿＿＿to think evil of people we don't like.(67日大,95學測,
    (A) prone   (B) prove   (C) probe   (D) probate   95指考)

【解答】

1.(C)	2.(D)	3.(A)	4.(B)	5.(C)	6.(A)	7.(D)	8.(B)	9.(D)	10.(A)
11.(A)	12.(C)	13.(B)	14.(B)	15.(C)	16.(D)	17.(A)	18.(C)	19.(B)	20.(A)
21.(D)	22.(B)	23.(A)	24.(B)	25.(C)	26.(B)	27.(D)	28.(A)	29.(C)	30.(A)
31.(D)	32.(B)	33.(B)	34.(A)	35.(A)	36.(C)	37.(B)	38.(B)	39.(D)	40.(A)
41.(A)									

頻率表 *1101 ~ 1150*

請您將認識的單字，
在A欄中作記號。

A B

□ □ propose

□ □ proportion

□ □ proposition

□ □ prose

□ □ prosperity

□ □ proverb

□ □ psychology

□ □ pulse

□ □ pure

□ □ push

□ □ puzzle

□ □ quantity

□ □ quarter

□ □ quest

□ □ quit

□ □ rage

□ □ rash

□ □ razor

□ □ rear

□ □ recipient

□ □ recognize

□ □ reference

□ □ relate

□ □ release

□ □ remark

A B

□ □ remote

□ □ renown

□ □ repeat

□ □ repel

□ □ reputable

□ □ rescue

□ □ result

□ □ reserve

□ □ resign

□ □ resist

□ □ resolve

□ □ represent

□ □ resume

□ □ retire

□ □ revenge

□ □ reverse

□ □ revive

□ □ roast

□ □ rotten

□ □ rubber

□ □ sacred

□ □ sailor

□ □ salvage

□ □ sarcastic

□ □ scale

≪頻率順序 1101 ～ 1150 ≫

propose [prə'poz] He *proposed* to her. 他向她求婚。
vt. & vi. 提議；求婚 反 *deny*

proportion *n.* 比率 His expenditure is out of 他的開支超出了收入。
[prə'porʃən] *proportion* to his income.

proposition *n.* 提議 This is not a money- 這不是個賺錢的建議。
[,prɑpə'zɪʃən] making *proposition*.

prose [proz] He writes beautiful *prose*. 他寫的散文很美。
n. 散文 *adj.* 平凡的 反 *poetry*
vt. & vi. 以散文說寫

prosperity *n.* 成功 Peace brings *prosperity*. 和平帶來繁榮。
[prɑs'pɛrətɪ]

proverb ['prɑvɝb] His ignorance is a 他的無知已成笑柄。
n. 諺語；格言 *proverb*. 同 *saying*

psychology *n.* 心理學 Mrs. Chang knows her 張太太懂得他丈夫的心
[saɪ'kɑlədʒɪ] husband's *psychology*. 理。

pulse *vi.* (脈)搏動 The patient has a weak 這病人的脈搏很弱。
[pʌls] *n.* 脈搏 *pulse*.

pure [pjʊr] She speaks *pure* French. 她操純正的法語。
adj. 純粹的 反 *impure*；*applied*

push [pʊʃ] *Push* him outdoors. 把他推出門外去。
vt. 推 同 *urge* 反 *pull*

puzzle ['pʌzl] This letter *puzzles* me. 這封信使我迷惑不解。
n. 難題 同 *confuse*
vt. 使迷惑

quantity ['kwɑntətɪ] I prefer quality to 我重質不重量。
n. 量 *quantity*. 同 *amount*

quarter〔'kwɔrtɚ〕
n.四分之一

What's the *quarter* of 96?

96 的四分之一是多少？

quest〔kwɛst〕
n.探詢；搜尋

They went to Australia in *quest* of gold.

他們到澳洲去找金子。

quit〔kwɪt〕
vt.&vi.停止

The men *quit* work.
同 *stop* 反 *remain*

工人們停工。

rage〔redʒ〕
n.憤怒 vi.發怒

He flew into a *rage*.
反 *calm*

他勃然大怒。

rash〔ræʃ〕
adj.輕率的

It is *rash* to cross the street without looking both ways. 同 *careless*

過街而不向兩邊看看，那是太不小心了。

razor〔'rezɚ〕
n.剃刀 vt.用剃刀刮

He is *razoring* his beard.

他正在刮鬍子。

rear〔rɪr〕
n.背後 vt.飼養 反 *destroy*

He must *rear* a family.

他必須養育子女。

recipient〔rɪ'sɪpənt〕
n.接受者 adj.容納的

He has a *recipient* mind.

他能虛心接納。

recognize vt.認識
〔'rɛkəɡ,naɪz〕

They *recognized* him as the lawful heir.

他們承認他是合法的繼承人。

reference〔'rɛfərəns〕
n.指示;提及;參考

Do not make any *reference* to his lameness.

不要提及他的跛足。

relate〔rɪ'let〕
vt.敘述 vi.關於

I am not *related* to him in any way.

我與他絲毫沒有親戚關係。

release〔rɪ'lis〕
n.&vt.解放

The nurse is *released* from duty at seven o'clock. 同 *free*

護士七點鐘就下班了。

remark〔rɪ'mɑrk〕
vt.評論 n.摘要

We saw nothing worthy of *remark*. 同 *comment*

我們看不到值得注意的事。

remote〔rɪˈmot〕
adj. 遙遠的

I haven't the **remotest**
idea what you mean.

我一點也不知道你的意思是什麼。

renown〔rɪˈnaʊn〕
n. 名望；聲譽

He wanted to win his
renown.

他想成名。

repeat〔rɪˈpit〕
vt. 重複

Please **repeat** that.
同 *recite*

請再說一遍。

repel〔rɪˈpɛl〕
v. 逐退；使厭惡

His accent **repels** me.
同 *rebuff* 反 *attract*

他說話的腔調使我厭惡。

reputable
〔ˈrɛpjətəbl̩〕
adj. 名譽好的

He leads a **reputable**
life. 同 *honorable*
反 *infamous*

他過著高尚的生活。

rescue〔ˈrɛskjʊ〕
vt. & *n.* 解救

He **rescued** a child from
drowning. 同 *release*

他救出一小孩免於溺斃。

result〔rɪˈzʌlt〕
n. 結果 *v.* 起於

Nothing **resulted**.
同 *consequence*

沒有發生什麼。

reserve〔rɪˈzɝv〕
vt. 保留；延遲

The judge **reserved** his
decision. 同 *keep*

那法官延遲了他的判決。

resign〔rɪˈzaɪn〕
v. 辭職；委託

I **resign** my children to
your care. 同 *abandon*

我委託你照顧我的孩子。

resist〔rɪˈzɪst〕
v. 抵抗；忍住

He could **resist** no longer.
同 *oppose* 反 *obey*

他不能再抵抗。

resolve〔rɪˈzɑlv〕
vt. 決定
n. 決心

He is a man of great
resolve.
同 *decide* 反 *blend*

他是有大決心的人。

represent *vt.* 代表
〔ˌrɛprɪˈzɛnt〕

Phonetic signs **represent**
sounds.

音標表示聲音。

resume〔rɪˈzum〕
vt. 再開始；繼續

He **resumed** his seat.
同 *continue*

他重回原座。

retire〔rɪˈtaɪr〕
　v. 隱居;退休;就寢

We *retire* early.
回 *resign*

我們很早就寢。

revenge〔rɪˈvɛndʒ〕
　n. & v. 報仇

I'll *revenge* that insult.
回 *retaliate*

我將報復那侮辱。

reverse〔rɪˈvɝs〕
　n. 顛倒　vt. 逆行
　adj. 相反的

What you tell us is the
reverse of polite.
回 *reversion*　反 *obverse*

你說的話很粗魯。

revive〔rɪˈvaɪv〕
　vi. 復活　vt. 使復甦

Flowers *revive* in water.
回 *restore*

花在水中復甦。

roast〔rost〕
　vt. 烤

The critics *roasted* the
elaborately staged work.

劇評家將那用心演出的
作品評得一文不值。

rotten〔ˈrɑtn̩〕
　adj. 腐爛的

We paid $50 for *rotten*
seats.

我們為那爛座位付了50
元。

rubber〔ˈrʌbɚ〕
　n. 橡膠(製品)
　adj. 橡膠製的

We wear *rubbers* on our
feet when it rains.

下雨時我們穿橡膠套鞋。

sacred〔ˈsekrɪd〕
　adj. 神聖的

In India the cow is a
sacred animal.

在印度牛是神聖的動物。

sailor〔ˈselɚ〕
　n. 水手

He is a bad *sailor*.

他很容易暈船。

salvage〔ˈsælvɪdʒ〕
　n. 對海上遇險之船
　　員之救護

There is little hope of
her *salvage*.

該船獲救之希望甚微。

sarcastic
　〔sɑrˈkæstɪk〕
　adj. 諷刺的

He is a *sarcastic* person.
回 *sneering*

他是個好諷刺的人。

scale〔skel〕
　n. 天秤

He tips the *scales* at 150
pounds.

他體重為150磅。

聯考試題演練

1. He _____(e)d to himself to achieve what hitherto he had been
   promised in vain.　　(78、88日大, 68夜大, 100、101學測, 98、103、105指考, 93指考補)
   (A) prose　　(B) prosper　　(C) propose　　(D) prorate

2. Man is free in _____ as his surroundings have a determinate
   nature.　　　　　　　　　　　　　　　(70、88日大, 84夜大, 93指考)
   (A) personification　　(B) provocation
   (C) publication　　　　(D) proportion

3. This is a _____ that needs no discussion.　　　　(68夜大)
   (A) propitiation　　(B) proposition
   (C) propulsion　　　(D) propriety

4. His _____ writings are excellent in style.　　(72日大, 95、103學測,
   (A) prose　　(B) pause　　(C) profuse　　(D) cause　　104指考)

5. Peace brings _____ .　　　(69日大, 83夜大, 90學測, 95指考, 93指考補)
   (A) personality　　　(B) potentiality
   (C) prostration　　　(D) prosperity

6. I referred him to the _____ "A rolling stone gathers no
   moss."　　　　　　　　　　　　　　　(74夜大, 91、99指考)
   (A) provision　　(B) proverb　　(C) provoke　　(D) province

7. _____ tries to explain why people act, think and feel as
   they do.　　　　　　　　　　　　(75、76、82夜大, 94~96指考)
   (A) Geology　　(B) Biology　　(C) Psychology　　(D) Techology

8. The patient has a weak _____ .　　　(72夜大, 97、105學測)
   (A) pulse　　(B) punch　　(C) pump　　(D) pulp

9. She was _____ ed into the water by the crowd. (95、96、101學測, 97、
   (A) crash　　(B) thresh　　(C) wash　　(D) push　　99、102指考)

10. I _____ d over her words and sought to attach to them some
    intelligent meaning.　　　　　　　　　(69夜大, 100、103指考)
    (A) drizzle　　(B) puzzle　　(C) dazzle　　(D) muzzle

11. I prefer quality to_____. (68夜大, 82台大夜, 90、102、105學測)

　　(A) quantum　　(B) quarenden　　(C) guandary　　(D) quantity

12. A_____of an hour is fifteen minutes.(85、86日大, 73夜大, 95、96學測, 94、

　　(A) quarter　　(B) quantity　　(C) quality　　(D) quarry　　95、99指考)

13. They went to Australia in_____of gold. (75、81夜大, 99指考)

　　(A) question　　(B) quest　　(C) query　　(D) quarry

14. He has_____drinking. (72、82、84日大, 99、104學測, 101指考)

　　(A) quit　　(B) quivered　　(C) quizzed　　(D) quoted

15. Flu_____through the country. (66日大, 92學測, 95指考)

　　(A) range　　(B) rag　　(C) rage　　(D) raise

16. It is_____to cross the street without looking both ways.

　　(A) rary　　(B) ratable　　(C) rasped　　(D) rash　　(75夜大)

17. He_____his face clean of his beard. (71夜大, 97學測, 92指考)

　　(A) razored　　(B) razzed　　(C) razeed　　(D) rayed

18. The garden is at the_____of the house. (67日大, 98指考, 93指考補)

　　(A) realm　　(B) ream　　(C) rear　　(D) reap

19. The_____of the prizes had their names printed in the
　　paper. (73夜大)

　　(A) recipes　　(B) recipients　　(C) reception　　(D) recidivists

20. He had changed so much that one could hardly_____him.

　　(A) recline　　(B) recollect　　(92、93、95~97、101、102學測, 91、93、

　　(C) recoil　　(D) recognize　　94、99、104、105指考, 93指考補)

21. You should make_____to a dictionary. (73夜大, 93學測, 98、101指考)

　　(A) reference　　(B) refectory　　(C) referee　　(D) referral

22. The traveler_____his adventures.(96、97、100~102、105學測, 96~99、101、

　　(A) relapsed　　(B) relayed　　(C) relaxed　　(D) related　　103指考)

23. Lincoln proclaimed the_____of the slaves. (97、99、100學測, 98~103、

　　(A) relay　　(B) relaxation　　(C) release　　(D) relation　　105指考)

24. Did you _____ the similarity between them？ (95學測, 94、95、99指考,
  (A) remand　　(B) remark　　(C) remain　　(D) remind 　93指考補)

25. I haven't the _____ idea what you mean. (103學測, 93、97、100、105指考)
  (A) remiss　　(B) remotest　　(C) remissive　　(D) remonstrative

26. I _____ that I can not undertake the task. (89日大, 91、99、100、104指考,
  (A) repeal　　(B) repel　　(C) repass　　(D) repeat 　93指考補)

27. They succeeded in _____ the attack. 　　　　(66日大, 77夜大)
  (A) repeating　　(B) repelling　　(C) repealing　　(D) repenting

28. He _____ the boy from drowning. 　　　　(69日大, 95、104學測)
  (A) researched　　(B) reseated　　(C) rescued　　(D) rescinded

29. Several people were killed as a _____ of the storm. (104、105學測,
  (A) restriction　　(B) resume　　(C) result　　(D) restraint 　104指考)

30. _____ enough money for your fare home. (92、102、104、105學測, 91、94、
  (A) Resemble　　(B) Reserve　　(C) Resent　　(D) Reset 　98指考, 93指考補)

31. He _____ from the editorship of the school paper. (96、98、105學測,
  (A) resided　　(B) resisted　　(C) resiled　　(D) resigned 　97指考)

32. I was unable to _____ laughing. 　(71、83、87日大, 92、94、99學測, 101指考)
  (A) resist　　(B) reside　　(C) resign　　(D) respite

33. He _____ that nothing should hold him back. (89日大, 65夜大, 105學測,
  (A) resorted　　(B) resolved　　(C) respected　　(D) resounded 　95指考)

34. We chose a committee to _____ us. 　(97、101、102、104學測, 96、98、99、
  (A) reprehend　　(B) repress　　(C) represent　　(D) reprieve 　104指考)

35. _____ reading where we left off. 　　　　(73日大, 95學測)
  (A) Resume　　(B) Restrain　　(C) Restrict　　(D) Resurge

36. He _____ at the age of sixty. 　(67日大, 78夜大, 95、96學測, 96指考)
  (A) restricted　　(B) retorted　　(C) retired　　(D) retraced

37. He contrived the murder out of _____ . 　　　　(69日大)

(A) revelation　(B) reverence　(C) revenue　(D) revenge

38. Your remarks were the _____ of polite, were impolite.(80日大, 94、

(A) reverend　(B) reverse　(C) reverie　(D) revert　102、103指考)

39. The half-drowned swimmer _____.　(70日大, 96學測, 93指考補)

(A) reviled　(B) revised　(C) revived　(D) reverted

40. He _____ the beans brown.　(73夜大)

(A) roared　(B) roamed　(C) robbed　(D) roasted

41. The man's morals are _____ to the core.　(72夜大)

(A) rotten　(B) robbed　(C) rough　(D) rotary

42. We wear _____ on our feet when it rains.　(73夜大)

(A) rubbish　(B) rubbers　(C) rubbles　(D) rubies

43. I regard it as a _____ duty.　(75夜大)

(A) saccular　(B) saddle

(C) sacrilegious　(D) sacred

44. He was such a bad _____ that he always traveled to Europe
by plane.　(68日大, 98學測)

(A) saint　(B) sail　(C) sailor　(D) sailer

45. He had little time for the _____ of his effects.　(73夜大)

(A) salvage　(B) salvation　(C) salute　(D) salve

46. The teacher's _____ comment about the girl's essay made
her cry.　(73、84夜大, 101指考)

(A) sapient　(B) sarcastic　(C) sarcogenic　(D) sassy

47. He tips the _____ at 150 pounds.　(82日大, 73夜大, 95、102指考)

(A) scabs　(B) scalation　(C) scales　(D) scald

【解答】

1. (C)　2. (D)　3. (B)　4. (A)　5. (D)　6. (B)　7. (C)　8. (A)　9. (D)　10. (B)

11. (D)　12. (A)　13. (B)　14. (A)　15. (C)　16. (D)　17. (A)　18. (C)　19. (B)　20. (D)

21.(A)　22.(D)　23.(C)　24.(B)　25.(B)　26.(D)　27.(B)　28.(C)　29.(C)　30.(B)

31.(D)　32.(A)　33.(B)　34.(C)　35.(A)　36.(C)　37.(D)　38.(B)　39.(C)　40.(D)

41.(A)　42.(B)　43.(D)　44.(C)　45.(A)　46.(B)　47.(C)

心得筆記欄

頻率表 *1151 ~ 1200*

請您將認識的單字，
在A欄中作記號。

A B

☐☐ scold

☐☐ score

☐☐ scream

☐☐ secretary

☐☐ seize

☐☐ select

☐☐ sequence

☐☐ series

☐☐ servant

☐☐ sheer

☐☐ shield

☐☐ shrewd

☐☐ shrink

☐☐ sincere

☐☐ singular

☐☐ sluggish

☐☐ sniff

☐☐ soldier

☐☐ solemn

☐☐ solvable

☐☐ soothe

☐☐ spectacle

☐☐ split

☐☐ spout

☐☐ squash

A B

☐☐ starve

☐☐ status

☐☐ steep

☐☐ steward

☐☐ stimulate

☐☐ sting

☐☐ structure

☐☐ submarine

☐☐ submit

☐☐ subtle

☐☐ suckle

☐☐ sugarcane

☐☐ sulk

☐☐ summit

☐☐ superb

☐☐ supervision

☐☐ suppress

☐☐ surface

☐☐ surgeon

☐☐ surmise

☐☐ surrender

☐☐ suspicious

☐☐ tablet

☐☐ tackle

☐☐ technique

≪頻率順序 1151 ～ 1200≫

scold〔skold〕
v. 責罵；叱責
He was *scolded* for being lazy. 同*blame* 反*encourage*
他因懶惰而受叱責。

score〔skor;skɔr〕
n. 分數；理由；樂譜
v. 記分；作記號
The *score* is 9 to 2 in our favor.
我隊以九比二領先。
He was appointed to *score* for both sides. 同*calculate*
他奉派替雙方記分。

scream〔skrim〕
v. 尖叫
n. 尖叫聲；有趣之人
The baby *screamed* all night.
小孩終夜號叫。
He is a *scream* when he is in a good mood.
他心情好時是一個風趣的人。

secretary *n.* 秘書
〔'sɛkrə,tɛrɪ〕
She is my private *secretary*.
她是我的私人秘書。

seize〔siz〕
v. 握；捉；結
The policeman *seized* the thief. 同*grasp* 反*loose*
警察捉住那小偷。

select〔sə'lɛkt〕
vt. 選擇
Father let me *select* my own Christmas present.
父親讓我自己選耶誕禮。

sequence〔'sikwəns〕
n. 繼續；順序；次第
Arrange the names in alphabetical *sequence*.
依字母順序排列這些姓名。

series *n.* 連續；系列
〔'sɪriz; 'sirɪz〕
A *series* of rainy days spoiled their vacation.
連續的雨天毀了他們的假期。

servant〔'sɝvənt〕
n. 僕人；服務者
She is a good *servant*. 反*master*
她是個好僕人。

sheer〔ʃɪr〕
vi. 躱開
You should *sheer* off the wicked urchin.
你應該躱開這頑童。

shield〔ʃild〕
n. 盾
v. 防禦；保護
Return with your *shield* or upon it.
不成功便成仁。
He told a lie to *shield* his brother. 同*defend*
他扯謊以庇護他兄弟。

shrewd〔 ʃrud 〕　　He is a **shrewd** business-　他是個精明的商人。
adj. 精明的; 明敏的　man. 同 *smart* 反 *dull*

shrink〔 ʃrɪŋk 〕　A shy man **shrinks** from　羞怯的人怕見生人。
v. 收縮; 畏縮　meeting strangers.

sincere〔 sɪn'sɪr 〕　He is a **sincere** friend.　他是個誠摯的朋友。
adj. 眞摯的; 篤實的　同 *honest* 反 *false*

singular〔'sɪŋgjələ 〕　He always wears **singular**　他總是穿奇裝異服。
adj. 非凡的; 卓異的　clothes.

sluggish〔'slʌgɪʃ 〕　He has a **sluggish** mind.　他生性呆滯。
adj. 遲緩的; 呆滯的　同 inactive

sniff〔 snɪf 〕　The man who had a cold　那傷風的人正在呼呼吸
v. 以鼻吸入; 嗤之以鼻　was **sniffing**. 同 *smell*　氣。

soldier〔'soldʒə 〕　**Soldiers** must obey their　士兵必須服從長官。
n. 軍人; 士兵　officers.
vi. 作軍人; 當兵　He **soldiered** in three wars. 他在三次戰爭中當過兵。

solemn〔'saləm 〕　The organ played **solemn**　風琴奏出莊嚴的音樂。
adj. 嚴肅的; 莊重的　music. 同 *serious*

solvable〔'salvəbḷ 〕　The problem is **solvable**.　這困難是可解決的。
adj. 可解決的

soothe〔 suð 〕　The mother **soothed** the　母親撫慰哭叫的孩子。
vt. 撫慰; 使平靜　crying baby. 同 *comfort*

spectacle〔'spɛktəkḷ 〕A big army parade is a　大規模的陸軍閱兵很壯
n. 景象; 壯觀　fine **spectacle**.　觀。
(*pl.*)*n.* 眼鏡; 見解　He wears a pair of　他戴一副眼鏡。
　　　spectacles.

split〔 splɪt 〕　This kind of wood **splits**　這種木頭容易劈開。
v. 裂開; 分配　easily.
n. 分裂　There was a **split** in the　共和黨曾有分裂。
　　　Republican Party.

spout 〔 spaʊt 〕　　A whale *spouts* water　　鯨魚呼吸時噴水。
　　v. 噴；湧　　　　　　 when it breathes.
　　n. 噴水孔　　　　　　 同 *expel*

squash 〔 skwɑʃ 〕　　The boy *squashed* the bug. 那孩子把甲蟲踩爛了。
　　v. 壓潰；壓爛　　　　 同 *crush*

starve 〔 starv 〕　　　The poor dog *starved* to 可憐的狗餓死了。
　　v. (使)飢餓；渴望　　 death. 反 *satiate*

status 〔'stetəs 〕　　We are interested in the 我們都關心世局。
　　n. 狀態；身分　　　　 *status* of world affairs.

steep 〔 stip 〕　　　　These are the *steepest* 這是我爬過最陡的樓梯。
　　adj. 險峭的　　　　　 stairs I've ever climbed.
　　v. 浸；漬　　　　　　 He is *steeped* in liquor. 他沉溺於酒。

steward *n*. 管事人　　He is the *steward* of that 他是那筆大財產的管理
　　〔'stjuwəd 〕　　　　 great estate. 人。

stimulate *v*. 刺激　　Alcohol *stimulates* the 酒刺激心臟的活動。
　　〔'stɪmjə,let 〕　　　 action of the heart.

sting 〔 stɪŋ 〕　　　　A bee *stung* him. 一隻蜜蜂螫了他。
　　v. 刺；螫　　　　　　 The *sting* of a scorpion 蠍的刺在其尾部。
　　n. 刺；刺激物　　　　 is in its tail.

structure *n*. 構造　　The *structure* of the 這校舍建築極好。
　　〔'strʌktʃɚ 〕　　　　 schoolhouse was excellent.

submarine　　　　　　 These are *submarine* 這些是海生植物。
　　〔*adj*.,sʌbmə'rin;　　 plants.
　　n.,*v*.'sʌbmə,rin〕
　　adj. 海中的 *n*.,*v*. 潛水

submit 〔 səb'mɪt 〕　 We shall never *submit* 我們絕不甘受奴役。
　　v. 服從；屈服　　　　 to slavery.
　　　　　　　　　　　　　 同 *surrender*
　　　　　　　　　　　　　 反 *resist*

subtle 〔 'sʌtḷ 〕
adj. 精緻的；靈巧的

It is a *subtle* bit of work. 同 *delicate*

這是件精巧的作品 。

suckle 〔 'sʌkḷ 〕
v. 哺乳；餵奶

The cat *suckles* her kittens.

那貓餵小貓吃奶 。

sugarcane *n.* 甘蔗
〔'ʃugɚ,ken〕

I like *sugarcane*.

我喜歡吃甘蔗 。

sulk 〔sʌlk〕 *n.* 慍怒

He is in a *sulk*. 同 *mope*

他生氣了 。

summit 〔'sʌmɪt 〕
n. 絕頂；高峰
adj. 外交元首間的

We reached the *summit* of that mountain.

我們到達那山的頂巔 。

同 *top* 反 *bottom*

superb 〔 su'pɝb 〕
adj. 華美的；壯麗的

Mountain scenery is *superb*. 同 *grand*

山景是壯麗的 。

supervision *n.* 監督
〔,supɚ'vɪʒən 〕

The house was built under the *supervision* of an architect.

這房子在建築師的監督下建造 。

suppress 〔sə'prɛs〕
vt. 鎮壓；平定

The troops *suppressed* the rebellion. 同 *restrain*

軍隊鎮壓住叛亂 。

surface 〔 'sɝfɪs 〕
n. 表面
adj. 表面的；膚淺的

Glass has a smooth *surface*. 同 *face*

玻璃有光滑的表面 。

反 *interior* ; *submerge*

surgeon 〔 'sɝdʒən 〕
n. 外科醫生

Her father is a *surgeon*.

她父親是外科醫生 。

反 *physician*

surmise 〔 sə'maɪz 〕
v. 臆測；猜度
〔sɝ'maɪz,'sɝmaɪz〕
n. 臆測

I *surmised* that his business had come to a standstill.

我猜他的業務已停頓 。

His guilt was a matter of *surmise*. 同 *guess*

他的犯罪完全是一種臆測 。

surrender *v.* 投降　He *surrendered* himself　他絕望已極。
〔 sə'rɛndɚ 〕　to despair.
n. 投降　　　　　回 *yield*　　反 *resist*

suspicious *adj.* 可疑的 Our dog is *suspicious* of　我們的狗對陌生人不信
〔 sə'spɪʃəs 〕　strangers. 回 *doubtful*　任。

tablet 〔 'tæblɪt 〕　There is a memorial　那裏有一塊國父的紀念
n. 牌；匾額　　　*tablet* for our founding　碑。
　　　　　　　father. 回 *notebook*

tackle 〔 'tækl̩ 〕　Everyone has his problems 每個人都有自己的問題
v. 處理；解決　　to *tackle*.　　　　要解決。
n. 用具　　　　回 *undertake*

technique *n.* 技術　The musician has perfect　這音樂家有極好的技術。
〔 tɛk'nik 〕　　*technique*.

聯考試題演練

1. She_____her son for being out late. (75、88日大, 99學測, 95指考)
   (A) scolded   (B) scored   (C) scorned   (D) scrambled

2. The Yankees made a_____in the last minutes of the game.
   (A) score   (B) scope   (C) scoop   (D) school (90日大, 94指考)

3. A bank clerk_____when she saw the pistol. (97、100學測, 94、105指考)
   (A) dreamed   (B) seamed   (C) screamed   (D) creamed

4. My private_____is very competent.   (80日大, 67夜大)
   (A) commentary (B) secretary   (C) dignitary   (D) military

5. He was so astonished he_____his mother by the arm. (68日大,
   (A) apologized   (B) criticized   93、102學測, 102指考)
   (C) sympathized   (D) seized

6. It is not easy to_____the best from many books. (97學測, 92、
   (A) comect   (B) select   (C) connect   (D) respect   95、102指考)

7. Arrange the names in alphabetical_____.   (67日大, 101指考)
   (A) science   (B) conscience   (C) sequence   (D) audience

8. A_____of murder cases scares people. (100、103、104學測, 99、101、102、
   (A) species   (B) ladies   (C) clothes   (D) series   104、105指考)

9. Good_____are hard to find nowadays. (67、81、87日大, 92、94、95學測,
   (A) servants   (B) serves   (C) services   (D) series   103指考)

10. The_____white dress on display was too expensive for anyone.
    (67夜大)
    (A) sheep   (B) sheet   (C) sheer   (D) sheen

11. Return with your_____or upon it.   (71、82日大)
    (A) shift   (B) shield   (C) shilling   (D) shimmer

12. He is a_____business man.   (70夜大)
    (A) shrewd   (B) shrimpy   (C) shrill   (D) showy

13. The boy_____from the dog.　　(73夜大, 95、96學測, 96指考, 93指考補)

   (A) shone　　(B) shrank　　(C) showed　　(D) shredded

14. He never hesitates to express a_____admiration of his

   opponent's qualities.　　(75、86、89日大, 95、101學測)

   (A) severe　　(B) atmosphere　　(C) sincere　　(D) mere

15. "Robin Hood" is a story of_____interest to all.　(71日大, 95、

   (A) irregular　　(B) regular　　(C) singular　　(D) muscular　102學測)

16. He has a_____mind and shows little interest in any thing.

   (A) sluggish　　　　(B) bookish　　(72日大)

   (C) darkish　　　　(D) foolish

17. She_____at the present to show her contempt.　(71、79夜大)

   (A) snipped　　(B) sniffed　　(C) snatched　　(D) sniped

18. He wants to be a_____when he grows up. (86、88、90日大, 90、102學測,

   (A) solder　　(B) solid　　(C) soldier　　(D) solecist　104指考)

19. He gave his_____promise to do better.　　(73夜大)

   (A) sold　　(B) solid　　(C) solar　　(D) solemn

20. The mother_____the crying child.　　(87日大, 68夜大)

   (A) sopped　　(B) sorrowed　　(C) soothed　　(D) sorted

21. The sunrise seen from Tai Shan is a famous_____.　(68夜大,

   (A) spectacled　　　　(B) spectacle　94、96指考)

   (C) spectacular　　　　(D) spectate

22. The two men_____the cost of the dinner between them.

   (A) spoil　　(B) spit　　(C) split　　(D) splay　(97、102指考)

23. The old-fashioned actors used to_____their lines.　(67夜大)

   (A) spout　　(B) spot　　(C) sprawl　　(D) sprain

24. The police_____a revolt.　　(75日大, 95指考)

   (A) squared　　(B) squeezed　　(C) spied　　(D) squashed

25. The lonely student is_____for friendship. (81、84夜大, 90、95學測,

   (A) starting　　(B) staring　　(C) stating　　(D) starving　95、97指考)

26. We are all interested in the＿＿＿＿＿of world affairs. (102、104學測,
　　(A) status　　(B) statue　　(C) stature　　(D) statute　　98、100指考)

27. These are the＿＿＿＿＿stairs I've ever climbed. (75、84日大, 92學測,
　　(A) sheerest　(B) steepest　(C) shrillest　(D) shrewdest　99指考)

28. He is the＿＿＿＿＿of that great estate. (69夜大, 95指考)
　　(A) award　　(B) coward　　(C) steward　　(D) reward

29. Praise＿＿＿＿＿her to work hard. (88日大, 67、82夜大, 90學測)
　　(A) stimulated　(B) stung　　(C) stank　　(D) stifled

30. Put mud on the＿＿＿＿＿to take away the pain. (71夜大, 94學測)
　　(A) stink　　(B) stick　　(C) stint　　(D) sting

31. Doctors study the＿＿＿＿＿of the human body.(101~103學測,101、104指考)
　　(A) picture　(B) lecture　(C) structure　(D) manufacture

32. We shall never＿＿＿＿＿to slavery. (66、77夜大, 95學測, 95指考)
　　(A) sublime　(B) submit　(C) subject　　(D) subscribe

33. There appeared a＿＿＿＿＿misunderstanding among them. (66日大)
　　(A) subtle　　　　　　(B) little
　　(C) gentle　　　　　　(D) mantle

34. The cat＿＿＿＿＿her kittens. (72日大)
　　(A) trickles　(B) tickles　(C) suckles　(D) sprinkles

35. The＿＿＿＿＿of her ambition is to become an actress. (87日大,
　　(A) commit　　　　　(B) admit　　72夜大, 95、103學測, 99指考)
　　(C) permit　　　　　(D) summit

36. Mountain scenery is＿＿＿＿＿. (73、90日大, 95學測, 99、105指考)
　　(A) adverb　　(B) superb　　(C) suburb　　(D) proverb

37. The house was built under the careful＿＿＿＿＿of an architect.
　　(A) division　　　　(B) supervision
　　(C) television　　　(D) provision　　(72夜大, 105指考)

38. Each nation＿＿＿＿＿news that was not favorable to it. (73日大)

(A) compressed　　　　(B) expressed

(C) oppressed　　　　(D) suppressed

39. His cleverness is only on the＿＿＿＿. (82日大, 90、93、94、96、98學測, 93、

(A) surface　(B) efface　(C) preface　**(D) palace**　95、100指考)

40. We＿＿＿＿that the delay was caused by some accident. (72夜大)

(A) compromised　　　(B) promised

(C) surmised　　　　(D) premised

41. He＿＿＿＿himself to despair. (72日大, 102學測)

(A) wandered　　　　(B) plundered

(C) surrendered　　　(D) tendered

42. A man was hanging about the house in a＿＿＿＿manner. (72、86、

(A) suspicious　　　(B) gracious　89日大, 95學測, 94、102指考)

(C) precious　　　　(D) delicious

43. The hall of fame is a building that has many＿＿＿＿in

memory of famous people. (69夜大, 102、104指考)

(A) tables　(B) tablets　(C) tabs　**(D) tackles**

44. Everyone has his own problems to＿＿＿＿. (70日大, 101指考)

(A) tickle　(B) tackle　(C) sprinkle　**(D) sparkle**

45. This musician has perfect＿＿＿＿but little expression. (69、90日大,

(A) unique　　　　(B) antique　82夜大, 99、101學測, 93、97、

(C) physique　　　(D) technique　101~103指考, 93指考補)

【解答】

1.(A)	2.(A)	3.(C)	4.(B)	5.(D)	6.(B)	7.(C)	8.(D)	9.(A)	10.(C)
11.(B)	12.(A)	13.(B)	14.(C)	15.(C)	16.(A)	17.(B)	18.(C)	19.(D)	20.(C)
21.(B)	22.(C)	23.(A)	24.(D)	25.(D)	26.(A)	27.(B)	28.(C)	29.(A)	30.(D)
31.(C)	32.(B)	33.(A)	34.(C)	35.(D)	36.(B)	37.(B)	38.(D)	39.(A)	40.(C)
41.(C)	42.(A)	43.(B)	44.(B)	45.(D)					

頻率表 *1201 ～ 1250*

請您將認識的單字，
在A欄中作記號。

A B

☐ ☐ telegram
☐ ☐ tremendous
☐ ☐ threat
☐ ☐ thrill
☐ ☐ tidy
☐ ☐ tomb
☐ ☐ trace
☐ ☐ tradition
☐ ☐ transform
☐ ☐ transit
☐ ☐ transition
☐ ☐ treat
☐ ☐ tribe
☐ ☐ tributary
☐ ☐ trivial
☐ ☐ tropical
☐ ☐ tumble
☐ ☐ turbulent
☐ ☐ turnip
☐ ☐ tyranny
☐ ☐ unique
☐ ☐ urge
☐ ☐ usage
☐ ☐ utility
☐ ☐ vacancy

A B

☐ ☐ vacuum
☐ ☐ vain
☐ ☐ valiant
☐ ☐ valor
☐ ☐ valuable
☐ ☐ vanish
☐ ☐ variety
☐ ☐ vehicle
☐ ☐ vessel
☐ ☐ viable
☐ ☐ village
☐ ☐ vine
☐ ☐ violent
☐ ☐ virtuous
☐ ☐ virtue
☐ ☐ visibility
☐ ☐ vocation
☐ ☐ voluntary
☐ ☐ volunteer
☐ ☐ wallet
☐ ☐ wary
☐ ☐ whereas
☐ ☐ wind
☐ ☐ worship
☐ ☐ yield

≪頻率順序 1201～1250≫

telegram *n.* 電報
〔'tɛləˌgræm〕

Mother sent a *telegram* to us.

母親拍了一封電報給我們。

tremendous
〔trɪ'mɛndəs〕
adj. 可怕的
adv. 非常地

There is a *tremendous* difference between the two.

這兩個中有巨大的區別。

It's a *tremendous* long way. 回 *enormous*

這是段非常遠的路程。

threat〔θrɛt〕
n. 恐嚇；威脅

Good teachers seldom use *threats*.

好教師鮮用恐嚇。

thrill〔θrɪl〕
n. 激動；震顫
v. 抖動；激動

I felt a *thrill* of horror.

我感到一陣恐怖。

Her voice *thrilled* with terror. 回 *excite*

她的聲音因恐怖而顫抖。

tidy〔'taɪdɪ〕
adj. 整潔的 *v.* 使整齊 回 *neat* 反 *untidy*

She *tidied* the room.

她整理房間。

tomb〔tum〕
n. 墳墓

He set up a tombstone over the *tomb*.

他在墳上架了一個墓碑。

trace〔tres〕
n. 足跡；痕跡
v. 追蹤；回溯

We saw *traces* of rabbits on the snow.

我們在雪地上看見兔子的足跡。

Her family *traces* back to Confucius. 回 *track*

她的家族可追溯自孔夫子。

tradition *n.* 傳說；
傳統〔trə'dɪʃən〕

This story is founded on *traditions*. 回 *custom*

這小說以傳說為根據。

transform *v.* 改觀
〔træns'fɔrm〕

The witch *transformed* men into pigs. 回 *change*

巫婆把人變成了豬。

transit〔'trænsɪt〕
n. 通行；經過

The goods were damaged in *transit*.

貨物在運送中被破壞了。

transition
〔træn'zɪʃən〕
n. 轉移；變化

Adolescence is the *tran-sition* period between childhood and adulthood.

青春期是童年與成年之間的過渡時期。

treat〔trit〕
v. 對待 *n.* 款待

Don't *treat* me as a child.

別把我當小孩看。

This is my *treat*.

這次我請客。

tribe〔traɪb〕
n. 種族；部落

There are many Indian *tribes* here.

這裏有許多印第安部落。

tributary
〔'trɪbjə,tɛrɪ〕
adj. 支流的；納貢的

Several rivers are *tributary* to the Yangtze River.

好多河是長江的支流。

trivial〔'trɪvɪəl〕
adj. 瑣屑的

These are only *trivial* matters. 同 *unimportant*

這些只是無關緊要的事。

tropical〔'trɑpɪkl̩〕
adj. 熱帶的

It's a *tropical* fish.

這是一條熱帶魚。

tumble〔'tʌmbl̩〕
v. 跌落；紊亂
n. 跌倒

The child *tumbled* down the stairs.

小孩從樓梯上跌下來。

The *tumble* hurt him badly.

這一跌使他受重傷。

turbulent *adj.* 騷動的
〔'tɝbjələnt〕

I met a *turbulent* mob. 同 *violent*

我遇到一群暴徒。

turnip〔'tɝnɪp〕
n. 蘿蔔；蕪菁

We plant *turnips* in our backyard.

我們在後院種蘿蔔。

tyranny〔'tɪrənɪ〕
n. 暴虐；暴行

The colonists rebelled against the king's *tyrannies*.

殖民者反抗國王的暴政。

unique〔ju'nik〕
adj. 唯一的
n. 獨一無二之物

The picture is thought to be *unique*.

這幅畫公認是無與倫比的。

urge〔ɝdʒ〕
v. 力勸；驅策

He *urged* her to study English. 同 *push*

他力勸她研習英文。

usage〔'jusɪdʒ〕 He met with hard *usage*. 他受虐待。
   n. 用法;慣例   回 *practice*

utility〔ju'tɪlətɪ〕 It is of no *utility*. 那是沒用的。
   n. 利益;效用

vacancy〔'vekənsɪ〕 There is still *vacancy* 街上還有空地可再造一
   n. 空位;空處   for another house on the 所房子。
              street.

vacuum〔'vækjʊəm〕 Remember to *vacuum* 別忘了用吸塵器吸地毯。
   v. 以吸塵器打掃   the rugs.   回 *void*
   n. 空間;真空吸塵器

vain〔ven〕 All our efforts were *vain*. 我們的一切努力都無效。
   adj. 徒然的   回 *unsuccessful* 反 *effectual*

valiant〔'væljənt〕 He is a *valiant* soldier. 他是個勇敢的士兵。
   adj. 勇敢的   回 *brave*

valor〔'vælɚ〕 He showed great *valor* in 他在戰役中表現出無比
   n. 勇氣   the battle.   回 *bravery* 的英勇。

valuable〔'væljʊəbl̩〕These are *valuable* pic- 這些是貴重的畫。
   adj. 貴重的   tures.   反 *valueless*

vanish〔'vænɪʃ〕 They had *vanished* in the 他們已消失在人群中。
   v. 消散;消失   crowd.   反 *appear*

variety〔və'raɪətɪ〕 This shop has a *variety* 這家商店有各種玩具。
   n. 變化;種種   of toys.   反 *monotony*

vehicle〔'viəkl̩〕 Language is the *vehicle* 語言是傳達思想的工具。
   n. 交通工具   of thought.

vessel〔'vɛsl̩〕 Empty *vessels* make the 空瓶最響;無知者最會
   n. 船;管;容器   most sound. 叫嚷。

viable〔'vaɪəbl̩〕 The plan is *viable*. 這計劃可實行。
   adj. 可實行的

village〔'vɪlɪdʒ〕
n. 鄉村；村莊

He lives in a ***fishing village***.

他住在漁村。

vine〔vaɪn〕*n*.
葡萄樣；蔓；藤

Melons grow on ***vines***.

瓜生蔓上。

violent〔'vaɪələnt〕
adj. 劇烈的

You shouldn't resort to ***violent*** means.

你不該訴諸暴力。

virtue〔'vɜtʃʊ〕
n. 美德；優點

He praised the ***virtues*** of his car.

他稱讚他車子的優點。

virtuous〔'vɜtʃʊəs〕
adj. 有品德的

You must lead a ***virtuous*** life.

你必須過著清高的生活。

visibility *n*. 可見性
〔ˌvɪzə'bɪlətɪ〕

In a fog the ***visibility*** is very poor.

在霧中能見度很低。

vocation〔vo'keʃən〕
n. 職業

She chose teaching as her ***vocation***. 回 *occupation*

她選擇教書作職業。

voluntary *adj*. 自願的
〔'vɑlənˌtɛrɪ〕

Man is a ***voluntary*** agent. 反 *involuntary*

人是自由意志行動者。

volunteer〔ˌvɑlən'tɪr〕
n. 志願者 *adj*. 自願的

One ***volunteer*** is worth two pressed men.

一個志願者相當兩個被迫者。

wallet〔'wɑlɪt〕*n*. 皮夾

I lost a ***wallet***.

我遺失了一個皮夾。

wary〔'werɪ；'wærɪ〕
adj. 機警的

He is ***wary*** of telling secrets. 反 *foolhardy*

他謹防洩漏秘密。

whereas〔hwɛr'æz〕
conj. 然而；雖然

I hate John, ***whereas*** you merely dislike him.

我恨約翰，而你只是不喜歡他而已。

wind〔wɪnd〕*n*. 風
〔waɪnd〕*v*. 彎曲

The ***wind*** blew my hat off.

風吹落了我的帽子。

worship〔'wɜʃəp〕
n. 崇拜；禮拜
v. 崇拜

the ***worship*** of beauty
People go to church to ***worship*** God. 回 *respect*

對美的崇拜
人們到教堂禮拜上帝。

yield〔jild〕*v*. 生產；
放棄；屈服

They ***yielded*** to the enemy. 回 *surrender*

他們向敵人投降。

聯考試題演練

1. Mother sent a _____ telling us what train to take.　(67、80日大)
   (A) telephone　(B) telegram　(C) telefilm　(D) telelens

2. There is a _____ loss of young lives during wartime.　(71、88日大,
   (A) tremulous　(B) trembly　(C) trenchant　(D) tremendous　93指考)

3. The _____ to strike was carried out.　(94、97、99、100、104學測, 98、
   (A) throat　(B) threat　(C) throng　(D) thread　105指考)

4. Ann felt a _____ of joy on seeing the queen.　(81日大, 70夜大, 94指考)
   (A) thrill　(B) throne　(C) thrall　(D) throe

5. I will _____ the room.　(72日大)
   (A) tidy　(B) tinny　(C) tiny　(D) tippy

6. The police were unable to find any _____ of the thief.　(104學測,
   (A) tract　(B) track　(C) trace　(D) tracer　103指考)

7. We cannot get rid of _____ , good or bad.　(94、95、97、98、102~104學測,
   (A) tradition　(B) traction　(C) trade　(D) trace　95指考)

8. It is necessary to _____ the equation to get the answer.
   (A) transmit　(B) translate　(69夜大, 96、105學測,
   (C) transmute　(D) transform　93、99、100指考)

9. The goods were damaged in _____ .　(87日大, 68夜大, 95學測)
   (A) translation　(B) transit　(C) translator　(D) transportation

10. It made the _____ from the old conception to the new.　(87日大,
    (A) transmission　(B) transition　68夜大, 105指考)
    (C) transmigration　(D) transformation

11. You should _____ the valuable vase carefully.　(92、93、96、101、105學測,
    (A) tread　(B) treasure　(C) treat　(D) treadle　98指考)

12. Among the primitive _____ there is no notion of "an individual."
    (74日大, 100學測, 95指考)
    (A) globes　(B) robes　(C) scribes　(D) tribes

13. Several rivers are＿＿＿＿to the Ganges. (75日大)
(A) tribunal (B) tricennial
(C) triangulate (D) tributaries

14. He is worrying about＿＿＿＿matters. (90日大, 70夜大, 96學測)
(A) trivalve (B) triplex (C) trivial (D) triplicate

15. The aquarium keeps various＿＿＿＿fishes. (75日大, 98、100學測, 96指考)
(A) tropical (B) trophied (C) trophical (D) trophogenic

16. She tripped over a stone and＿＿＿＿. (75日大, 99學測, 101、105指考)
(A) tumbled (B) twinkled (C) trundled (D) trembled

17. Rebellion is the last remedy against＿＿＿＿. (69日大)
(A) tyrant (B) tyranny (C) typology (D) typist

18. He has a＿＿＿＿way of memorizing English words. (90、94、101、103學測, 93、94、98、99、101、103~105指考, 93指考補)
(A) antique (B) unique
(C) picturesque (D) grotesque

19. My uncle＿＿＿＿me to go into business. (87、88日大, 72夜大, 94學測, 91、95、98指考)
(A) imaged (B) enraged (C) urged (D) enlarged

20. A machine lasts a long time if it gets good＿＿＿＿. (94學測, 94、95、103指考)
(A) voyage (B) stage (C) usage (D) courage

21. It will be of great＿＿＿＿to its users. (68日大, 95指考)
(A) ability (B) stability (C) quality (D) utility

22. There is still a(n)＿＿＿＿for another house on the street. (82日大, 94學測, 97指考)
(A) accuracy (B) infancy (C) vacancy (D) vagrancy

23. Nature abhors a＿＿＿＿. (68日大, 95學測, 95、99、102指考)
(A) vaccine (B) vacuity (C) vacuum (D) vacation

24. Many people have made a＿＿＿＿attempt to live forever.
(A) vain (B) valet (C) vale (D) valve (90、94學測)

25. He sometimes gives me＿＿＿＿information for my business.
(A) valorous (B) valiant (86、90日大, 97、100、101學測,

(C) valvular   (D) valuable   95、97、104、105指考, 93指考補)

26. Rare types of animals may_____from this planet one day.
(A) banish   (B) finish   (81日大, 66、79夜大, 103學測)
(C) vanish   (D) punish

27. I was surprised to know the_____of his hobbies. (103~105學測,
(A) society   (B) satiety   (C) anxiety   (D) variety   99、103指考)

28. The streets were crowded with_____.   (68、83夜大, 95、99、103學測)
(A) vehicles   (B) uncles   (C) articles   (D) circles

29. The captain ordered his crew to throw valuable merchandise
overboard to save the_____in the storm.   (70夜大)
(A) vesper   (B) vessel   (C) vestige   (D) vest

30. He is a_____blacksmith. (73、87、89日大, 90、93、99、103、104學測, 104指考,
(A) village   (B) villa   (C) villain   (D) villainy   93指考補)

31. Delicious-looking clusters of grapes were hanging on the_____.
(A) view   (B) vice   (C) vine   (D) vial   (77日大, 95指考)

32. Masao gave me a_____blow on the shoulder.   (67夜大, 90、94學測,
(A) silent   (B) repellent   (C) excellent   (D) violent   91、95指考)

33. You can trust him; he is a man of the highest_____.
(A) virtue   (B) stature   (C) statue   (D) visage   (67、88日大)

34. In a fog the_____is very poor.   (75夜大, 90學測)
(A) probability   (B) flexibility
(C) reliability   (D) visibility

35. He chose a_____during the summer vacation.   (82日大, 75夜大,
(A) vocation   (B) location   (C) vacation   (D) avocation   95學測)

36. The work he did was entirely_____.   (72日大, 99學測)
(A) voluntary   (B) voluminous   (C) voluptuous   (D) volucrine

37. Is there any_____to do the job？ (72日大, 84夜大, 97、98學測, 98指考)
(A) mountaineer   (B) volunteer

(C) pioneer   (D) auctioneer

38. He gave＿＿＿＿answers to all of the stranger's questions.

    (A) wany   (B) wavy   (C) wary   (D) weary   (72日大)

39. Islam forbids the＿＿＿＿of idols.   (75日大, 101、104指考)

    (A) kinship   (B) hardship

    (C) scholarship   (D) worship

40. The enemy＿＿＿＿to us.   (72日大, 96、98、99學測, 95指考)

    (A) yielded   (B) wielded   (C) builded   (D) welded

【解答】

1.(B)	2.(D)	3.(B)	4.(A)	5.(A)	6.(C)	7.(A)	8.(D)	9.(B)	10.(B)
11.(C)	12.(D)	13.(D)	14.(C)	15.(A)	16.(A)	17.(B)	18.(B)	19.(C)	20.(C)
21.(D)	22.(C)	23.(C)	24.(A)	25.(D)	26.(C)	27.(D)	28.(A)	29.(B)	30.(A)
31.(C)	32.(D)	33.(A)	34.(D)	35.(A)	36.(A)	37.(B)	38.(C)	39.(D)	40.(A)

劉毅英文家教班成績優異同學獎學金排行榜

姓 名	學 校	總金額	姓 名	學 校	總金額	姓 名	學 校	總金額
潘羽薇	丹鳳高中	21100	高士權	建國中學	7600	賴奕均	松山高中	3900
孔爲亮	中崙高中	20000	吳鴻鑫	中正高中	7333	戴寧昕	師大附中	3500
吳文心	北一女中	17666	謝宜廷	樹林高中	7000	江紫寧	大同高中	3500
賴柏盛	建國中學	17366	翁子惇	縣格致中學	6900	游清心	師大附中	3500
劉記齊	建國中學	16866	朱浩廷	陽明高中	6500	陳 蓁	海山高中	3500
張庭碩	建國中學	16766	張 毓	成淵高中	6500	曾清翎	板橋高中	3400
陳瑾慧	北一女中	16700	吳宇珊	景美女中	6200	吳昕儒	中正高中	3400
羅培恩	建國中學	16666	王昱翔	延平高中	6200	高正岳	方濟高中	3250
毛威凱	建國中學	16666	張祐誠	林口高中	6100	林夏竹	新北高中	3100
王辰方	北一女中	16666	游需晴	靜修女中	6000	曾昭惠	永平高中	3000
李俊逸	建國中學	16666	林彥君	大同高中	6000	萬彰允	二信高中	3000
溫彥瑜	建國中學	16666	張騰升	松山高中	6000	張 晨	麗山國中	3000
葉乃元	建國中學	16666	陳姿穎	縣格致中學	5900	廖泓恩	松山工農	3000
邱御碩	建國中學	16666	沈 怡	復興高中	5800	張意涵	中正高中	2900
劉楫坤	松山高中	14400	莊永瑋	中壢高中	5600	劉冠伶	格致高中	2900
張凱俐	中山女中	13333	邱鈺璘	成功高中	5600	鄭翔文	格致高中	2800
邱馨荷	北一女中	12000	許斯閔	丹鳳高中	5500	莊益昕	建國中學	2700
陳瑾瑜	北一女中	11700	郭子豪	師大附中	5400	葉禹岑	成功高中	2700
施哲凱	松山高中	10450	黃韻蓉	東吳大學	5400	李承紘	復興高中	2600
陳宇翔	成功高中	10333	陸冠宏	師大附中	5200	林郁婷	北一女中	2600
林上軒	政大附中	10000	李柏霆	明倫高中	5100	張淨雅	北一女中	2600
陳玟妤	中山女中	9000	孫廷瑋	成功高中	5100	許茵茵	東山高中	2600
林迦欣	格致高中	8800	李泓霖	松山高中	5000	范容菲	慧燈高中	2500
黃敎頤	大同高中	8600	劉若白	大同高中	5000	孔爲鳴	高 中 生	2500
蘇玉如	北一女中	8400	洪菀妤	師大附中	5000	廖永皓	大同高中	2500
廖奕翔	松山高中	8333	洪宇謙	成功高中	5000	蘇翊文	格致高中	2300
廖克軒	成功高中	8333	黃柏誠	師大附中	5000	陳 歡	景文高中	2300
呂承翰	師大附中	8333	劉其瑄	中山女中	5000	邱國正	松山高中	2300
鮑其鈺	師大附中	8333	陳韋廷	成功高中	5000	許晉嘉	成功高中	2200
簡珞帆	高 中 生	8333	李維任	成功高中	5000	林靜宜	蘭陽女中	2200
蕭羽涵	松山高中	8333	林晉陽	師大附中	4900	吳玟慧	格致高中	2200
廖奕翔	松山高中	8333	林品君	北一女中	4900	吳珮彤	再興高中	2100
蕭若浩	師大附中	8333	柯季欣	華江高中	4500	張 榕	南港高中	2000
連偉宏	師大附中	8333	李智傑	松山高中	4300	張媛瑄	景美女中	2000
王舒亭	縣格致中學	8300	許博勳	松山高中	4300	胡明媛	復興高中	2000
楊政勳	中和高中	8100	張鈞堯	新北高中	4166	盧世軒	徐匯中學國中部	2000
鄭鈺立	建國中學	8000	林子薰	中山女中	4000	陳新雅	新北高中	2000
吳宇晏	南港高中	8000	王思予	林口高中	4000	黃子晏	私立大同高中	2000
楊沐焓	師大附中	7750	鄭宇彤	樹林高中	4000	蔡雅淳	秀峰高中	2000
謝育姍	景美女中	7600	張心瑜	格致高中	3900			

🅛🅔 劉毅英文教育機構　　台北本部：台北市許昌街17號6F（捷運M8出口對面・學齋補習班）　　TEL：（02）2389-5212
台中總部：台中市三民路三段125號7F（光南文具批發樓上・劉毅補習班）　　TEL：（04）2221-8861
www.learnschool.com.tw

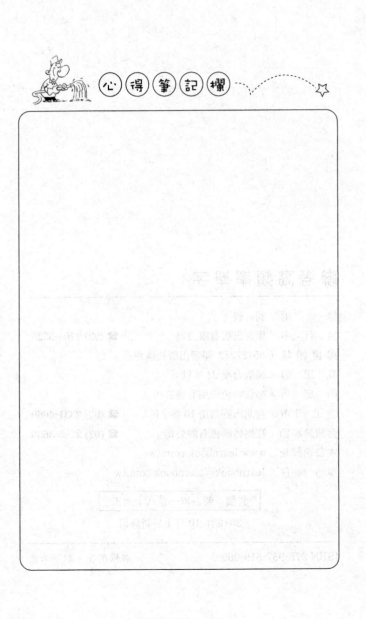

心得筆記欄

聯考高頻率單字

修　　　編 / 劉　毅

發　行　所 / 學習出版有限公司　　　☎ (02) 2704-5525

郵 撥 帳 號 / 05127272 學習出版社帳戶

登　記　證 / 局版台業 2179 號

印　刷　所 / 裕強彩色印刷有限公司

台 北 門 市 / 台北市許昌街 10 號 2 F　　☎ (02) 2331-4060

台灣總經銷 / 紅螞蟻圖書有限公司　　　☎ (02) 2795-3656

本公司網址　www.learnbook.com.tw

電 子 郵 件　learnbook@learnbook.com.tw

售價：新台幣一百八十元正

2016 年 10 月 1 日新修訂

ISBN 978-957-519-069-9